I0625348

JOSÉ CECILIO DEL VALLE

CARTAS FAMILIARES Y OFICIALES DEL SABIO DE AMÉRICA

ERANDIQUE
COLECCIÓN

CARTAS FAMILIARES Y OFICIALES DEL SABIO DE AMÉRICA
José Cecilio del Valle
©Editorial Erandique
Supervisión Editorial: Óscar Flores López
Digitalización y levantamiento de textos: Zona Creativa
Diseño de portada: Andrea Rodríguez-Lilyana Gálvez
Administración: Tesla Rodas
Director Ejecutivo: José Azcona Bocock

Instagram: coleccionerandique
Facebook: Colección Erandique

Abril de 2024

ÍNDICE

CARTAS ESCRITAS CON SABIDURÍA Y AMOR

"Al sabio que se anticipó a su época y reveló los grandes destinos de Centro América. Al insigne estadista, autor del acta de nuestra Independencia; al hombre de principios que hizo del saber un elemento de gobierno y cuyas obras honran a la América Central".

Así se refiere, en un ensayo inolvidable, Rafael Heliodoro Valle, sobre aquel estadista que es considerado por muchos como la mente más brillante en la historia del continente americano: José Cecilio del Valle.

Todo lo que viene de José Cecilio del Valle es bueno, altruista, visionario, culto…

Sus cartas, tanto las familiares como las oficiales (aquellas que tienen que ver con la academia, la política, la filosofía y el bien común), poseen todos esos elementos mencionados.

Este libro permite descubrir el lado más humano, sensible, familiar y cariñoso del Sabio. Las cartas escritas a Pepa (María Josefa Valero, su esposa); Chica (Francisca) y Nela (Manuela), sus hermanas, están cargadas de un profundo amor y ternura.

Valle fue un personaje de importancia mundial, respetado, admirado y querido por políticos, filósofos y académicos de América y de Europa, con quienes se codeaba de tú a tú.

Cada carta es una pequeña obra de arte que refleja los ideales de un hombre que se adelantó a su época y trascendió más allá del paso de los siglos.

Colección Erandique publica un nuevo libro de José Cecilio del Valle con la esperanza de que contribuya a descubrir una pequeña parte de su pensamiento.

Vale aclarar que hemos respetado la forma en que las cartas fueron escritas, incluyendo palabras que hoy están en desuso. No es, entonces, un libro "fácil" de leer, pero sí muy entretenido.

Le servimos Valle a la carta. Esperamos que disfrute de esta obra única.

Óscar Flores López
Editor Colección Erandique

VALLE: AMERICANISTA, INDIGENISTA, PERIODISTA...

En un remanso de las montañas de Tegucigalpa, donde parece sosegarse el esplendor tropical, se halla la imagen marmórea de un hombre meditabundo y en pie. Los ojos se detienen ante la inscripción de una de las lápidas: "Al sabio que se anticipó a su época y reveló los grandes destinos de Centro América. Al insigne estadista, autor del acta de nuestra Independencia; al hombre de principios que hizo del saber un elemento de gobierno y cuyas obras honran a la América Central".

El hombre se llama José Cecilio del Valle, y sigue atisbando el porvenir, alegre de verse perpetuado en las semillas mentales, a pesar de que en vida fracasó; pero su estatura intelectual era mayor que la de sus contemporáneos, y hubo de resignarse a ser un mártir silencioso entre esa bruma de melancolía elegante que circunda a los que sólo en la posteridad hallan la rica atmósfera en que han de respirar para siempre. Europeo por la sangre y por las ideas, criollo de profundas identificaciones con la tierra americana, Valle se enamoró de la ciencia como de una divinidad hosca y sensitiva. El fuego interior se le quemaba en lejanías de angustia.

Hoy está incorporado a las filas de los que pelean por el triunfo de una América libre, en la que el privilegio, la miseria y la superstición no sigan siendo los peores enemigos del hombre.

Paladín de la razón, pensador optimista, construyó sobre sus lecturas y sus sueños el más vivo esquema de la realidad centroamericana. Creía en lo ilímite del progreso, en la perfección indefinida del hombre, en que el hombre tiene derecho a la felicidad y a ser libre en su efímera residencia de la tierra.

Nadie en Centroamérica ha merecido como Valle el epíteto de estadista, ni nadie ha sabido como él asumir las terribles responsabilidades del intelectual. La historia de las ideas en nuestro hemisferio tendrá que darle categoría de primer orden, y habrá de reinstaurarle, cuando se haga el balance total de su obra, en ese recinto de luz en donde siguen ardiendo, en combustión milagrosa, los cerebros de Melchor Talamantes y José María Luis Mora, del Padre Varela y de Juan Bautista Alberdi.

En él se conjugaron el hombre de acción y la ponderada inteligencia. Su monólogo nos interesa más cada día, y la patria a quien dirigió sus mejores discursos —hoy despedazada y sin hombres como él— algún día le escuchará, atenta, orgullosa de tal hijo, para reivindicarle con la elevación de la conducta, como si quisiera de verdad rescatar uno de sus lujosos patrimonios.

NOTA BIOGRÁFIC

En la ardiente villa hondureña de Jerez de la Choluteca y Mis Reales Tamarindos nació José Cecilio del Valle el 22 de noviembre de 1780, y murió cerca de la ciudad de Guatemala el 2 de marzo de 1834. Hijo de familia distinguida, por fortuna y abolengo, le tocó crecer en uno de los ambientes históricos más conmovidos, cuando en las entrañas de Europa se debatían las más terribles inquietudes que hicieron bambolearse instituciones y regímenes, y en América se incubaban acontecimientos que con ritmo creciente darían ímpetu a la aventura de las nuevas nacionalidades.

Honduras —la tierra de Valle— era de las seis provincias que integraban la Capitanía General de Guatemala y en las que se agudizaban, como en pocos países de América, los errores del régimen español. "La provincia de Tegucigalpa", dice Ramón Rosa, "estaba falta, en aquel entonces, hasta de escuelas primarias elementales. Con suma dificultad aprendían algunos niños, hijos de padres pudientes, a leer y escribir en escuelas privadas, costeadas por las familias interesadas en su sostenimiento. Respecto a enseñanza superior, tan sólo había en Comayagua, capital de la provincia de su nombre, un Colegio tridentino, fundado por el Obispo Vargas y Abarca, destinado a la enseñanza teológica, a la que se aumentó en 1784, por iniciativa del Obispo Antonio de Guadalupe (a) una clase de Filosofía Escolástica. Tales eran los únicos medios de cultivar en Honduras, la inteligencia de la juventud, a fines del pasado siglo".

(a). Fray Antonio Guadalupe López Portillo era de Guadalajara, México. Fue comisario general de la religión franciscana y Felipe V lo presentó para Obispo de Comayagua. Levantó la iglesia y el hospital de San Juan de Dios, erigió el Colegio Seminario, reedificó la Iglesia y convento de San Francisco de Tegucigalpa y enriqueció la Catedral. Murió en 1742.

Los padres de Valle no querían negarle los beneficios de la escuela y hubieron de trasladarse a Guatemala (1789) en donde, si los libros nuevos de Europa llegaban muy tarde, había imprenta, universidad, un periódico y una escuela primaria de Belén. "Guatemala —escribió Valle— hablando de aquella época no era un pueblo ignorante, ni una capital ilustrada. Era el país del error"; y decía más tarde don José Milla: "Las doctrinas atrevidas que en el antiguo mundo habían producido una transformación completa en las ciencias morales y políticas, apenas eran conocidas en este Reino, que por sus escasas y tardías comunicaciones con la Europa, permanecía casi enteramente extraño al movimiento intelectual del resto del mundo y a los acontecimientos que cambiaban la faz de las naciones. De la tempestad deshecha que destruía las creencias e instituciones seculares, llegaba solamente algún rumor lejano a estas remotas y pacíficas comarcas, que hacían de la conservación de la fe religiosa y de la lealtad al soberano, sus más espléndidos blasones. Las ciencias exactas eran casi enteramente ente ignoradas y los pocos hombres estudiosos que se dedicaban a cultivarlas, excitaban las sospechas del vulgo, que creía ver el resultado de artes diabólicas en las operaciones más inocentes y sencillas de la física experimental. Relativamente adelantados los conocimientos en las ciencias eclesiásticas, la jurisprudencia y en la bella literatura, eran desconocidos los estudios de la economía política y de las matemáticas, y la filosofía no había logrado desembarazarse de los embrollados sistemas de los peripatéticos".

En 1795 don Jacobo de Villaurrutia, natural de Santo Domingo —quien más tarde fundó el "Diario de México"— creó la Sociedad Económica de Amigos de Guatemala; y en 1795 el franciscano José Antonio de Liendo y Goicoechea, después de histórico viaje a España, trajo a Guatemala libros, mapas y semillas raras, y algo más, la renovación del plan de estudios superiores, las revolución arias ciencias experimentales, un nuevo sentido político. Eran los años en que Carlos III presidía en España y en América un movimiento de transformación en lo físico y en lo intelectual, enviando expediciones científicas, protegiendo artistas y sabios, modificando los organismos eco económicos, México era redescubierto por Alzate y por Mociño, que se preocupaban por el conocimiento de la riqueza biológica de su territorio, poniéndolo el primero al alcance de la curiosidad popular. Don Martín de Sessé, don Vicente Cervantes, don Andrés Manuel del Río, don Fausto Elhuyar, y, poco después el viaje celebérrimo de Humboldt sacudieron con extraña conmoción la vida criolla que se repartía entre chocolates, rezos y saraos. Cuando Goicoechea, maestro de Valle, apareció con su plan reformador, todavía estaban "los jueces seriamente ocupados en procesar brujos"; y aquel franciscano supo mostrar a sus discípulos el camino de la razón y el derecho a la duda. Guatemala recibió la visita del gran botánico Mociño y en su Universidad Carolina había un gran joven chapaneco,

José Felipe Flores, quien poco después inventaría el maniquí anatómico y en Europa se interiorizó, el primer centroamericano, de los problemas de la electricidad y la navegación aérea.

En ese ambiente en que resonaban las voces trascendentales de los enciclopedistas franceses y bien pronto se escucharían los mensajes de éstos, avivando la preocupación por el hombre, la dignidad del hombre, los derechos del hombre, el joven Valle comenzó a iniciarse en "el peligroso oficio" de pensar, interesándose por las letras, las artes y las ciencias; se asomó a los clásicos, en el Colegio Tridentino, y más tarde pasó a la Universidad de San Carlos para estudiar Filosofía, Derecho Civil y Derecho Canónico, sobresaliendo en el primer acto público de Lógica, Metafísica y Física Experimental.

Maestros particulares le enseñaron Matemáticas, Literatura, inglés, francés e italiano, y después de graduarse de Bachiller en Filosofía (1794) y en ambos Derechos (1799) se recibió de Abogado en la Audiencia

EL FUNCIONARIO

Diputado interino de la Comisión Gubernativa de Consolidación, defensor de obras pías y censor de la "Gaceta de la Ciudad de Guatemala" (1805), Asesor del Real Consulado (1806), Fiscal del Juzgado de los Reales Cuerpos de Artillería de Ingenieros del Reino (1807), asesor de dichos cuerpos y los juzgados ordinarios de la capital y Abogado del Convento de Santo Domingo y de su provincia (1808), diputado vocal de la Suprema Junta Central de España e Indias, por León de Nicaragua (1809), catedrático de Economía Política (1812), Auditor de Guerra del Ejército y Provincia de Guatemala y Asesor de la Renta de Tabaco (1813); José del Valle, "modelo de lealtad española" (según declaró el Arzobispo Casaus), tenía en plena juventud una excelente preparación para iniciarse en los múltiples problemas del Estado, y su primera presencia en la política fue al fundar el periódico "El Amigo de la Patria" (1820), al amparo de la restablecida Constitución Española de 1812. Así comenzó su carrera de pensador y de estadista, de sociólogo con sueños y de periodista con ideas.

Era desde aquel periódico la voz de la moderación frente al radicalismo del partido de los "Cacos", que capitaneaba el doctor Pedro Molina. Era el verbo de los españoles y los artesanos. Ambos se disputaban las elecciones de los ayuntamientos y los diputado a Cortes.

Al año siguiente el Plan de Iguala precipitó los acontecimientos de Centroamérica, y el 15 de septiembre de 1821, alborotado el pueblo y "siendo públicos e indudables los deseos de independencia del gobierno español", el Capitán General de Guatemala don Gabino Gaínza y las autoridades eclesiásticas y los altos funcionarios civiles declararon la emancipación; redactando Valle el acta y refrendándola en su calidad de individuo de la Diputación Provincial. Suyo fue también el manifiesto que aquel día dirigió a Centroamérica el Capitán General. Poco después, en representación de Honduras, formó parte de la Junta Provisional Consultiva, que se estableció para colaborar con el nuevo régimen.

Ramón Rosa escribe: "Todos los grupos políticos, de diversas y aún inconciliables pretensiones, se habían unido para consumar la independencia de España; distintos fueron sus móviles, pero idénticos sus propósitos. El clero quiso la independencia porque era necesario aceptarla, y porque veía en la emancipación de Guatemala un medio de sustraerse a los rudos golpes que asestaron a sus privilegios las Cortes de España. Los peninsulares y sus adeptos quisieron la independencia porque vieron halagados sus intereses y sus ambiciones. Los liberales, que formaron el antiguo partido de los ´Cacos´, quisieron la independencia porque aspiraban generosamente a la práctica de sus radicales ideas republicanas; y los hombres reflexivos, como Valle, quisieron la independencia porque tenían en mira una evolución política que, gradual y prudentemente, hiciese ganar terreno a la educación liberal de los pueblos, para que se crease un sólido régimen de libres instituciones en el Centro de América".

"Tan opuestos móviles —continúa diciendo Rosa—, tan contrarias y enemigas pretensiones, no pudieron menos de romper, bien pronto, el acuerdo, el consorcio feliz que se efectuó para desligar a Guatemala de la Madre Patria. Los liberales pidieron que se derogase, y lograron su objeto, el artículo 3° del Acta de Independencia, por el que la elección de representantes de las provincias se dejaba a la juntas electorales que habían elegido Diputados a Cortes, lo que aseguraba un triunfo para el partido de Valle, para el partido Gazista: pidieron la formación de las milicias nacionales, lo que también lograron: pidieron la destitución de empleados sospechosos de tener afinidades con el antiguo régimen; y quisieron, en fin, extralimitándose, tomar participación de las deliberaciones de la Junta Provisional Consultiva. Los peninsulares y los criollos españolistas, por su parte, vieron con repugnancia, la intervención de las clases populares en los asuntos públicos; se dolían de relacionarse ý mezclarse con hombres que casi el día anterior habían sido no más que sumisos vasallos; y presentían que el arraigo de las instituciones de la República daría en tierra con sus intereses de clase, con sus privilegios de abolengo y con su orgullo cifrado en los hábitos de una antigua dominación. Las exigencias y exageraciones inconsideradas de los unos, y el egoísmo y la vanidad de los otros, crearon, a poco de consumarse la independencia, dos partidos fuertes e irreconciliables: el partido liberal, independiente y republicano, y el partido conservador, autoritario y reaccionario. En germen estaban dos partidos al proclamarse la independencia; pero ese germen desarrollóse de irregular y viciosa manera, y creó hondas y acerbas divisiones que habían de los antagonismos de un pueblo libre, sino las luchas destructoras de la libertad y de la patria".

La invitación de Iturbide a Guatemala para que se adhiriera al Imperio Mexicano y el envío de una División Protectora de dicha anexión, al mando del general Vicente Filísola, dieron pábulo a las aspiraciones de quienes, como el Marqués de Aycinena y el Arzobispo Casaus, deseaban los privilegios, honores y usufructos que podía brindarles el régimen monárquico. En la Junta Provisional Consultiva se alzó la voz disidente de José Cecilio del Valle; pero el 5 de enero de 1822, hecho el escrutinio de votos de los ayuntamientos, que habían sido invitados a deliberar sobre la anexión, la mayoría de los miembros de la Junta la decretó, sin más condiciones que la sujeción al Plan de Iguala y los Tratados de Córdoba.

Tegucigalpa (10 de marzo) y Chiquimula (19 de marzo) eligieron a Valle diputado al Congreso de México, obligándole a emprender un viaje de 81 días desde la capital de Guatemala hasta la del Imperio (7 mayo a 28 julio). Incorporado al Congreso (3 agosto) fue nombrado individuo de la Comisión de Constitución (5 agosto), y sus primeros discursos fueron sobre el nombramiento de magistrados del Supremo Tribunal de Justicia (16 agosto) y el proyecto de ley de colonización (23 agosto). Acusado de conspirar contra el régimen de Iturbide, fue capturado (26 agosto) y durante la prisión en el Convento de Santo Domingo se entregó a las más asiduas y provechosas lecturas. Estando preso fue proclamada en Veracruz la República (6 diciembre) e Iturbide le nombró poco después Secretario de Estado y del Despacho de Relaciones Exteriores (18 febrero 1923). En tal puesto, se consagró a preparar la caída del Imperio, sin sangre ni violencia, habiéndose reinstaurado el Congreso; luego expidió varios bandos sobre cuestiones económicas y judiciales (4 y 9 de marzo) y anunció (20 de marzo) a los diputados la decisión que, para expatriarse, había tomado Iturbide, y suscribió los comisionados del Congreso 23 con marzo) los arreglos para la abdicación, habiendo presentado su renuncia (25 marzo), y volvió a su curul para abogar por la separación de Centro América (22 abril). El Congreso le rindió tácito homenaje al nombrarle miembro de la comisión que redactaría el proyecto de Constitución (3 mayo), y habiéndose resuelto que las provincias de Centroamérica quedaban en libertad de constituirse como deseaban (19 julio), fue electo diputado a la Asamblea Nacional de Guatemala, lo comunicó al Congreso de México (30 junio) y regresó a Guatemala (principio de 1824).

Había sido nombrado miembro del triunvirato que ejercería el Poder Ejecutivo (4 de septiembre 1823) y tomó posesión del cargo (5 febrero de 1824), apareciendo su firma en la primera Constitución Federal (22 noviembre). Centralistas y federalistas iniciaron las disensiones que, a la larga, derrumbarían la Unión de los cinco Estados, y de acuerdo con la convocatoria para elegir autoridades federales, Valle obtuvo la mayoría de los sufragios como candidato a la Presidencia; pero la intriga y el fraude anularon su elección, elevando a la primera magistratura al general Manuel José Arce, el caudillo atrabiliario, que sería uno de los responsables de la era de desórdenes y guerras civiles que asolaron a Centroamérica en el siglo pasado.

Valle se retiró tranquilamente a su gabinete de estudio; pero tuvo la complacencia de que Chiquimula, Santa Bárbara y la capital guatemalteca le eligieran diputado federal (1826). Los atropellos del presidente Arce justificaron la reacción constitucionalista encabezada desde Honduras por el general Francisco Morazán, y después de una lucha sangrienta la capital federal cayó en poder de los liberales y Valle volvió al Congreso (24 de julio 1829). Restablecida la Sociedad Económica, fue nombrado su director. En las elecciones de Presidente de la Federación compitió con el general Morazán, pero fue derrotado (1830); y nuevamente fue su émulo, obteniendo la victoria (1834). Ya era tarde: su muerte cubrió de grandes sombras el alma de Centroamérica. "Habría probablemente salvado la República", dice Ramón Rosa. Se perdió una de las magníficas oportunidades para llevar al gobierno al más apto entre los mejores.

EL HOMBRE DE ESTUDIO

José del Valle no creó un sistema político, un sistema filosófico, una tesis histórica. Tampoco lo hizo alguno de sus contemporáneos en la América Española, porque nuestra América está joven aún. A Valle le tocó vivir en una época tormentosa en que las ideas de Europa encendían las mentes americanas con los fulgores de la nueva utopía social.

"Robaré —dijo alguna vez— a los genios de otras naciones los pensamientos que han influido en su prosperidad". Hombre de estudio, ante todo, divulgador de los hallazgos científicos, se mantenía atento a las vicisitudes de las ciencias en Francia e Inglaterra; releía los clásicos latinos, y daba a sus meditaciones el estremecimiento del optimismo animador, pues creía que la ciencia es un instrumento del bien y que su deber es elevar y deleitar al hombre y darle, con el mayor poderío la mayor suma de felicidad. Por eso le amargaba que los matadores de hombres, como el conquistador Pedro de Alvarado, recibiesen más homenajes que los que merecen el que trajo las primeras espigas de trigo, el que sembró el primer arroz o importó los gusanos de seda.

"Que triunfe la razón y adoremos su estatua", decía con gran voz humana. Pedía "que los hombres dignos de escribir hagan a la patria el servicio que debe hacer un sabio: presentar sus pensamientos y observaciones, indicar el mal que puede hacer una providencia mal combinada, o designar el bien que puede producir otras medidas".

Lo que más asombra es que, en medio de las agitaciones y sobresaltos de la época en que vivió, pudo tener paréntesis de calma para entregarse religiosamente a la lectura de sus autores predilectos: Pascal, Buffon, Condorcet, Rousseau, Montesquieu, Humboldt, y naturalmente, los cronistas de Indias, desde Acosta y Torquemada hasta Ulloa.

Su apetencia de leer, de extractar, de anotar, era inconmensurable. En su biblioteca estaban los mejores libros, planos, gacetas y copias de manuscritos; todo cuanto pudiera darle el mejor panorama de la antigüedad clásica, el pensamiento europeo y la realidad americana. Humboldt, sobre todo, el vindicador de la América y del hombre de América.

La lista de los libros que pidió a Londres (26 de julio 1826) y los que Jeremías Bentham (4) sugirió se le enviaran (15 enero 1827), más la de los libros y otros materiales de estudio que llevó a México (1824) son el mejor inventario de su curiosidad de enciclopedista, de humanista. Es el centroamericano que más corrientes ideológicas ha percibido y aprovechado.

EL JURISTA

Antes de participar activamente en la vida política, su pasión fue la Jurisprudencia. Analizó la legislación del régimen español en tres siglos; trazó un método para el estudio del Derecho; dio un brillante dictamen sobre "Instituciones de Derecho de Castilla y de Indias" por el doctor José María Álvarez; redactó una exposición para oponerse al nombramiento ilegal de jueces profesionales, sosteniendo la tesis de que "triunfa la justicia cuando los ciudadanos son los que directa o indirectamente nombran los jueces que deben decidir sus derechos", y al compenetrarse de una realidad social que todavía nos abruma, demostró que se puede evitar la pena de muerte.

Jurista que dominaba los textos y los códigos de la España medieval, su sitio de honor se halla entre los más eminentes de su tiempo, ya que lo mismo en el Congreso de México, en su calidad de constitucionalista, que en las más altas magistraturas de Centroamérica, Valle supo hallar en las diversas arquitecturas del Derecho esa línea pura de la armonía humana que vibra en los clásicos templos que el filósofo construye con almas y mármoles. Honduras, su pequeña patria, lo ve resplandeciente en los anales del foro en que sobresalen Vicente Ariza Padilla, Rafael Alvarado Manzano, Alberto Membreño, Policarpo Bonilla y Mariano Vásquez.

EL PERIODISTA

Periodista de ideas fue Valle. Sembrador de ideas, se recreaba iluminándolas, comentándolas, desde los periódicos en que dejó esparcido su luminoso pensamiento. Pero ha sido preciso desenterrarlas para que se conozcan más y mejor que en su época. ¿Cuántos lectores tendría? Ediciones reducidas que apenas traspasaban las fronteras de Guatemala y que no se difundían más allá de las montañas en que los quetzales duermen la siesta. Valle amaba la publicidad como instrumento, el más eficaz, para dar afirmación a sus palabras; pero carecía del ámbito continental para que América le escuchara.

"El Amigo de la Patria" (6 de octubre 1820 15 abril 1822), gracias a la Constitución Española restaurada, le brindó el momento oportuno para convertirse en paladín social y enriquecer las dimensiones de su pensamiento. Y más tarde, en la "Gaceta del Supremo Gobierno de

Guatemala", en el "Mensual de la Sociedad Económica de Amigos del Estado de Guatemala" y en "El Redactor General" (1825) puso al servicio de sus conciudadanos las doctrinas renovadoras, discurrió sobre los problemas palpitantes, incitó a la honesta meditación.

En "El Amigo de la Patria" no era más que un servidor del pueblo que deseaba darle a conocer las novedades útiles, las riquezas vírgenes, las vastas posibilidades para su mejoramiento. Era el mismo programa pedagógico de José Antonio Alzate con sus "Gacetas de Literatura" y cuando hablaba de los crímenes de José Molina no lo hizo para dar noticias espeluznantes, como lo harían los periodistas de escándalo, sino para dar una docta cátedra de Sociología que conmueve aún.

La historia del periodismo político reconoce a Valle entre los que le han dado más calidad en Centroamérica: Pedro Molina, Ricardo Jiménez, José Madriz, Paulino Valladares, Miguel Ángel Navarro.

He aquí uno de los cuadros espeluznantes que Valle pintó con un matiz de actualidad que nos conturba: "Dígnese V.E. volver los ojos a los barrios infelices de esta capital. En ninguno de ellos hay las escuelas precisas de primeras letras: En ninguno de ellos hay casa de expósitos para evitar el sacrificio de algunas víctimas, y asegurar la existencia y educación de la niñez: En ninguno de ellos hay casas de corrección para los que sin haber perpetrado crímenes han cometido algunas faltas: En ninguno de ellos hay puntos decentes de recreo donde los hombres unidos puedan olvidar sus penas, solazarse o divertirse: En ninguno de ellos hay policía, o el asco y limpieza que debe hermosear una capital y contribuir a su salubridad: En ninguno de ellos hay fondos para proporcionar ocupación al miserable que la pide, y no puede encontrarla.

"En todos se ve la pobreza, la miseria, la desnudez, el hambre y la sed. Un hombre sensible no puede pasar sus calles sin sufrir vivos tormentos. Y faltando casi todo a hombres, individuos de nuestra especie; habiendo hambre y sed, Excmo. Señor será justo que en vez de socorrerla con 3.000 pesos anuales, se destinen éstos para sueldos de letrados?".

SU ESTILO

Don Lucas Alamán escribe: "Valle gozaba la reputación de muy instruido, pero gustaba demasiado de lucir su saber, y tanto en la tribuna como en sus comunicaciones oficiales, usaba un estilo didascálico que hacía muy pesado y fastidioso cuando salía de su boca o de su pluma".

Y en otro pasaje dice: "Este (Iturbide) antes de salir publicó un manifiesto dirigido al Congreso, redactado por Valle, en estilo pedantesco y el menos a propósito para la ocasión, pues lleno de principios generales y máximas inoportunas, no presenta nada de lo que debía sentir Iturbide en aquellas circunstancias".

En esas frases se transparenta la animadversión que Alamán tenía por quien, sin ser mexicano de nacimiento, había llegado a ser Secretario de Estado y del Despacho de Relaciones Exteriores durante el régimen iturbidiano. El estilo de Valle era de la misma arquitectura del de la mayoría de sus contemporáneos.

Apretada de noticias, de hechos, de atisbos, su prosa está henchida de ese tono espeso de la tierra con humus, en la que el pensador se solazó en echar al voleo sus simientes; ese tono de uva maciza, negra, sin más brillo que el que le puede dar el sol. Un estilo cortado, tenso, neto, con la indispensable claridad que necesitaba para que, en una época en que muy pocos leían, fuese comprendido por todos. Estilo con énfasis, con autoridad, saturado de erudición, que algunos como Alamán encontraban enojoso acaso humillante, pero que debía expresar al hombre de Estado.

Cierto que su estilo carece de color, pero es el amalgamiento de los clásicos españoles que Valle leía con frecuencia y de los otros clásicos que traducía en sus meditaciones; extraño compuesto que le dio solidez a quien habló casi en monólogo, para que, acendrado como el vino, lo cataran los que estudian la realidad americana.

EL POLÍTICO

Hay un momento de gran sinceridad en Valle: cuando se declara hombre de bien "en toda la latitud de mi vida". Sus enemigos, muchos de sus émulos y sus inferiores, lo consideraban astuto en la intriga, ambicioso de poder.

"Es un sabio verdaderamente —escribía don Mariano de Aycinena a Iturbide— y acaso sin igual en Guatemala; pero sin ningún mundo, y de un corazón tan pequeño que agotada la política del gobierno y de los vecinos de probidad para hacerlo útil al común, nada ha bastado. Un orgullo sin tamaño lo pierde. Por este principio se aprovecha de todas las ocurrencias por ver si de ellas saca el partido a que lo inclina su ambición por mandar y ser el primero. Lo he visto en la ocasión atizar por bajo de cuerda las facciones de la República y de unión a ese Imperio, y por el arte que tiene para quedar impune con el que domina, no repara en los perjuicios que ocasiona aún a los que se ha mostrado amigo. Me alegraría y sería el mayor bien para Guatemala que se sacase a este amigo con honor. Podría nombrársele Secretario de una de las Embajadas de Londres, Rusia, etcétera, que se le haría bien particular, y porque su mayor flaco es el del orgullo se puede poner un despacho muy honorífico sobre las noticias que se tienen de sus luces, etcétera".

El general Vicente Filisola, Capitán General de Guatemala, escribió a Iturbide: "Yo juzgo que convendría mucho atraerse a Valle al partido del Gobierno Supremo, empleándole en destino que lisonjee su ambición, pues según se pinta, su carácter es debilísimo en esta parte, así como es tímido cuando encuentra energía".

El centroamericano mejor preparado para ser estadista, era fiel a su conducta de intelectual que ambicionaba el poder. El grave pecado de la mayoría de los hombres de estudio en la América Española, ha sido su desdén por la política, su alejamiento de los problemas que en torno de ellos demandan urgentes soluciones, y prefieren no descender a la arena candente en que la pasión y la ambición buscan su más propicio escenario y de allí que sean responsables de que los impreparados, los mediocres, se adueñen de los destinos públicos y se conviertan una buena mañana de primavera en dirigentes de los pueblos. Desde los primeros días de la independencia en América, los audaces y los ineptos, los simuladores y los improvisados han sido los dueños de la colectividad.

Pertenecía Valle a la inmensa minoría de los capacitados para dirigir, y no podía, por lo impetuoso de su desdén hacia el medio que le rodeaba, permanecer impasible ante la vocinglería de los demagogos o las intrigas de quienes, como Aycinena, deseaban conservar sus antiguos privilegios. Por eso tomó la decisión de participar activamente en la política y oponer su sabiduría y su prudencia a las maniobras de los rapaces y los arbitrarios. Con frecuencia insistió en la necesidad de que gobernaran los preparados en ciencias políticas y sociales; pero olvidaba que el régimen español —una de las excepciones era él— fue el menos favorable para que los criollos elevaran el nivel intelectual y algún día pudiesen dirigir la suerte de su país. Aquel régimen dio facilidades a la obra del artista y del memorista que almacenaba textos sagrados; pero no fue sino en el reinado de Carlos III cuando surgieron hombres de estudio entre los criollos; es decir, cuando ya España estaba en vísperas de abandonar la escena política que durante varios siglos le permitió tener en sus manos los destinos de América. El mismo Valle, al enjuiciar al régimen español, declaró que éste había desaprovechado el tiempo para desenvolver la prosperidad de sus colonias.

Valle creía que "el mundo no puede retrogradar"; predicaba la tolerancia y la evolución, denunciaba la terrible acumulación de inmensas riquezas en una sola mano; era un liberal con hondas raíces conservadoras por su abolengo y su posición económica, un demócrata para quien la democracia debe ser el gobierno de los dignos y de los aptos. Capitalista, era un enamorado de la utopía de Rousseau en "El Contrato Social". Fue su contradicción.

Dos veces puso a prueba su fe en que la prudencia del estadista puede salvar la situación más peligrosa, poniéndose "a igual distancia de las revolución es que son caos de sangre y muerte y del despotismo que es destructor de todos los derechos": La primera, al redactar el acta de independencia de Centro América, cuando —como los otros que la firmaron— a sus antecedentes de "buen vasallo", y la segunda, cuando evitó que la caída de Iturbide fuese con estrépito y sangre. Tenía temor al despotismo de los de arriba y al de los de abajo. Por eso insistía: "Las revolución es nacen del choque de los gobiernos con los pueblos. Cuando un gobierno es sabio en observar la voluntad general de la nación y antes de conmoverse ésta manda a ejecutar lo que desea ella misma, no hay revolución es ni muertes, ni horrores. Las reformas no parecen obra de los pueblos. Se hacen en paz y sosiego por la mano misma del gobierno".

EL ESTADISTA

Para impedir el despotismo de los impreparados de arriba y transformar a las masas miserables, Valle insistió, cuantas veces pudo, en la educación como admirable panacea. La ciencia como democratizadora. El conocimiento como fuente de la felicidad. Creía que la educación hacía dichosos y libres a los pueblos, les alejaba de la superstición y del error milenario, y que, gracias a ella y al trabajo, se podía conquistar la riqueza.

"Cuando los gobiernos posean la ciencia de tornar útiles a los hombres que no lo son, entonces serán menores las miserias de los pueblos".

Era la ignorancia según él la explicación de la pobreza centroamericana. No quería "doctores ociosos", sino hombres que sirvieran a su patria; e insinuaba que los vagos y los genios del "papeleo burocrático", los holgazanes de las oficinas públicas que inventan requisitos y trámites, son los enemigos del pueblo, su peor rémora.

El sabio debe ser de acuerdo con su postulado el que debe dirigir la opinión pública, y así, nada más natural que concibiese al mundo político dirigido por los sabios. Estos eran, a su juicio, los que promovían la dicha del hombre, elevaban su decoro, le rescataban de la miseria, y no "los impostores que han seducido a los pueblos".

Al leer su "Memoria sobre Educación" se puede construir, siguiendo el hilo de sus elucubraciones, esta pirámide en cuyo ápice está la riqueza:

Riqueza
Prosperidad
Libertad
Espíritu público
Ilustración

Adalid ciegamente confiado en la grandeza creciente del hombre, clamaba en su espléndido desierto tropical por la ascensión del hombre, "que es el ser más grande de la tierra", a las alturas más hermosas. Que se educara a las madres porque ellas pueden allanar el camino a los educadores, y que lo que para él importaba más era la riqueza humana.

"No es la riqueza el primer elemento del poder escribía. Es la ilustración; pero la riqueza dirigida por la ilustración, aumenta el poder".

Según él "un pueblo ignorante es víctima del charlatán atrevido".

Pero, al reiterar los milagros de la técnica, para aplicarla al gobierno, pedía con urgencia insistente que se hiciera el inventario de las riquezas naturales, se levantaran mapas, se acopiaran las noticias sobre la flora y la fauna, y se estudiaran las gramáticas y los vocabularios indígenas; quería que el plan de gobierno se trazara conforme a los postulados científicos y que los hombres de estudio presentaran sus pensamientos servicio de la patria. y los pusieran al Antes de dirigirse a los altos funcionarios, hablaba a los jefes políticos: "Deben de conocer las provincias, los que administran las provincias. Es el primer elemento de un Gobierno, el conocimiento de lo que se gobierna. No hay, después de tantos años, los datos y observaciones necesarias para formar el cuadro de Guatemala.

Gracias al misterio con que se han res- catado los planos y estados que han solido hacerse: merced a la indiferencia con que se han visto las ciencias que más nos interesan, la aritmética política que calcula las fuerzas de los pueblos, la Estadística que presenta la carta de sus tierras y producciones, la Economía que investiga el origen de sus riquezas, han corrido tres siglos; y sin mapas, sin tablas, sin hechos ni observaciones no podemos hasta ahora estimar el valor, o calcular el poder de esta cara provincia. Hagamos, sin embargo, lo posible: tiremos las primeras líneas: otros añadirán las demás: otros formarán el bosquejo: otros darán colores al cuadro".

Valle pretendía que los jefes políticos supieran más que muchos de los funcionarios de hoy: Que conocieran la Geografía y tuvieran un plan de gobierno. Se hacía esta pregunta quemante: "Se han establecido seminarios, colegios y academias para formar eclesiásticos, artilleros, ingenieros, militares y marinos; y no lo hemos tenido para formar hombres capaz de trazar el plan legislativo, o sistema sabio de Gobierno. Ha habido escuelas para enseñar a manejar el cañón o esgrimir la espada; y no se han fundado para enseñar a gobernar. Se multiplicaban los maestros de baile; y no había un profesor para las ciencias legislativa y económica".

Si hubiera ampliado su pensamiento en presencia de la ulterior realidad política, habría sugerido la reforma constitucional que exigiera a los candidatos a Presidente de la República, además de la mayoría de edad, el tener un oficio, o cuando menos, haber sembrado un árbol. Porque en América hemos visto analfabetos en el solio, como Rafael Carrera en Guatemala, y hasta un presidente viajero que en una conferencia pública hizo el descubrimiento sensacional de que en su país había "minas de bronce". Se ha exigido título para fabricar zapatos o restaurar cacerolas, menos para ser el primer magistrado de una nación.

Un estadista que ignore la estadística de su país no era concebible para Valle. Bien decía: "Gobernar no es copiar las providencias que se dictan en otros pueblos de clima, moralidad, carácter y hábitos diversos: no es mandar lo que inspira el humor o interés del momento. Es poseer la ciencia más difícil entre cuantas ha creado el talento del hombre: es saber aplicar sus principios con exactitud: Es hacer aplicaciones de ellos a la totalidad de circunstancias que forman el estado en que se halla la nación a quien se manda".

Para él la base de los gobiernos sólidos estaba en que hicieran el mayor bien posible al mayor número posible; y explicando su sentencia podría repetirse la del pensador francés, parafraseándola: Un país no vale porque tenga tres o cuatro sabios, tres o cuatro ricos, sino porque la mayoría de sus habitantes habla el idioma del país, disfruta el pan de cada día, ahorra, usa zapatos, obedece a los higienistas y tiene diversiones honestas.

Quería Valle que se multiplicaran las imprentas y los periódicos; y que el Estado divulgase cartillas populares para que todos, el campesino y el obrero, tuviesen a su alcance las ideas primarias, los conocimientos más útiles. Pretendía que la emigración europea renovara los materiales humanos y que desaparecieran en Centroamérica las castas; pues era antirracista que deploraba que antes de nuestra emancipación política no se pidiesen "pruebas" de talento, sino informaciones sobre el color de la piel.

¡Tantas eran sus aspiraciones, tantos sus deseos, que en casi todos sus discursos, en todos sus ensayos, insistía en pedir lo mejor para su humilde patria!

"No se diga que no hay caudales para acometer tantas empresas escribía. Uno de los talentos que está ahora brillando en la Península desea que haya un fondo destinado a obras de interés general. Lo hay en otros países; y nosotros no lo tenemos. Pero tampoco lo tenían los hombres piadosos que levantaron los templos que hermosean a esta capital; y si el celo de la religión hace prodigios, el de la causa pública sabe también ejecutar maravillas". Cada vez que su utopía se ensanchaba, sentía el gozo del padre que tiene plenitud de confianza en que sus descendientes gozarán mejor la vida. Pero la historia política y económica de Centroamérica ha sido una constante negación de su ideario generoso. Sus planes eran muchos, y para llevarlos al ensayo no tuvo colaboradores, que tampoco habría podido formar si se lo hubiera propuesto, ya que la guerra civil estaba germinando con ferocidad y tenía que ser testigo mudo de las primeras llamaradas de la conflagración. La suerte le deparó uno de los momentos históricos más difíciles: aquel en que se desbordaban los apetitos y las ambiciones más bajas, rugían los demagogos enfurecidos, y sobre todo, aumentaba el número de los pedigüeños.

Por fortuna, las provincias centroamericanas se habían emancipado sin recurrir, como en otros países, a la violencia; pero habían sido las más desamparadas, acaso las más olvidadas durante el régimen español, que si en otras había construido algunas vías de comunicación para extraer fácilmente los metales preciosos, en las de Centroamérica ni las costas ni las rutas de tierra adentro permitían que países que habían carecido de industria y de comercio exterior, pudieran transformar su economía al solo consumarse la independencia. Con riquezas todavía no explotadas, seguía siendo lo que Humboldt dijo del Perú: "Un mendigo en banco de oro".

EL ORADOR

Si en el ensayo a través del periódico y el dictamen jurídico Valle encontró el mejor centro de gravedad para sus ideas y la más amplia atmósfera para sus sueños, fue en el discurso parlamentario en donde halló la necesaria acústica para hacerse oír en días de vital preocupación. Quizá se ha exagerado mucho sobre sus condiciones de orador, si bien hubo testigos de sus discursos en el Congreso de México.

No fue el primer cuarto del siglo XIX el de los verbomotores, sino el de los discursos pulidos, a veces adiestrados frente al espejo, con felices rasgos de improvisación, al calor de los aplausos circunspectos.

La América Española no dio tribunos resplandecientes hasta que en el tumulto de las conmociones sangrientas los partidos se recriminaban y la imprecación a Catilina volvía a resonar. Altamirano y Ramírez en México, Juan de Dios Uribe en Colombia, Antonio Zambrana en Cuba, Álvaro Contreras en Centroamérica, fueron los grandes tribunos de épocas encendidas en que la palabra tenía la calidad de la antorcha.

"La elocuencia de Valle —escribe Ramón Rosa— no era una elocuencia tribunicia, era, más que todo, una elocuencia parlamentaria, o una elocuencia académica: en sus discursos predominaba la idea que convence, y no la vehemencia y las llamaradas de la pasión que seduce y arrebata; su lenguaje era cortado, lleno de expresiones hijas de la reflexión, pero a veces salpicado de pintorescas imágenes: no usaba los grandes períodos tan propios de la índole de nuestro idioma: no producía esas grandes espirales de palabras, artísticamente combinadas, tan propias para exaltar la majestad de la idea, y para remontar hasta el cielo los vuelos de la imaginación: Valle, con su oratoria, enseñaba, convencía, y a veces deleitaba; pero no arrebataba, no enardecía, no fascinaba, no enloquecía los ánimos, a fuerza de golpes de sentimientos y de pasión: su voz era robusta, sonora, y por decirlo así, cortante, pero no era la voz flexible, que ora se convierte en dulce canto, en una tierna plegaria o en una suave o amorosísima querella, ora se convierte en el estruendo del torrente, en el estallido del volcán, en el rugir del océano, o en el trueno de las tempestades. La elocuencia de Valle no era la elocuencia de la plaza pública ni de las revolución es: era la elocuencia del parlamento y de la academia: no era la elocuencia de las luchas ardientes, impetuosas; era la elocuencia de la razón que impera, sin grandes arrebatos, sin grandes arranques de entusiasmo, que impera en fuerza del convencimiento".

EL AMERICANISTA

La gran actualidad de José del Valle radica en que, sin haber conocido la convocatoria de Bolívar para el Congreso de Panamá, en ese mismo año se anticipó a enunciar, como si saliese de un sueño, la necesidad de que los pueblos de América se reunieran en concilio. "Soñaba el Abad de San Pedro; y yo también sé soñar" (23 febrero 1822), es el más caro testimonio de su americanidad: "Si la Europa sabe juntarse en congresos cuando la llaman a la unión cuestiones de alta importancia, ¿la América no sabrá unirse en Cortes cuando la necesidad de ser, o el interés de existencia más grande la obliga a congregarse?".

Valle pedía una federación de estados americanos, un plan económico para ellos, un plan de defensa continental para impedir las agresiones extrañas y las guerras intestinas. Pero deseaba que en un lugar de Centroamérica, su bello Central de América, se reuniese tal asamblea, cuyo antecedente podía ser las Cortes de Cádiz en que los hombres de América deliberaron sobre problemas idénticos, apenas cambiaron las primeras palabras; y Cádiz vino a ser la cuna de la americanidad. Los próceres de la independencia pensaban siempre en una América en la que todas las razas y las inteligencias pudiesen hallar digno y amplio refugio.

Sólo durante la conquista española el español sintió las fuerzas telúricas de un mundo nuevo en el que había mucho que hacer y en el que cada fruto nuevo era un milagro y cada horizonte una ilusión. Los hombres que habían salido de América a viajar por Europa encontraron un común denominador: lo americano; es decir, un hombre que había estado lejos de los otros por la falta de vías de comunicación, de intereses económicos y por la diversidad de climas y de niveles políticos y culturales.

Miranda, Bolívar, Hidalgo y Morelos, Rocafuerte, Rivadavia, José Antonio Miralla se sentían "americanos" y hablaban un idioma de maravilla. El peruano Talamantes conspira en México a favor de la independencia; el centroamericano Ortiz de Letona es diplomático de los primeros insurgentes mexicanos para hacer gestiones en los Estados Unidos; el mexicano Miguel Santa María es diputado en la Gran Colombia; el ecuatoriano Vicente Rocafuerte lucha en Filadelfia contra Iturbide y más tarde llega a ser diplomático mexicano en Londres; el cubano José María Heredia, sube a la magistratura judicial en México; y el venezolano Bello alcanza en Chile la plenitud de su sabiduría y de su gloria.

Tal era la época en que José del Valle, hijo ilustre de Choluteca, hondureño impar, centroamericano que veía más allá de los estrechos linderos, llegaba a la Secretaría de Relaciones de México, ostentando las valiosas credenciales de su talento y de su cultura, y en aquel Congreso en que había representantes de un vasto territorio limitado por la Alta California y por Costa Rica, llegó a considerársele —dice Zavala— "el corifeo del partido republicano".

Tal era el momento en que, tras hondos diálogos con el Numen de América, Valle emprendía la constante defensa del insigne hemisferio y de sus hijos calumniados por el Abate de Paw, el de "Recherches philosophiques sur les americains"; y formulaba su verdad: "La América es masa compuesta de los mismos elementos, sometida a la misma suerte, llamada a los mismos destinos".

Desde 1810 había hecho esta afirmación: "Somos hombres y por serlo tenemos los mismos derechos que los habitantes de Europa. No es justo que las naciones europeas sean regidas por gobiernos americanos. No es conforme a razón que los pueblos americanos sean administrados por gobiernos europeos. Esta misma identidad hace que en la misma América se empiece a oír otra voz igualmente agradable: nacimos en un mismo continente: somos hijos de una misma madre, somos hermanos; hablamos un mismo idioma: defendemos una misma causa: somos llamados a iguales destinos. La amistad más cordial; la liga más íntima; la confederación más estrecha debe unir a todas las Repúblicas del Nuevo Mundo".

En sus escritos insiste en dar a conocer los mejores exponentes del hombre americano, las insólitas riquezas en que abunda este hemisferio, los vegetales indígenas de "la América que amamos y debemos amar". Para refutar victoriosamente a Paw, Wilson y Buffon, —quienes afirmaban que América sólo producía animales dañinos, país de la putrefacción, de las úlceras y sudor, de las diarreas y fiebres pútridas— hubo de apoyarse en Humboldt y Bonpland, que en la atmósfera americana se sintieron electrizados e invulnerables.

Por eso le interesaban tanto los libros y las disquisiciones del doctor Francisco Hernández, el primer biólogo formal que visitó México; el inca Garcilaso de la Vega, uno de los primeros auténticos escritores con sensibilidad y malicia americanas; y los sabios Antonio Ulloa, Sessé, Mutis, Mociño y tantos otros que habían recorrido estas tierras enamoradas de su magia, de sus sorpresas diarias, de su mundo vital y virginal. Estos valores consagrados no podían pasar desapercibidos ante la curiosidad de Valle; pero una prueba de las difíciles y ya veces nulas comunicaciones interamericanas en su tiempo, palpita en el hecho de que desconocía otros criollos que tienen prestigio consolidado: Mariano Moreno, de Argentina; Eusebio de Llano y Zapata e Hipólito Unánue, del Perú; el padre Juan de Velasco, del Ecuador; Francisco José de Caldas, de Colombia; y los jesuitas que hicieron obra americana en Italia, como el tegucigalpense José Lino Fábrega, que interpretó el Códico Borgiano, y el guatemalteco Rafael Landívar, cuya "Rusticatio Mexicana" le habría deleitado en los ocios en que gustaba releer a Virgilio.

Por eso también, cuando enjuició al régimen español en América, no pudo perdonarle como buen criollo que en tres siglos no hubiera hecho todo lo que pudo hacer para convertir estas tierras en un hogar tranquilo del hombre que trabaja y se emancipa de la miseria. Severa y documentada crítica a dicho régimen, que, si aquí fue nefasto en muchos aspectos en España lo fue también; ya que malos consejeros de Indias allá enviaban malos y pésimos virreyes y capitanes generales. Abominó de aquel régimen, sin desconocer la obra que realizaron muchos de sus gobernantes de gran probidad y capacidad como Antonio de Mendoza, Juan de Acuña y Juan José Vértiz, sólo que a su tarea le faltó la unidad de un plan colonizador: "hizo pobre al país de las riquezas".

Así se explica que frente al desconocimiento que el Estado Español tuvo de su Imperio de las Indias —muy a pesar de las investigaciones incoherentes que emprendieron algunas expediciones científicas—, Valle pedía que se organizara una nueva y que se reuniera una comisión de los sabios más distinguidos en la ciencia legislativa y en el conocimiento de América.

Ese deseo lo hizo público desde 1824, sugiriendo que los gastos de la expedición fueran erogados "por todos los gobiernos de todas las Repúblicas de América". Al año siguiente, apenas supo que el Barón de Humboldt pensaba en un segundo viaje, le escribió invitándole a que lo extendiera hasta Guatemala ; y obsedido por su preocupación sugirió que el Congreso de Panamá estudiara la conveniencia de organizar la expedición. Desde las que encabezaron Hernández, Sessé, Malaspina, Mutis y Ruiz y Pavón hasta la famosa encuesta que por orden de Carlos III se llevó a cabo para conocer los idiomas y dialectos indígenas y que don Lorenzo Hervás dio a conocer en un libro no ha vuelto a efectuarse en Centroamérica más expedición que la llevada a cabo por la Comisión Científica Francesa en México y Centroamérica; pero el pensamiento de Valle continúa en pie como invitación insistente, así como su proyecto de que en cada país americano hubiera una biblioteca pública con las obras americanas.

Al hacer un balance con que demostró que hablaba documentado, Valle pudo escribir, en uno de sus ensayos formales: "Hernández pasó de la antigua a la Nueva España: estuvo siete años observando sus plantas; escribió muchos volúmenes; y no pudo a pesar de esto describirlas todas. Plumier hizo de Francia a la América tres viajes distintos para examinarlas: herborizó dos años en el primero; trabajó dos obras; y tampoco pudo agotar el número de vegetales. Feuille abandonó el mismo suelo para estudiar los del Perú, Chile y las costas orientales de la América del Sur: fueron grandes sus trabajos, y jamás pudo terminarlos. Jussieu viajó 35 años por el Perú y otras provincias de la misma América: hizo colecciones preciosas; y no pudo acabar sus trabajos. Kalm le siguió en ellos: fue infatigable; y sin embargo, de serlo nunca llegó al término, Locfling, el discípulo amado de Linneo, salió de Cádiz el 15 de febrero de 1754: llegó a Cumaná en abril siguiente; y a los seis meses tenía una colección de 550 a 600 especies.

Jackin vino también a la América: descubrió nuevos vegetales; y regresó a Europa en 1759 sin haber clasificado todos los que había. Commerson trabajó igualmente el año de 1773 en las costas del Brasil, Buenos Aires y Magallanes; y sus trabajos tampoco llegaron a tocar en el fin. Ruiz y Pavón recorrieron después por espacio de 11 años el Perú y Chile: formaron herbarios que admiraron Londres y París; y sus sucesores encontraron posteriormente especies nuevas escapadas a sus ojos. Sessé al frente de expedición distinta herborizó en Nueva España: describió y dibujó multitud de plantas; y aquella vasta región tiene todavía vegetales desconocidos, Michaux observó 12 años la América del Norte desde 1785; mandó a Francia 60.000 pies de árboles y 40 cajones de semillas: multiplicó las observaciones; y no pudo apurar el fondo.

D. Luis Noe, ese hombre infatigable que en honor de la ciencia emprendió cuantos trabajos podían arrostrarse, salió de Cádiz en 1789; hizo herborizaciones en Montevideo, Talcahuano, Chile, Chillán, etc.: recorrió la Cordillera de los Andes; llevó a España en 1794, 10.000. plantas; y después de sus viajes dilatados y penosos, han encontrado especies y géneros nuevos. Tafalla y Mancilla extendieron sus observaciones desde el Perú hasta Guayaquil; adelantaron las conquistas vegetales; pero no pudieron llegar a la meta. Mutis, a quien la América del mediodía debe luces y conocimientos dignos de gratitud, fue en 1782 director de otra expedición en el nuevo reino de Granada: trabajó 40 años en aquella provincia; hizo un herbario de más de 24.000 plantas el general Morillo; en 1818 mandó a Madrid 105 cajones de minerales, vegetales, etc., acopiados por aquel sabio; y Humboldt y su digno compañero Bonpland encontraron después otras especies en la misma América del Sur. No habían recorrido más que una parte de ella; y su colección en 1803 antes de concluir su viaje pasaba de 4.200 plantas en países, dice, donde la naturaleza se complace en derramar sus gracias y multiplicar vegetales de nuevas formas y de fructificaciones desconocidas".

"Oro, plata, América —dijo— son palabras que significan una misma cosa".

Y en un instante de sabiduría señera exclamó: "El estudio más digno de un americano es América". El "continente venturoso" es otro de sus epítetos, como poniéndolo en el marco de la utopía en digno parangón con el "continente estúpido" de Baroja (otro que, como Paw, no se atrevió a conocernos directamente) y con la "imagen del Paraíso terrenal" de Bouger.

"La América es mi patria", se le oyó decir en uno de sus monólogos. Sentía las vivas palpitaciones de América, su hechizo telúrico, porque había nacido en el centro de Centroamérica, en la tierra que fue dulce imán para Cristóbal Colón en su último viaje, allí donde los mayas alcanzaron una cúspide de su civilización, y había de nacer, por oscuros avatares, el hombre que se atrevió a intentar la primera reforma política en América Española: Francisco Morazán.

Habrán perdido validez varias de las afirmaciones científicas que hizo Valle, han sido superadas otras, pero su alto sentido de americanidad sigue prevaleciendo a pesar de las contingencias que median entre el Congreso de Panamá y las vicisitudes del Panamericanismo. A más de un siglo de haber esbozado su ideal nos damos cuenta de que supo atisbar hacia nuestro tiempo con mente diáfana y visión exquisita.

"La proclama continental de Valle —ha dicho Pedro de Alba— está redactada con profunda y precisa dialéctica: de cada punto se pueden desprender planes de trabajo para el presente. Lo que él vislumbró como el sueño de un abad se ha vuelto realidad viva en la mente de estadistas contemporáneos. Ese ideal es factible en los tiempos actuales, porque se han vencido las distancias entre las naciones de América, porque se han desterrado los recelos entre vecinos, porque se ha adquirido la conciencia plena de que el destino continental es indivisible".

Y cuando en la postguerra sean eliminados, hasta donde sea posible, los regímenes impopulares, el pensamiento de Valle quedará como el ojo avizor que supo precisar que las tiranías no pueden convivir en la familia decente de las naciones. Su magnífica profecía continúa alumbrando: "La América no caminará un siglo atrás de la Europa: marchará a la par primero: la avanzará después; y será al fin la parte más ilustrada por las ciencias, como es la más iluminada por el Sol".

EL INDIGENISTA

La americanidad de José Cecilio del Valle explica su constante defensa del indio. He aquí un criollo que aboga por el más antiguo habitante de América, pues ha sido la costumbre que sean sus personeros los españoles más humanos-humanistas auténticos a la manera de Las Casas, Sahagún y Mendieta.

Con palabras justas, Valle hizo su elogio: "El indio a quien se ha supuesto indolente y perezoso, es activo y capaz de los trabajos más duros. Sus brazos son los que rompen montañas y pulverizan peñas para sacar el oro y la plata que explota el comercio: sus manos son las que han hecho esos millones que suponen tan grande trabajo".

Pedía que los indios se civilicen, que sean llamados a colaborar en el gobierno y que se procure casarlos "con individuos de las otras clases para que vayan desapareciendo las castas"; "que haya honores y distinciones para los párrocos que presenten mayor número de indios civilizados y vestidos como los españoles" y que se reparta tierra en pequeñas suertes a los indios que no las tengan.

Un año antes de declararse la independencia centroamericana, publicó en "El Amigo de la Patria" un breve artículo en que daba cuenta de haberse instalado el ayuntamiento constitucional de Cobán, integrado por indios; y tal noticia le dio pretexto para hacer rotundas declaraciones que le sitúa: claramente entre los indigenistas de hoy:

"El indio después de tres siglos no sabe hablar el idioma de Castilla por dos razones: 1. Porque la ley le ha alejado de los que podían enseñársela; 2. Porque no ha tenido confianza de los ladinos, y cuando no hay confianza, se inventa o conserva una lengua que haga impenetrable la expresión de sentimientos. Merezcamos la confianza del indio: acérquense a él todas las clases: reúnanse en los ayuntamientos de los pueblos los indios y los ladinos; y entonces la porción más grande de estas provincias, la que tiene más derechos a nuestra protección avanzará en cultura, aprenderá el idioma que debe unirnos a todos y será más feliz. Los indios forman la mayor parte de la población, y es imposible que haya prosperidad en una nación donde no la gozare el máximo".

No era superficial su esperanza en el más antiguo habitante de América que pudo elevarse a la categoría de hombre histórico al expresar profundamente su mensaje, que ahora está siendo reconstruido, no sólo en las ciudades como las de los mayas y los peruanos sino en el aprovechamiento de plantas y de animales que enriquecen la economía mundial y en libros sibilinos que poco a poco han ido explicando los escoliastas desde el "Popol Vuh" que halló Fray Francisco Jiménez, hasta la "Nueva Crónica y Buen Gobierno" de Guamán Poma de Ayala, el Códice Badiano en que Martín de la Cruz y Juan Badiano nos dejaron el más antiguo libro de medicina de América, y lo salvado por la amorosa paciencia de Sahagún, Landa y Durán.

Gran verdad la de Valle cuando en su disertación sobre la flora que conocían los aborígenes americanos proclama que éstos fueron sus descubridores; y si en la greca de Mitla, la orfebrería de Monte Albán, las telas de Paracas, los huacos de Nasca revelaron una estupenda sensibilidad de artistas, en el hallazgo del maíz, la patata, la quina, el pavo y el llama dieron al mundo las preseas de una permanente y fecunda revelación.

Hay un momento en que Valle abandona la investidura del ensayista y se eleva al aire radioso de la poesía bucólica; y es cuando canta la grandeza del plátano —creyéndolo, al igual de sus contemporáneos estudiosos, oriundo de este hemisferio—, con la donosura de Andrés Bello al ensalzar la magnificencia de la Zona Tórrida y la de Juan Montalvo al hacer el elogio del maíz:

"En la originalidad de su fisonomía, en la belleza de su forma, en el esmalte y extensión de sus hojas, en el poco costo de su cultivo, en el corto tiempo que tarda para fructificar, en la fecundidad con que se produce, en la cantidad alimenticia de su fruto, en la harina que da cuando es verde; en los manjares a que se presta cuando es en sazón; en todos los elementos que forman el valor de un vegetal se distingue el plátano, gloria de la América, riqueza de sus hijos, hermosura de su tierra".

Maravillosa musácea que, en el devenir de los años, en vez de ser la bendición que él deseaba para los hijos de Centroamérica, se trocó en tormento y a veces en símbolo de esclavitud y fruto ensangrentado.

EL SOCIÓLOGO

En la cosecha fructuosa del ensayista pueden advertirse algunas esbeltas espigas que el sociólogo no puede desdeñar en su interpretación de la realidad americana. Valle se anticipó a las previsiones del sociólogo; se percibe en las huellas de su pensamiento cuál habría sido, si no hubiera muerto en plenitud cenital, uno de los estudios de su predilección.

Pedro de Alba apunta: "Difícilmente podrá encontrarse en la literatura social y política de América una obra de mayor significado y actualidad que la de aquel ilustre hombre de estudio y político militante de la primera mitad del siglo XIX. Trata centenares de temas con dominio, agudeza y valentía; puede considerarse como uno de los fundadores del ensayo político-social en América. Siendo hombre de severas disciplinas y de sólida formación literaria acierta con la nota comprensiva y fácil y así pasa lista entre los más esclarecidos escritores populares".

Valle decía: "El conocimiento de las sociedades: el de la fuerza, riqueza o poder de los pueblos: el de la capacidad para planes o proyectos no se adquirirá jamás sin el estudio de las ciencias que deben darlo".

Y pudo recalcar esta afirmación: "El poder moral y político de un país, es consecuencia precisa de su poder físico desarrollado por instituciones sociales meditadas con sabiduría".

Conoció, como nadie, entre sus contemporáneos, la terrible realidad humana de su país y lo vio agobiado por herencias crueles que aun impiden la marcha ascendente del hombre. Miseria y crimen, vicios consuetudinarios, enfermedades y endemias, vagancia y desdén por el trabajo, y en algunas zonas, un lento morir: he ahí los numerosos e implacables enemigos de una mayoría abandonada a su desventura, en el esplendor prodigioso de un mundo henchido de riquezas inéditas y en desorden. Discurrió sobre el fusilamiento de un infeliz que en 1820 era la víctima de una sociedad en que son "la miseria y la ociosidad, origen de vicios y crímenes" y sus observaciones continúan en pie, incitando a la meditación.

Al trazar el cuadro político de Centroamérica demostró que la división (económica, eclesiástica, militar y forense) de las provincias había sido hecha arbitrariamente, sin tomar en cuenta la población de los grupos humanos débiles. Ese cuadro permite explicar las rencillas lugareñas, los odios que fermentaron en la entraña de colectividades con profundas disimilitudes en lo económico y lo cultural, y que en breve plazo, darían sobrados motivos para que las animadversiones, agravadas por choques sangrientos, guerras que dieron al traste con la política la Federación Centroamericana.

Dice bien la doctora Mary Wilhelmine Williams: "Centro América tuvo una ventaja sobre la mayoría del resto de la América Española al asegurar su independencia prácticamente sin guerra e inició su vida nacional libre de deuda pública y de tal desmoralización económica y social como la que fue producida por la sangrienta lucha de aquel tiempo. Sin embargo, las dificultades aparecieron pronto, debido a que los factores geográficos provocaron el separatismo, reanudaron las viejas disensiones y agudizaron las teorías políticas en el conflicto".

Fue Valle un apasionado estudioso de los problemas económicos y el fundador de esa disciplina en Guatemala. La constante lectura de los más respetables economistas de entonces, le permitió hacer gala de conocimientos en una memoria sobre el abasto de carnes, apoyando sus afirmaciones en los textos de Adam Smith, Say, Bentham, Filangieri, Genovesi, Storch y Flores Estrada.

Era un defensor del capitalismo y formuló esta tesis: "Los capitalistas, necesarios para la producción de la riqueza en los artículos establecidos son también precisos en la creación de los nuevos. Ellos aventuran los primeros ensayos de las teorías publicadas por los sabios u hombres de luces: ellos acometen en todos los ramos económicos las primeras empresas y corren los primeros riesgos: ellos hacen las primeras plantaciones de semillas o estacas que no son conocidas ni aclimatadas en un país; ellos establecen las primeras fábricas o manufacturas costosas: ellos emprenden obras que los gobiernos temen o no pueden empezar o concluir; ellos forman compañías de capitalistas millonarios para apertura de canales, construcción de caminos, explotación de minas, etc.; ellos tienen interés en las mejoras de la agricultura, perfección de la industria y extensión del comercio".

Pero antes había advertido: "La mayor o menor cantidad de contribuciones haría que la riqueza fuese el origen de la mayor o menor felicidad de los hombres: uniría a la aristocracia orgullosa de los títulos, la aristocracia insolente de la plata, y arrastraría a ver este metal como la fuente del bien o el principio de los derechos. La división de provincias y secciones de provincia debe hacerse en razón compuesta del territorio, población y contribución. Combinando estos tres elementos con imparcialidad y sabiduría es como puede hacerse una obra que a más de los bienes que promete, parece en el nuevo sistema una de las que exige la necesidad. Ella prevendría los males que origina al fin en el curso del tiempo una distribución irracional de territorio: ella acercaría a todas las provincias en derredor de un centro común; ella establecería la igualdad posible de los pueblos; y esta igualdad apretando los vínculos y distribuyendo la riqueza los haría felices a todos".

Valle proclamaba la necesidad de tener más vías de comunicación; quería que se introdujeran nuevos cultivos y técnicas; que llegaran geógrafos, botánicos y mineralogistas; que se formara una tabla de los valores humanos y un inventario de las riquezas; y estimaba que "el que suda y trabaja es la base genuina de la patria". No disimulaba su obsesión: que las costas fueran pobladas y saneadas y que se construyesen barcos, porque —según decía— Centro América debe ser agricultora y marina; y se anticipó a explicar la importancia que tendría el Canal de Nicaragua en el porvenir de América.

Si el mar le era fantasma —a él, que no había querido cruzarlo, porque desdeñó una plenipotencia en Europa— tenía una dulce pesadilla que le atormentaba: era la imagen de una tierra en que el trabajo crea riqueza y los hombres conviven íntimamente con las fuerzas elementales sometidas:

"Una lágrima menos, una espiga más". Acaso llevaba en su alma el boceto de un paraíso posible en que el hombre sea el rey de sí mismo en el Palacio de los Cereales.

Humboldt, José Joaquín de Mora, Andrés Manuel del Río, Vicente Cervantes, Álvaro Torres de Estrada, el Conde de Pecchio, el Conde de Sack; pero, sobre todo, Jeremías Bentham: tales fueron los sabios con quienes sostuvo correspondencia. Al Conde de Sack escribió interesante carta (3 de octubre 1825):

"El señor don Andrés del Río, mi digno amigo, me ha escrito que Ud. desea la historia de esta nación, escrita por el padre don Domingo Juarros, y dos monitos verdes, macho y hembra, despanzurrados, y remitidos en dos vasijas con espíritu de vino. La recomendación del señor Río es poderosa para mí. En obsequio de ella y de lo que se merece un amigo de las ciencias, que por adelantarlas y cultivarlas ha pasado del Antiguo al Nuevo Mundo, he procurado hacer desde luego lo que se desea. Yo no he visto aquí monitos verdes ni encontrado sujeto que asegure su existencia. Como una rareza verdadera se mandó años ha de Nicaragua (Estado de esta República, donde abundan aquellos cuadrumanos) un monito amarillo. De los verdes nadie me ha dado razón. Un hijo de Nicaragua me ha dicho que los que se han visto son negros, blancos y acanelados o de color canela. He escrito sin embargo a un amigo para que si los hubiese verdes me remita vivos los que desea. No es preciso matarlos o despanzurrarlos. Vivos traen los correos algunos, negritos, que se les encargan, y vivos tendré el honor de remitirlos, si los hubiere.

Dirijo entretanto la Historia que desea Ud., señor Conde. Hay en ella artículos que hubiera sido útil suprimir por no tener interés que afecte, especialmente a los hijos de otros estados: hay también equivocaciones sobre la posición geográfica de algunos pueblos. La Geografía ha sido en Guatemala un campo inculto, que nadie se ha dedicado a labrar como era preciso. Las cartas de estas provincias hechas aquí y en Europa son romances geográficos. La menos inexacta es la que se levantó el ingeniero don Juan B. Jáuregui, y esta es la que procuro corregir en algunos puntos, reuniendo datos y recogiendo noticias.

Con la Historia de Juarros envío algunos papeles que escribí por el destino que tenía o por dar a los extranjeros alguna idea de estos países. Tal es la descripción en miniatura de esta República y la de los campos de Ulúa, que se publicó en los números 1 y 6 del Redactor General.

No hay encarecimientos o exageraciones en lo que digo. La naturaleza es aquí grande y fecunda como en los lugares más singularmente distinguidos de la América. Un viajero ilustrado, digno de observarla en todos sus aspectos, viviría en admiración continua, encontrando a cada paso tantos prodigios en los tres reinos.

Otras provincias del Nuevo Mundo han tenido la felicidad inestimable de ser observados por sabios que les han dado nombre y representación en Europa. Las de esta República, por no sé qué fatalidad sensible para quien desea sus progresos, no han gozado igual honor. Que todavía (haya) después de tantos años, diamantes escondidos en la roca de su formación o perlas ocultas en la concha donde han sido producidas. Un viajero que viniese a recorrer campos que no ha pisado hasta ahora la planta de ningún sabio se cubriría sin duda de gloria inmortal. Sería como el descubridor del Nuevo Mundo que daría existencia a países que en este aspecto parecen no tenerla: enriquecería las ciencias, aumentando la masa de conocimientos y observaciones útiles; y haría a la humanidad en general y a mis conciudadanos en particular beneficios que no pueden calcularse en toda su extensión.

Yo me atrevo, señor Conde, a suplicar a Ud. que extienda su viaje a estas provincias, dignas de ser vistas por sus ojos. No es la naturaleza de México ni más rica, ni más fértil, ni más variada que la de Guatemala. De México al puerto de San Blas no es muy grande la distancia: de Blas a Sonsonate es corta y sin riesgos la navegación; y de Sonsonate a esta capital, apenas hay cuatro o cinco días de camino.

Quiera Ud., señor Conde, hacer a mi patria un bien que no sería olvidado. Los Jefes de los Estados por donde transitase darían órdenes eficaces para que se franqueasen a Ud. los auxilios que hubiese menester; y yo tendría la satisfacción de acompañarle en el todo o en alguna parte de su viaje: tendría la de reunir material para para el gabinete de Historia Natural, que quisiera ver establecido en esta ciudad; y gozaría además el placer de ofrecerle la consideración y respeto con que soy su más atento servidor".

SU AMIGO BENTHAM

Pero ninguno de ellos le tuvo más estimación que Bentham, el pensador inglés que influyó profundamente en las ideas políticas y económicas de la América Española, en Argentina con Rivadavia; en Colombia con Santander y en Centroamérica con Valle. La carta que que éste dirigió a Bentham desde Guatemala (3 agosto 1821) podría traducirse nuevamente al español así:

"Mi siempre querido padre: Cómo envidio a mi primo (c); con cuánto placer cambiaría yo mi suerte por la de él para que yo pudiera vivir en la residencia del mejor legislador del mundo. Me ocuparé en hacer circular su Código Constitucional. La luz de Westminster iluminará estas tierras.

Usted desea, como yo, la instrucción universal; y yo trabajo para que ésta avance. Hay autoridades a las que es necesario referirse continuamente, en todas las ramas de la ciencia y usted es una de ellas; en todos los países yo sigo sus huellas".

Cuando la asamblea de Guatemala le nombró miembro de la comisión que debía formar el Código Civil (1826), Valle volvió a pedirle inspiración. Bentham le envió varias sugestiones a lo largo de interesantísimas cartas; y en una le decía (19 marzo 1827): "De acuerdo con los medios de que dispongo para formarme un juicio, si por alguien puede su América Central salvarse de naufragar en el vórtice del despotismo en el que mucho me temo se encuentra ya Colombia, debe ser por usted.

Si yo tuviera el don de hacer milagros, yo lo dividiría en tres personas para mi propósito: Una debería ir a los Estados Unidos angloamericanos, otra vendría aquí a Inglaterra y la otra se quedaría en ese país, en el cual, tal como van las cosas, las fuerzas integras deben indispensablemente ponerse en juego para salvar la Federación".

Y añadía Bentham: "Inclusa envío a usted la copia de una carta que en el año de 1823 recibí de Rivadavia, quien es ahora Presidente del Gobierno de Buenos Aires. Entre aquella fecha y la actual, él ha residido considerable tiempo en este país. Mi frágil memoria no me permite estar seguro de haberle ya enviado una copia en otra oportunidad. En cuanto a aptitudes intelectuales, teniendo en consideración las oportunidades que él ha tenido aquí y en Francia y sus habilidades naturales, no puedo imaginar que tenga su igual en la América Española; pero gracias a las aptitudes morales, además de las intelectuales, usted es en cierto modo mi única esperanza".

Valle le escribió (18 abril 1827) anunciándole el envío de catorce publicaciones suyas y acusándole recibo de las que le había regalado. "Los sabios —le decía— son para mí los primeros seres de la tierra; y su correspondencia es en mi opinión de valor más grande que la de los negociantes que sólo piensan en intereses metálicos que no pueden compararse con los de las ciencias".

La consulta más interesante que Valle hizo a Bentham (19 mayo 1829) era así: "La falta de portadores, producida por la de relaciones entre esta y esa capital, ha sido la causa de mi silencio en los meses anteriores. Yo no he podido dirigir mis letras: no he tenido el honor de hablar en ellas al señor Bentham. Pero he oído su voz respetable en las obras que ha escrito para bien universal del género humano. Usted, señor, se ha centuplicado en ellas; vive en todos los países del mundo civilizado; vivirá en todos los siglos. Un sabio es, entre todos los seres, el que se aproxima más a la Divinidad, que está presente en todo el universo.

Yo aprovecho desde luego la ocasión que se presenta ahora. El señor J. Ackerman va a salir para esa ciudad; y con él tengo la satisfacción de remitirle una colección de las monedas de oro y plata de esta república.

Ni las de aquí, ni las de otra nación del mundo antiguo y nuevo son como yo deseo que sean. En las monarquías tienen el busto del rey y sus armas: en los Estados Unidos el busto de la Libertad y un águila con la divisa del sistema federal. En la república mexicana el gorro de la libertad, y un águila sobre un nopal con una serpiente en el pico: en la de Centro América, el árbol de la libertad, y cinco volcanes representantes de los cinco Estados que forman la república; en la peruana una dama que representa la libertad, y las armas de Lima; en las provincias unidas de la Plata, el sol, el símbolo de la unión, y el gorro de la libertad: en Chile un volcán arrojando fuego, una columna sosteniendo una esferita, arriba una estrella, y más alto la palabra Libertad, etc.

En todas las naciones que no sean oprimidas por tiranos o déspotas debe haber libertad legal. El símbolo que la representa podría a este respecto ponerse en las monedas de todos los gobiernos constitucionales; es por consiguiente demasiado general; y los del país donde ha sido acuñada que de una moneda deben ser tan propios no puedan extenderse a otros. Los demás símbolos de las repúblicas de América tienen igual defecto porque son diversas las naciones donde hoy águilas, nopales, etc.

En las pinturas de serpientes, soles, águilas, etc., veo no sé qué reliquias de la antigua barbarie, y el gorro de la libertad me parece una afectación, innecesaria cuando la hay positivamente, y visible cuando ha llegado a ser nominal.

Yo deseo que en las monarquías y en las repúblicas, las monedas tengan en el anverso una imagen que represente el congreso, parlamento, o cortes, y en el reverso el busto del rey o jefe supremo de la república; que en el primero se exprese el nombre del congreso, parlamento número de diputados y senadores que deban formarlo; y en el segundo se cortes, y manifieste el nombre del monarca y jefe respectivo de la nación.

Las monedas participarían entonces del carácter augusto que distingue a los altos poderes. Serían para la historia monumentos preciosos de los períodos constitucionales, y oprobio eterno de los tiranos que sofocasen la constitución de los Estados para ser absolutos

Otro pensamiento que me ocurre en este instante sería a mi juicio de igual importancia. Podría ponerse en el anverso una imagen que representase los dos Poderes Supremos, el legislador y el ejecutor; y en el reverso el mapa del reino o república, reducido a un punto mínimo.

La carta de una nación daría a sus monedas el carácter más inequívoco de nacionales. Serían más conformes al espíritu del siglo que no se place, como los anteriores, en leones, castillos, escalas y monos, sino que busca lo que es positivamente útil y conforme a la cultura de los tiempos. Se inspiraría gusto por la geografía respectiva del país, y hasta los últimos hombres del pueblo tendrían alguna idea del mapa de su patria.

No sé si usted, señor Bentham, ha vuelto alguna vez a las monedas el pensamiento que ha sabido fijar con tanta utilidad en la ciencia legislativa. Si los míos fueren dignos de sus votos, yo tendré esta pura satisfacción; y en caso contrario, gozaré al menos la de desear que se mejore lo que me parece exigir reforma".

LIBERTAD DE IMPRENTA

La respuesta de Bentham (8 al 13 de septiembre de 1829) tiene singular interés, porque aborda el problema de la libertad de prensa: "Monedas. Lo que Ud. dice sobre este tema muestra la amplitud y elasticidad de su mente. No obstante que más me habría agradado verla aplicada a asuntos en que el trabajo hubiera sido para producir efectos en que fuese más concreta e indispensable la felicidad pública.

Primero, respecto a que exhiban el perfil del territorio del Estado. Por guerras y por tratados estaría éste constantemente expuesto a variantes; y en caso de una cesión lo estaría en peligro de excitar comparaciones y recuerdos penosos.

Segundo, respecto al número de los miembros de las Asambleas Legislativas. También allí, sea cual fuere el número de las asambleas que compongan la legislación, continuamente sufrirían variaciones: natural y generalmente en cuanto a un aumento, tales variaciones se han producido en Inglaterra, en Francia y en los Estados Unidos anglo-americanos, etc., etc., y estoy inclinado a creer que en todas partes.

La libertad de prensa, en la acepción ordinaria de la palabra, hasta cierto punto es buena; pero en ese sentido puede tener lugar y al mismo tiempo ocurrir un estado de cosas opuesto a lo que se espera de ella. Bajo cualquier gobierno, y en particular en un gobierno democrático, el periódico es el instrumento literario más eficaz para el bien y para el mal; y entre las publicaciones periódicas, las más eficaces, aquellas cuya aparición es más frecuente; el diario más que los periódicos cada dos días; luego siguen los periódicos de cada dos días más que el semanario; y así sucesivamente.

Supongamos que sólo existiese uno de estos periódicos y ningún otro, entonces la libertad sería mera ilusión, en vez de ser útil, dicho periódico podría ser peor que inútil. Primero, supongamos que sea más natural que tal periódico sea editado por el gobierno, o bajo la influencia del gobierno. Todas las verdades que señalen las imperfecciones del sistema de gobierno, o la mala conducta de los gobernantes, son suprimidas: todos los malos argumentos y las mentiras, tendientes a que el pueblo apruebe semejantes imperfecciones, o mala conducta, o falta de fe en su existencia, son insertadas; y todas las refutaciones a esas mentiras y las réplicas y las refutaciones de esos malos argumentos, son excluidos.

Aún supongamos que, durante un tiempo, el editor del periódico —este amo de la opinión pública— es honrado y permite la inserción de comunicaciones, que por cualquiera de las causas antedichas, son desagradables al Gobierno. Debido a ese estado de cosas, la duración siempre será precaria. Pues cuanto más activo sea él en esa línea de beneficio, más molesto será para las autoridades constituidas, y más fuerte será el interés que ellas tendrán para ganárselo a cualquier precio.

Una vez ganado, él no será sólo inútil a la causa sino peor que inútil. El bien en la forma de recompensa, tan mal aplicado aquí, duplica el perjuicio que podría hacer el mal, así mal aplicado, en la forma de castigo. Todo lo que el miedo al castigo podría lograr, sería impedir que el hombre sirviese a la causa del pueblo; mientras que la esperanza de recompensa, además de producir ese mal efecto negativo, podría en diverso grado, producir el mal efecto positivo de obligarle a hacer perjuicios positivos a los intereses del pueblo.

Lleguemos hasta a suponerle honrado, y honrado hasta el fin, aún dando publicidad a sus propias opiniones, con exclusión de todas las demás, puede desviar la opinión pública cuando quiera, y estaría seguro así de hacerlo, en un grado más o menos considerable, aún sin proponérselo.

Habría, pues, que alejar este mal, o reducirlo a su menor expresión: o dicho con una de las nuevas palabras que he acuñado, habría que minimizarlo. Esto es poco fácil; y no se ha intentado jamás en parte alguna, que yo sepa.

En cuanto a lo que se escriba firmado por el editor, eso es sin remedio: a este respecto, la tendencia será la que quiera darle por cualquier motivo. El único remedio contra semejante parcialidad es el que pueden aplicar otras personas con el carácter de corresponsales suyos.

De poder arreglarse las cosas de modo que se obliguen a dar igual espacio a observaciones contrarias a las suyas, o a las de otro escritor del lado opuesto a lo que él sostiene, esto sería todo lo que se podría hacer. Cuando Miranda, hijo del célebre general Miranda, con quien estuve en términos de intimidad, salió hace algunos años de este país, en donde había nacido y se había educado, creo que para Colombia, en aquel tiempo Venezuela, a fundar un periódico a la inglesa, le redacté un breve plan, que tenía por finalidad esta especie de imparcialidad e independencia, en cuanto fuese practicable.

Con tan poco tiempo que usted me concede, no he podido encontrarlo, pues si no lo habría enviado a usted, o una copia de él; si lo consigo se lo remitiré por el próximo correo. Mientras tanto, quizá tenga usted tiempo para meditar en qué forma puede obviarse la dificultad, tomando en cuenta la situación de ese país.

El rey de Francia está decidido a esforzarse para restablecer el despotismo. Tengo a la vista las palabras de una conversación breve, pero decisiva, que sobre ese tema tuvo con el Duque de Orleans. Y ello procede de alguien que se la escuchó al propio Duque. El pueblo está resuelto a resistir al rey, caso en el cual, si ellos tienen éxito, el Duque de Orleans le sucederá en la corona; probablemente con anterioridad más limitada que hoy. Y ahí tendrá lugar una guerra civil, a menos que el rey se ausente y ceda, lo que parece más probable. En una prensa que tengo, un empleado está sacando copia litográfica de un folleto en defensa de la aspiración popular, destinado a que circule en Francia. Creo que esta hoja contendrá las últimas palabras de mi larga carta miscelánica. Tome lo largo de ella como una prueba del afecto con que soy de usted, etc".

SU IDEARIO ACTUAL

1——. Elegid a hombres penetrados del entusiasmo heroico de la América: elegid talentos; buscad genios bastante grandes para formar la legislación que deba regiros en lo sucesivo.

2——. Abramos al europeo las puertas de la República, si queremos que Centro América sea ilustrada y rica. Un europeo (sabio, capitalista u cobrero) es un productor nuevo de riqueza.

3——. ¿No habrá algún día medallas o laureles para los que abran un camino, levanten un puente, funden una población o llenen alguna otra necesidad de las muchas que sufren las provincias?

4——. Quemad todos los libros: destruid todas las imprentas: cerrad todos los institutos y academias: formad planes para sofocar las ciencias: trabajad para llenar el vacío de ellas con lo que placiere a tus proyectos. La mano más poderosa no tiene imperio sobre el pensamiento; y mientras haya en el Globo un solo hombre que piense, las ideas de este hombre se irán dilatando por toda la tierra.

5——. Varía las necesidades del hombre. Dale nuevos sentidos o perfecciona los que tiene. Que no sienta ya los estímulos del hambre, ni sea atraído por el sexo que adora. No habrá amor, ni existirán las ciencias que han nacido de esta dulce necesidad; no habrá agricultura ni conoceremos las artes que ha producido el cultivo. La armonía de Haydn dejará de serlo. Los encantos de la música serán sensaciones desagradables.

6——. Los gobiernos que necesitan de la fuerza para sostenerse: los que no pueden existir sin ejércitos permanentes o renovados sin interrupción: los que mandan países donde hay más instrumentos de muerte que de vida, más fusiles que arados, son Gobiernos precarios, efímeros y de corta duración.

7——. Arado, azadón, azadilla, hoz, hacha, piqueta, trillo, agramadera, espadilla: esto es lo que se ha inventado para labrar la tierra y dar riqueza a los hombres. Fusiles, escopetas, carabinas, arcabuces, esmeriles, trabucos, pistolas, espadas, sables, cutos, cuchillos, puñales, machetes, espadines, lanzas, flechas, cañones de batir, cañones de campaña, cañones de crujía, morteros, bombas, balas, granadas, mazas, pilos, arietes, etc.; esta es la nomenclatura horrorosa que ha sido necesario inventar para sostener a los Gobiernos que quieren sacrificar el mayor número al bien del mínimo.

8——.Un operario, obrero o jornalero no es un siervo: es un coproductor de la riqueza. No es una servidumbre lo que se estipula: es un pacto el que se celebra.

9—. Las clases que han gozado serán bastante justas para dividir sus goces con las demás? ¿Las que han sufrido serán bastante racionales para no excederse en su petición?

10—. Los pueblos tienen derecho para saber lo que se ha trabajado en su bien. Ellos son los que trabajando y sudando forman las rentas que mantienen a los funcionarios; ellos son los que uniendo fuerzas individuales forman la fuerza pública que sostiene el orden.

11—. Los que creen que el dinero es preciso para todo, juzgarán imposibles sin él la aperción de caminos, la composición de puertos. Yo veo la colmena hermosa que regala mi paladar; Sin dinero la han hecho las abejas; sin dinero han elaborado tanta miel y formado tantas celdillas unos insectos pequeños, incomparables con el hombre. El trabajo unido y constante que hace colmenas, puede abrir caminos, componer puertos y emprender obras de bien general. Uníos para las obras de común utilidad; y esa mano que Eleva al hombre sobre los tigres y leones os hará poderosos y ricos".

EPÍLOGO

José Cecilio del Valle tiene derecho a que América —su paraíso entrevisto— le estime entre sus mejores hijos. Por sus anticipaciones sobre muchos de los problemas insolutos de América, por haberle interesado la grandeza y la miseria del hombre, porque vivió en una época en que todo le confabulaba para hacerle fracasar, Valle recobra la importancia que en la lejanía del tiempo asumen los héroes de la inteligencia amorosa. Y por lo que va dicho en esta disertación que pretende dar el perfil de su figura, volvemos a oír, claras, nítidas, sus palabras, y nos parece que con la voz más acendrada y con menos angustia, esa figura se desencarna del mármol y vuelve a andar.

CAPÍTULO I: CARTAS FAMILIARES

Puebla julio 20 de 1822

Mis amadas Pepa, Chica y Nela[1]: salí de Tehuacán el día que indiqué en mi última. Fue feliz el viage y gozé todas las comodidas del coche en que lo hize. No hubo otra novedad que haberse enfermado Juan Arochena de diarrea y vómito a la salida de aquella ciudad, y haber regresado á ella para curarse. Tengo noticia de que ya está aliviado y vendrá á alcansarme en ésta ó en Mexico. Juan se excede en comer cuanto se le presenta; es devorador su apetito; y comiensa a sentir los resultados.

Aier llegué á ésta. Trahía carta de recomendación del Sr. Arzobispo[2] para el Sr. don Ygnacio Vasconcelos, canónigo de esta Santa Y glesia y hermano del Marqués de Moncerrate con quien vive en una misma casa. Para no ser gravoso no le anticipé la carta; y vine rectamente al meson del Cristo donde se alojan las personas mas decentes.

Mandé inmediatamente la carta del Sr. Arzobispo al Sr. Vasconcelos, y éste al momento pasó en su coche al meson y me traxo á esta su casa diciéndome que sentía no le hubiese anticipado aviso para haber salido a recibirme. La casa es de las mas grandes y decentes; se me ha dado la misma recámara y salón del Sr. Vasconcelos; se me sirve bien; el Marqués es un buen anciano; y Rivera, que no tenía en ésta igual recomendación, ha venido conmigo á la misma casa y gozado iguales bienes. Pensaba salir mañana para México; pero el Sr. Vasconcelos ha querido que descanse hoi y mañana, y por este motivo hasta pasado mañana lunes saldré de aquí en el mismo coche que me traxo y llegaré á México el miercoles 24 del corriente.

Dn. Benito Guerra, á quien fui recomendado por Horan, me ha escrito de Mexico diciéndome que me preparará habitación; y el Sr. Castillo, Consejero (pag. 3) de Estado, me ha escrito oficiosamente

---

[1] Las primeras trece cartas de este libro están dirigidas a Pepa (María Josefa Valero, su esposa); Chica (Francisca) y Nela (Manuela) sus hermanas menores, nacidas, al igual que el propio José Cecilio, del segundo matrimonio de José Antonio Díaz del Valle, contraído con su prima hermana doña Ana Gertrudis Díaz del Valle.

[2] El Ilmo. Sr. Dr. y Maestro Fr. Ramón Casaus y Torres, Arzobispo de Guatemala. Tomó posesión en 1815, pero fue expulsado por el general Morazán en 1829.

que le escriba desde aquí el día fixo en que entre en México para salir á recibirme.

El Congreso ha declarado, que la provincia de mi naturaleza debe preferir y que por consiguiente debo ser Diputado por Tegucigalpa. Manden llamar inmediatamente al Padre Calderón y al Padre Alvarado: comuníquenles esto: y diganles que escriban á Chiquimula para que no triunfen las intrigas de Dn. Pedro Arrivillaga y se haga buena elección. Si no estubieren ni el Padre Calderón, ni el Padre Alvarado, llamen á don José Antonio Zelaya, y exprésenle lo mismo.

Mando el Ceremonial para la coronación del Sr. Yturbide. Si lo pidiere el Sr. Arzobispo, á quien escribo, envienselo inmediatamente.

La coronación será mañana: he visto el Bando publicado; y por consiguiente no podré presenciarla.

Repito el encargo de la libransita de 300 pesos ó de 500, y que activen los cobros.

...De Macabeo me acuerdo á cada momento y especialmente cuando tomo vino.

Puebla es ciudad grande y hermosa. Si la vieran, Guatemala les parecería pequeña y triste. Las casas son de 2 unas y de 3 altos otras: la alameda es bella; y el Ciprés (así se llama el retablo maior de la Catedral) es digno de los ojos de un viagero.

No hai tiempo para extenderme. Es enteramente de Ustedes,

José del Valle

Va para la Nela esa estampita.

Mexico agosto 14 de 1822

Amadísimas Pepa, Chica y Nela: la de 18 del próximo anterior que recibí el 12 del corriente me ha penetrado de gozo. La(s) letras de Ustedes son á tanta distancia mi único consuelo.

Yo sigo en esta Corte sin novedad alguna en la salud. Tomé asiento en el Congreso el 3 del presente: el 4 fue festivo; y el 5 se me nombró individuo de la Comisión que debe formar la Constitución.

Mi plan era guardar silencio los primeros días: observar las opiniones y conocer el Cuerpo de que soi miembro. Pero sin advertirlo quebranté mis propias leies. Apenas presté el juramento y oí la discusión de un artículo del Reglamento interior del Congreso, pedí la palabra y discurrí sobre él. Dn. Carlos Bustamante, diputado y autor de la Abispa de Chilpancingo, subió inmediatamente a la tribuna y apoió mis pensamientos.

He hablado sobre otros asuntos; pero no ha sido posible discurrir sobre todos. Diariamente hai comisión de Constitución por la mariana; y cuando duran mucho nuestras sesiones, llegamos tarde al Congreso.

La iglesia de los jesuitas es la que sirve de salón: es pica espaciosa y decente una alfombra hermosa cubre todo suelo: un relox de gusto está en lo interior sobre la mampara por donde se entra. La figura que forma el salón es la de una elipse; y por uno y otro lado están tres órdenes de sillas pintadas de verde con dibuxos dorados y coxines de damasco.

Al testero está la mesa con el sobre de terciopelo tinta y 3 tinteros de plata: dos Secretarios en cada uno de los dos lados de ella, y en medio el presidente.

No hai preferencia de asientos, ni orden de antigüedad en cosa alguna. En el Congreso y en las Comisiones se sientan y firman los diputados como van ocurriendo.

El asunto más serio que se ha discutido es la causa que por acuerdo del Congreso se está formando á dos diputados, que son el Conde del Peñasco y Callejo.

Seguirá después otro de bastante gravedad. El Consejo de Estado propuso al Emperador que se decretara la lei que expresa el impreso adjunto: el Congreso lo pasó á las Comisiones de

Constitución y legislación estas me nombraron para que extendiera el dictamen: lo extendí el 11: el 12 se aprobó por las Comisiones; y hoi se dá cuenta al Congreso.

En él impugno con decoro el proiecto del Consejo de Estado porque es un desatino lo que propone. Piensan imprimir mi dictamen; y por el siguiente lo remitiré. Creo que el Congreso lo aprobará: hoi se hará la primera lectura. Defiendo a la jurisdicción ordinaria con raciocinios que no tienen respuesta y no hieren al Consejo.

La admósfera política no está despejada. Pero no se halla ahora tan nublada como estubo pocos días ha.

Solo una vez he ido al Coliseo. No me gusta salir de noche, y las ocupaciones llenan el tiempo. El teatro no tiene la figura de herradura que tienen otros. La Opera que se representó es pieza de mui poco mérito y no la leerá con gusto quien haia leído las del dulce Metastasio. El arte cómico descubre todavía alguna afectación. Pero la música no es mala; y si no oí una voz superior a las de la Campusano y mi querida Pepa, todas me parecieron exercitadas y arregladas. Era placer grande oirlas seguir con exactitud el compaz y variaciones de la música.

Campo Rivas y su sobrino vinieron á visitarme. El ultimo ha traído de España buenos papeles de música; y trabajaré en extender la comunicación para que me permita mandar copiar algunas áreas. Si lo consigo, como espero, les remitiré las mejores.

No veo cosa de gusto que no quisiera mandarles. Un Tocador, y un relox de mesa me tienen con particularidad mui inquieto. Son obras exquisitas: no vistas en Guatemala. Pero están mui caras; y no han querido hasta ahora hacer rebaja considerable.

Los cortes de túnicos son de diversas especies. Unos de banda, otros de garantía, otros de pañuelo, etc. He visto a uno de los mejores sastres, que es un italiano decente, y dice que manden 3 medidas una desde el sobaco hasta el pie, otra de lo ancho del pecho de hombro á hombro, y otra del grueso de la cintura.

Aquí tienen una prueba de mi gran amor: Valle escribiendo de túnicos y tratando de modas.

El St. Yturbide sigue en Tacubaia. Aier fue al Santuario de Guadalupe á la instalación de la orden de los caballeros del mismo nombre. Yo deseaba ver esto; pero las ocupaciones del correo no lo permitieron. Son tantas las cruses que se ven aquí que se miran con indiferencia.

El número de coches es prodigioso. Casi no ceso un minuto de oir el ruido de los que pasan por mi calle. El otro día conté en la plasa 43 de providencia. Así llaman a los de alquiler; y estos se ponen allí para el que quiera hacer uso de ellos. Valen 4 reales por hora.

Digan al Padre Muñoz que se ha estrechado el tiempo: que le escribiré el siguiente: que soi suio.

José del Valle.

Duplicado de la que dirigí el 4 de septiembre de 1822.

Amadas Pepa, Chica y Nela: otros han recibido cartas de Guatemala de 3 de agosto. Yo no la he recibido de Ustedes. Tengo este profundo (sic). Pero continúo con salud; y sé que Ustedes la tienen.

La Comisión de Constitución acordó, que Mendiola[3] y yo formasemos el Proiecto de ella: Mendiola vió el principio de mi trabajo, y quiso que lo continuara por que le agradó. El 24 del anterior celebró el Congreso las elecciones que hace mensualmente. No tengo relaciones con los Diputados: no les he hecho una sola visita, ni conozco las casas donde viven.

Sin embargo fui electo Vice-presidente del Congreso: el mismo día y el siguiente lo presidí cuando el Presidente tubo que retirarse; y se dixo que no se me elegía Presidente porque siéndolo tendría que separarme de la Comisión de Constitución. El 27 por la tarde dió orden el gobierno para que pasara al Convento de la merced como
detenido.

Era verbal la orden: debía ser escrita. Pero monté en el coche y fui á cumplirla porque he estado siempre y estoi ahora mui satisfecho de la pureza de mi conducta pública y pribada. Creí que se había sorprendido al Gobierno por el espíritu de calumnia que en todos los siglos ha perseguido a los hombres de bien No lo soi en todo el sentido de la palabra: y no dudé que brillaría mi honor.
Así va sucediendo.

El Provincial de Santo Domingo Fray Luis Carrasco[4], a quien debo opinión y afectos que jamás podré corresponder, fue a verme el 28.

Le indiqué que estaría mejor en su convento que en el de la merced: se concedió así: fue el mismo Provincial por mí el 29: estoi viviendo con Beltranena por no haber otra celda espaciosa

---

[3] Mariano Mendiola, diputado por Guadalajara.

[4] El historiador Ramón Oquelí señalaba que Fray Luis Carrasco debe de haber sido personaje muy influyente, puesto que logró que a los dos días de su prisión, Valle fuera trasladado del convento de La Merced al de Santo Domingo, en donde se alojó con comodidad, al grado que ya siendo Ministro de Iturbide siguió viviendo en la misma celda.

en una que tiene 2 salas, una alcoba, cocina y comunes; y al mismo tiempo que los demás detenidos siguen incomunicados y con centinelas de vista, yo no estoi sometido á uno ni otro. No tengan cuidado alguno[5].

---

[5] Valle en su Manifiesto a la nación guatemalana, dice: "Me vi tratado como reo de Estado: recluso en un convento, incomunicado: con centinela de vista". (Rómulo E. Durón, Obras de D. José Cecilio del Valle. Tegucigalpa, 1906. Tomo L publicado, p. 46). Bustamante, citado por Rafael Heliodoro Valle (La anexión, tomo TV, 61) dice: "En este convento ha quedado arrestado, bajo su palabra de honor, el Coronel Unda, y el sabio Diputado Valle de Guatemala". A pesar de que estaba preso, Valle tuvo ciertas comodidades: visitas, las llaves de la biblioteca del convento para estudiar y cocinero particular.

Mexico septiembre 11 de 1822

Amadas Pepa, Chica y Nela: llegó el correo el 9 del corriente, y no hubo correspondencia alguna de Guatemala. Continúo con el sentimiento de no ver letras de Ustedes.

Yo les escribí el 4 del presente la que acompaño en duplicado para que llegue á sus manos la segunda si se ha extraviado la primera. Sigo con salud en la misma celda. El Padre Provincial Fray Luis Carrasco y el Padre Espín del mismo convento vienen diariamente á comer conmigo. A uno y otro debo afectos indecibles. El segundo fue amigo de Mr. Dupé y del Padre Codina: ama la música: sabe cantar; y dice que tiene una colección preciosa de papeles. Cuando la vea les daré razón de ella.

Creo que todos están persuadidos de la pureza de mi conducta pública y pribada. (22) Es preciso que lo (pág.2) estén. Cuantos me conocen saben que mi vida ha sido retirada en ésta y en ésa. Berasueta vino á visitarme, y á los que estaban presentes dixo: le conosco desde que estube en Guatemala y me consta que su conducta ha sido acrisolada.

El 15 del corriente hubo pruebas que lo confirman. Las correspondencias de los detenidos, trahidas por el correo de 2, fueron entregadas á quien está instruiendo las diligencias. La mia tubo la misma suerte. Pero lexos de haber en ella cosa alguna que pudiese perjudicar, vino un oficio del Aiuntamiento de Tegucigalpa en el cual dirigiéndome cerrada una representación para el Emperador me suplica la ponga en sus manos. Se la dirigí en el acto; y se sentó razón de que en mi correspondencia solo se trataba de asuntos domésticos.

Sé que el Gobierno está persuadido de que yo no he tenido intervención alguna en lo que es objeto de sus inquisiciones. El Congreso ha pedido el cumplimiento del artículo 128 y 172 párrafo penúltimo de la Constitución española. Han mediado oficios entre el Congreso y el Gobierno; y acaso esta especie de competencia ha embarazado la conclusión en lo respectivo á mí.

Les comunico todo esto para que no tengan cuidado, ni se enfermen por tenerlo. Soi hombre de honor y ha de triunfar el que tengo. Ocúpense en la educación de mis chiquillos: procuren el cobro de deudas: atiendan á las haciendas; y no se aflijan por mí. Es sensible que sufra quien es hombre de bien: quien gozaba en su casa todas las comodidades posibles: quien tenía la opinión y afectos de las provincias. Pero recuerden el adagio antiguo No hai mal que por bien no venga. Acaso ha dispuesto Dios todo esto para que brille mi honor. A otro punto.

Prevengo: 1° que le den la que escribo a don Anselmo sobre la hacienda de la Concepción: cumplan lo que digo en ella y se la entreguen... 2° que activen el cobro de lo que me debe el P. Administrador de Cerro redondo. Es dependencia que me dá cuidado. No la pierdan de vista. No vaia á sucederme lo mismo que sucedió con Galves. 3° que cobren también a don Miguel Cobo con toda atención. El mes entrante se cumple el plaso. 4° que insten también al Padre Galves, y no olviden á Don Antonio Batres. 5° Que dirijan la adjunta a Dn. Tusto Errera remitiéndola á la Villa de Choluteca. 6° Oue saquen las cartas que me escriban de Provincias y solo me remitan las que fueren contraídas á mi hacienda para... 7° Que manden hacer un crucifixo al mejor escultor: que hecho se corrijan los defectos que le note algún inteligente y después se encarne por el mejor pintor y supliquen á Ateaga que lo dirija en un caxon á Oaxaca dándome aviso. Procuren que sea obra acabada. Es para el Provincial. 8° Que me remitan la libransa de 500 ps. qe. ha ofrecido Cobo, y me den razón de la que me prometió Arechavala, pues no he tenido contestación. 9° Que den mil besos á la Lolita, Pepita y Chiquitillo[6].

He logrado á favor de Pepe las dos cartas de recomendación que acompaño y dirige el Teniente Coronel Dn. Bernardo Miramón una para Filisola y otra para el capitán Lorensani, íntimo del mismo Filisola. Digan á Pepe, que las lea, las cierre y entregue.

Han sido nombrados Filisola para Campeche y el brigadier Rincón para capitán general de esa. Vuelvo a decirles que no tengan cuidado ninguno, ninguno, ninguno. Ha de triunfar mi honor.

Si don Benito Muñoz, les llevare unos Estados de la casa de moneda y una medalla, remítanmelos por el conducto que les paresca.

Presten los impresos que les dirijo con cubierta separada a Ateaga, don Anselmo, don Benito Muñoz y amigo. El dictamen que dirijo

---

[6] "Lolita, Pepita y Chiquitillo", a quienes encarga "den mil besos", eran sus hijos Dolores, Josefa y José Bernardo. Sus otras dos hijas fueron Juana y María Mercedes Eulogia.

impreso es el que extendí por encargo de las Comisiones de constitución y legislación.

José del Valle

Mexico, noviembre 5 de 1822

Amadisimas Pepa, Chica y Nela: recibí la de 3 del próximo anterior que me dirigieron por conducto del Señor Arzobispo de ésa y Padre Provincial de ésta. Los cuidados que tienen y pasos que dieron por saber de mí, han penetrado mi alma profundamente. Una familia virtuosa, acostumbrada al recojimiento andubo mendigando noticias de un hombre de mas honor que quien lo haya calumniado. Era natural que se afectasen de la mas viva inquietud. Pero ya se habrán serenado á vista de las que les he escrito á la salida de cada correo. No tengan cuidado alguno. Ha de brillar mi honor. [7]

Yo no he tenido parte alguna directa ni indirecta en la conspiración contra el gobierno. Ygnoraba si se maquinaba semejante cosa: no he tenido trato ni relación alguna con los que existen detenidos: no me conviene que haya conspiraciones por que tengo familia y propiedad: aun en el caso de interesarme no era posible que sin conocimiento del país me complicasen en proyectos tan funestos como delicados: desde el 3 de agosto en que tomé posesión hasta el 27, solo corrieron 23 días; y en tan corto tiempo la intriga más activa no podría hacerse de relaciones y meditar planes de desorden. Si fuí en ésa tan retirado y pacífico, mas aislado deben crer que habré sido en ésta[8].

Que Valle haya sido conspirador es quimera que no podrá acreditar la calumnia de mas talento. Acaba de publicar el gobierno el impreso que les remito, y en una de las notas dice: que dos diputados son los que resultan convencidos, y yo no soy de este número. Son según la voz general los diputados D. Servando Mier y D. Juan Pablo

---

[7] "Contemplando a mi familia inocente en el momento en que oyese la voz primera de mi arresto: considerándola a tanta distancia; recibiendo noticias exageradas por la misma distancia o encarecidas por la malignidad: viéndola en lágrimas penetrada del dolor más profundo, mi alma sufría sentimientos que en la serle entera de años corridos desde que nací jamás he sufrido". Valle en su Manifiesto a la Nación Guatemalana (Rómulo Ernesto Durón, Obras. p. 46).
[8]

31 "Ocupado en sus estudios, en su familia y en el cuidado de sus propiedades, Valle se había reducido a la sociedad doméstica. No hacía jamás una visita por no separarse de sus quehaceres; esto disminuía su popularidad con algunos". El pensamiento económico de José Cecilio del Valle. Edición conmemorativa de la inauguración del edificio del Banco Central de Honduras Tegucigalpa, 1958. P. IX.

Anaya. Se dice en la misma nota que el gobierno obró respecto a los demás por sospechas muy fundadas.

Pero tampoco esto debe entenderse respecto de mí porque no hay sospechas fundadas contra un hombre de bien que acababa de llegar. Se ha dilatado la conclusión del asunto por la disputa que hubo entre el Congreso y el gobierno: el primero reclamaba la causa para que la decidiese el Tribunal del Congreso según el artículo de la constitución; y el segundo creía no estar en el caso de pasarla. Ya cesó este motivo de dilación. El gobierno mandó disolver el Congreso.

Yo no tengo otra voluntad que la de Ustedes. Si ansían mi regreso á esa, yo tengo el mismo deseo. No hay nobedad alguna en mi salud. Ha habido peste de escarlatina y angina y yo no he sido atacado. Concluido el asunto y dada a mi honor la satisfacción a que tiene derecho haré lo que Ustedes quieran. No es preciso que manden al negrito Feijo. Tengo de cocinero á un negro de esas provincias que sirvió al Padre Tovilla de la Merced.

Recibí las cajuelas de sigarros y chocolate que me remitieron con el extraordinario. Llegaron tiempo oportuno. El chocolate está muy buco; pero los sigarros son muy delgados.

Escrivo en esta fecha al administrador de Oaxaca suplicándole que me dirija el cajonsito de sigarros y chocolate que dirigieron después. Quando llegue les daré aviso para que no tengan cuidado.

He recibido también los dos libramientos que me han dirijido uno de 550 pesos contra la factoría de Oaxaca, y otro de 450 contra Gaínza. Por este correo dirijo el primero a Oaxaca para que recibiéndose allá el dinero se me entregue en ésta; y si se cubriere les daré aviso para que lo comuniquen á la dirección. Mandé el segundo á Gainza: dijo que era bueno no en la cantidad que expresa de 450, sino en la de 425 y que lo cubriría dentro de tres días contados desde ayer 5 del corriente. Si lo verificare, les avisaré inmediatamente para que reintegren al librador v en caso contrario devolveré la libranza. Manifiéstenlo asi a Don José María Cambronero.

No he recibido hasta ahora la libranza de agosto que dicen haberme remitido contra la factoria de Oaxaca. Sin duda se ha extraviado. Pero bastan las dos expresadas de 3 de octubre que me han dirijido por el último correo si fueren cubiertas.

Ya se está copiando lo que resta de la composición del célebre Pinita. No lo remito ahora por ignorar si se extravió la primera parte que les dirijí. Sabiendo que llegó a sus manos la una, despacharé la otra. Es música de mérito. Pero les dirijo la cansión adjunta que ha querido dedicarme un apasionado. Puede entretener algunos ocios.

Remito también siete cruces para Ustedes para José Bernardo y las chiquitillas. Son obras de las monjas de Santa Catalina. He estimado vivamente las memorias de la señora Anguiano, del Padre Muñoz y de los señores director y contador de la renta de tabaco. Diganles que soy en ésta tan hombre de bien como lo he sido en ésas que si han tenido el sentimiento de saber que he sido calumniado, tendrán la satisfacción de saber que he triunfado de la intriga: que tengo la esperanza de volverles a ver, y que entre tanto me ocupen en lo que pueda servirles.

Cuiden… todos los días que... para recibir la primera dirección. Pueden manifestar ésta al amigo Ateaga y personas de la confianza de Ustedes.

José del Valle

Mexico noviembre 27 de 1822.

Amadísimas Pepa, Chica y Nela: he recibido la de Ustedes, y sentido que se hubiesen afectado tan vivamente. No debieron tener pesadumbre tan grande á las primeras voces que llegaron á ésa, alteradas sin duda por distancia tan inmensa. Debieron hacer un raziocinio obvio y sencillo: Valle ha sido siempre hombre de bien, y no se pierde en un mes la honradez de muchos años. Si ha habido planes de conspiración, Valle no es majadero para complicarse en ellos al llegar á una corte que no conoce.

Así se discurre aun en México, y una de las satisfacciones que tengo es que este público me hace la justicia a que me creo con derecho. El Congreso me distinguió con honores que no merecía: era regular que esto hiciese nacer los sentimientos tristes que nacen en el pecho de algunos cuando se favorece á otros: se inspiraron sospechas: se sorprendió la justificación del Gobierno. Pero el tiempo no ha acabado de desenvolverse: continúa desarrollándose; y su marcha, siempre luminosa, irá derramando luces. Se ha pasado el asunto al Consejo de Estado; y se me ha dicho que los Señores que lo componen me harán justicia. En esta o la entrante semana se asegura que quedará fenecido.

Continúo sin novedad alguna. La escarlatina y angina han atacado á muchos y llevado á algunos al sepulcro; pero yo he escapado felizmente. Mi higiene se ha reducido á guatemalizar á México en lo posible. Existo como en Guatemala dedicado á leer, escribir y hacer algún exercicio: tomo chocolate de Guatemala: fumo cigarros de Guatemala: me sirve uno de Guatemala: me recojo a las 10 y media y me levanto á las 7 como en Guatemala. La temperatura ha sido en los meses anteriores como la de Guatemala en los tiempos frescos: en el presente ha comensado el frio, y el que sentimos es poco maior que el de Guatemala en Navidad. A las 7 de la mañana baxa el fluido á 8 grados según la escala de Reaumor y 50 según la de Farenheit.

El 17 del corriente tube dia de campo en la Piedad, pequeña población distante una legua de esta capital. El Provincial fue padrino de uno que cantó su primera misa: me convidó: fuimos en coche por una hermosa calsada; y estube contento en sociedad de otros que reunió la pequeña fiesta.

El 18 del presente salió de ésta el Padre don José María Mexia, secretario del Obispo de León. Con él mando un caxoncito, y en él va para Ustedes y mis chiquitillos lo que expresa la adjunta Nota. Pero en caso contrario...Es de mucho juicio el Padre Mexia. Cuando las visite, atiéndanlo mucho. Con él va don Antonio Rivera, diputado de Verapaz, que no fue de los escogidos y regresa á su Patria.

Se pagó en Oaxaca el libramiento de 550 pesos que giró á mi fabor esa Dirección general, y aier ésta el dinero. Mándenlo avisar á ese Señor Director con gracias expresivas de mi parte.

Un empleado que tiene buenas relaciones vino anteaier a visitarme á tiempo que otros tres, detenidos en este convento, habían pasado á verme. Es improvisador: dió buenas noticias del asunto; y habiéndosele indicado que poetisara en el acto, hizo la décima que acompaño. Es talento que produce con facilidad[9].

Estimo las memorias de la Señora Anguiano. Díganle, que si ha llorado, agradesco sus lágrimas: que si se ha mantenido serena, aprecio su filosofía.

La constancia del Padre Muñoz tiene derecho á mi gratitud. Acredítensela con los mas expresivos términos. Añádanle que el canciller Serres dixo en 821: La sociedad humana está en parto; y ningún parto se hace sin largos y agudos dolores.

Mis afectos á todos los que me aman. Acabo porque se acaba el papel.

José del Valle

---

[9] Esta décima, en su manuscrito original, dice: Corra el humano deseo
Tras el resplandor del oro;
O en pos de lustre y decoro
Del honorifico empleo:
Yo con Buffon y Linneo
En la Natural Historia
Logro mas satistactora
La verdad sencilla cue halle
En el dulce ameno Valle,
Que todo el oro y la gloria.

Mexico febrero 26 de 1823

Amadas Pepa, Chica y Nela: se terminó al fin el asunto. En carta de 18 del próximo anterior me escribieron Ustedes: Creemos que á la fecha en que recibas ésta va estará concluido el negocio y reconocida tu inocencia. Asi ha sucedido precisamente. La recibí el 24 del corriente; y 2 dias antes, el 22 del mismo cuando menos lo esperaba entró en mi celda un oficial á las 7 de la noche, y puso en mis manos un oficio en que se comunicaba al capitán general, que el Emperador se había servido nombrarme Secretario de Estado y del Despacho universal de relaciones interiores y exteriores: que fuese inmediatamente á Istapaluca donde está Su Majestad á 7 leguas de esta Corte, y que al efecto me franquease la escolta necesaria. El 23 siguiente fui en coche á dicho pueblo: hize presente á Su Majestad que yo no tenía de Mexico y sus provincias los conocimientos que debe poseer un Ministro: que he vivido siempre en el retiro de mis estudios y me faltaban los que dá el trato continuo de la sociedad: que la época era delicada, y el ministerio superior a mis fuerzas: que en atención á lodo suplicaba se serviese exonerarme de él y ocuparme en cualquiera otra cosa de menor magnitud[10].

Su Majestad no accedió sin embargo á mi súplica. Volví á Mexico con este desconsuelo: aier presté el juramento en el Consejo de Estado á quien comisionó Su Majestad por no estar en Mexico; y en el mismo dia comenzé á funcionar. Abro mi alma sinceramente. Son gravísimas las atenciones del Ministerio. No tengo la alegría que me habría dado

---

[10] Ramón Rosa: "Valle se presentó ante el Emperador, quien manifestóle, con hidalga franqueza, que lo había nombrado su Ministro para darle alguna satisfacción por los agravios que habla sufrido. Valle olvidó las ofensas recibidas, le ofreció sus respetos, y le protestó su gratitud; pero le expreso, al mismo tiempo, que no podía acentar el honor aun lo dispensaba".

"Un Ministro, le dijo, ante algunas personas que estaban presentes, debe ser el primer hombre en la ciencia de los gobiernos; el primero en el conocimiento de la nacion que ha de dirigir. No debo tener el orgullo de darme el primer título. No ha siete meses que llegué a Mexico, y no tengo, por consiguiente, todos los conocimientos necesarios de esta nación".

"Agregó algunas otras consideraciones para justificar la no aceptación de la Secretaría de Estado; pero Iturbide insistió y volvió a insistir, y Valle se vio en el caso de ejercer las funciones de su alto cargos". R. E. Durón. Obras de Valle, pp. XCII y XCIV.

la terminación honrosa de mi asunto si no hubiera sido acompañada del nombramiento de Ministro. Dios me dé acierto. Mi voluntad es recta y no cesaré de trabajar en el Bien general.

De esta manera se ha concluido mi asunto. No hize uso alguno de los documentos que me enviaron para sostener mi honor. Sin presentarlos, sin haber visto hasta ahora la causa, se ha terminado dando Su Majestad á mi honor la satisfacción mas grande que podía darse. El hombre no debe abatirse en las desgracias, ni enorgullecerse en las prosperidades. Solo en el otro mundo hai eternidades. En este todo es mudable.

Las insidencias de Oaxaca no permiten pensar en traherlas á esta Corte. Ouando se serenen, les diré lo que corresponde hacer para que vivamos unidos los que somos una sola familia, una misma alma.

Son tantas las ocupaciones que hoi comí á las tres de la tarde y no he dormido siesta por escribirles a Ustedes y quitarles el cuidado que tenían. Desde el principio les dixe que no lo hubieran; y ya ven que no he mentido. Lo que deben hacer es pedir a Dios que mueba á Su Majestad para que me exonere del ministerio.

Digan al Padre Muñoz, y a los Señores Director, Condor y Tesorero de Tabacos que sus constantes memorias, y que soi el mismo en todas posiciones.

Digan a mi Lolita, á mi Pepita y á mi losé Bernardito que reciban mil besitos: que estoi contentísimo al saber que..: que por el siguiente les mandaré semillas de rosas disciplinadas y amarillas y otras cositas.

De interezes les escribiré por el siguiente. Esta mui bueno todo lo que han hecho.

Soi todito de Ustedes

José del Valle

Manifiesten a don José Antonio Zelaya que estimo sus memorias, y que no le escribo por falta absoluta de tiempo. Manden las adjuntas a José Dionisio para que les dé dirección.

CAPÍTULO II: CARTAS OFICIALES

San Vicente de Austria, Junio 26 de 1809

Sor. Licdo. Dn. José del Valle

Este Ayuntamiento contesta a la apreciable carta de V. del 7 del corriente, que mobido de su mérito le propuso para el nombramiento de Diputado de este Reyno en la Suprema Junta Central de la Monarquía, y con esto a más de hacer a V. justicia, se ha proporcionado así mismo el placer de haver visto uniformarse su votación con la de otros Cabildos, agregándose la particular circunstancia de que la suerte confirmó repetidas veces su elección.

Dios gue. a V. ms. as. Sala Concistorial de la Villa de Sn. Vicente de Austria

Ramón de Quintanilla   José Rafael de Molina

José Santiso del Castillo   Franco. Anto. Merino

                                        Antonio José Cañas

Antigua Guatemala, Mayo 24 de 1815

Sor. Licenciado, Asesor del Juzgdo. Privativo del RI. Cpo. de Arta. y Auditor de grra. Honorario Dn. José del Valle.

El Exmo. Señor Gobernador y Capitán gral. de este reyno, con fecha 10 del corrte. me dice lo sigte.

"El Exmo. Señor Secretario de Estado, y del Despacho de la grra. con fecha 24 de Diciembre último, me previene lo siguiente.

"Al Secretario del Consejo de Estado digo con esta fecha lo sigte.

"Haviendo acudido a la Regencia del Reyno el Asesor del Departameto. de Artillería de Goatemala Don José del Valle, en solicitud de honores de Auditor de Guerra, rubo S. A. a bien concederlos, en atención, a q. (por) sus méritos y servicios era acredor a gracia; pero manifestando los informes de aquel Capitán gral. y los del Asesor gral. de Artillería, la mucha aplicación, instrucción, providad y costumbres irreprenhensibles del referido Dn. José del Valle, quiere qe: se recomiende al Consejo de Estado, como lo hago, para que le tenga presente en los Empleos de su carrera en las Provincias de Ultramar. De orn. de S. A. lo traslado a V. E. para su inteliga. y gobierno.

Lo traslado a V. S. para su inteliga. y efectos ge. correspondan".

Dios gue. a V. S ms. as.

Josef Méndez

Guatemala, Octubre 4 de 1821

Sor. Licdo. José del Valle

Como Secretario de la Exma. Junta Provisional y de orden de la misma Certifico: ge. en sesión del día veinte y nuebe del pasado se acordó nombrar una Comisión de Hacienda, compuesta de los S.S. Dn. José del Valle Auditor de grra. qe. debe presidirla, de Dn. Mariano. Herrarte Tesorero de las Cajas nacionales, de Dn. José Velasco Director gral. de Tabacos, de Dn. Ramón Andrade Contador del ramo de Alcabalas; de Dn. Benito Muñoz Fiel de la Casa de moneda del individuo qe. nombrase el Exmo. Ayuntamto., del qe. señalara el Consulado, de Dn. Anselmo Quiroz y de Dn. José Beteta; cuya comisión pueda además de los designados nombrar otros individuos entre los vezinos ge. con sus conocimientos económicos puedan ilustrar una materia tan interezante. En consecuencia fué nombrado el Lico. Dn. Anto. Larrave pr. el Exmo. Ayuntamto. y el Teniente Coronel Dn. Xavier Barrutia por el Consulado.

José Domingo
Diéguez

SRIA. GRAL. DE ESTADO DE S. M. Y.

Quartel Ymperial de Yxtapaluca, Febrero 22 de 1823

Sor, D. José del Valle.

El Emperador ha tenido á bien acceder á la dimisión q. ha hecho del Ministerio de Relaciones el Exmo. Sor. D. José Manuel de Herrera; é instruido de las luces, providad y amor patrio de VS. Se ha dignado nombrarlo pa. q. lo suceda.

De su imperial orden lo comunicó aá V.S. pa. su satisfacción; previniéndole q.S.M. quiere venga VS. Al monto. Á este punto pa. darle sus instrucciones, lo q. con esta misma fha. Digo al Exmo. Sor. Capitán gral. Pa. q. dé a VS. Ña escolta y demás q. nesesite pa. verificarlo. Dios gue. Á VS. ms. as.

Franco de Paula Alvarez

SECRETARIA DE LA ASAMBLEA

Guatemala, Febrero 16 de 1824

Al C. José del Valle,.
individuo del S. P. E.

Con todo el aprecio de que es digno el nombre de Jorge Washington, ha aceptado la Asamblea nacional el retrato de este Héroe, que el patriotismo y generosidad de V. ha querido donarle, y al acordar que en el Salón de sus sesiones se le diese el lugar conveniente, mandó también se hagan a V. las insinuaciones más vivas de gratitud del Cuerpo legislativo, y que la carta con que se remitió el retrato se insertase en la acta de este día.

De su orden lo decimos a V. para su inteligencia y satisfacción. Se Dios. Unión, Libertad.

Manuel Barberena (Secretario del Ministerio de Relaciones).

Guatemala, Febrero 26 de 1824

Al C. José del Valle, individuo del Supmo. Poder Executivo.

Los Ciudnos. Secretarios de la Asamblea Nacional; con fha. 24 del corrte. me han comunicado la orn. que sigue:

"Enterada la Asamblea nacional, por la nota de ese ministo. De 13 del corte., de que a propuesta del C. José del Valle, individuo del Supmo. Poder Executivo, para que viniese de México a estos estados un mineralogista, que reconociendo sus minerales y enseñando los mejores métodos de beneficio de metales, dé lecciones de mineralogía, había dispuesto el mismo Supmo. Poder: Que el espresado C. Valle tome las medidas que juegue más eficazes para que se verifique la venida de aquel profesor asignando al que sea seiscientos pesos para gastos de su viage, y mil docientos de sueldo anual; se sirvió acordar: "que se diga al gbno. Que es de su aprobación su propuesta indicada, y medios que se han adoptado para hacerla efectiva; y se manifieste al C.Valle el aprecio con que el Cuerpo Legislativo ha visto sus pasos y servicios en asunto tan útil a la república!. Ygualmente se sirvió acordar la Asamblea se ponga en noticia del gobierno, que las Diputaciones de Honduras y Costarrica solicitan además, que agencie del mismo modo otros dos mineralogistas, destinados uno y otro para cada provincia, ofreciendo que ellas costearán el viático y sueldos que se les asignen."

El Supmo. Poder Executivo al decretar su cumplimto. Acordó que se comunique a V. para su satisfacción, y para que encargándose de solicitar los otros dos mineralogistas que se expresan, se ponga de acuerdo con las Diputaciones de las dos Provincias que los decean. Y de su orn. lo comunico a V. para su inteligencia, y efectos oportunos.

Dios, Unión, Libertad.

Marcial Zebadua

MINISTERIO DE ESTADO JUSTICIA Y NEG. ECCOS.

Palacio Nacional de Guatemala, Abril 23 de 1825

Al Ciudo. José del Valle individuo del S. P. E.

Los Secretarios del Congreso me han dirigido con fecha de ayer la orden siguiente:

"Dimos cuenta al Congreso con la nota de V. fecha de ayer en que inserta el oficio del Cno. José del Valle en que renuncia el empleo de Vice-presidente de la República que le ha conferido la representación nacional. En su consecuencia traiendo a la vista las disposiciones de la materia, y oyendo el dictamen de una comisión especial, se ha servido acordar que no es admisible la renuncia hecha por el Cno. Valle, y que se le manifieste por medio del gobierno que el Congreso espera de su patriotismo que se presentará a servir el empleo que se le ha conferido".

Enterado el Supremo Poder Executivo de esta disposición acordó se le comunique a V. como lo executo para su inteligencia y fines consigtes.

Dios, Unión, Libertad.

Marcial Zebadua

MINISTERIO DE ESTADO JUSTICIA Y NE. ECCOS.

Palacio Nacional de Guatemala, Abril 25 de 1825

Al C. José del Valle individuo actl. del S. P. E.

En este momento me ha dirigido los Srios. del Congreso Federal la orn. 109 de esta fha., relativo a la renuncia qe. V. ha hecho de la Vice-presidencia de la República. La premura del tiempo no da lugar a insertarla, y pasa al Gefe de la Sección de Estado con el origl. pa. ge. instruído V. de su contenido se sirva remitirme con el mismo su contestación.

Dios, unión, libd.

Marcial Zebadua

MINISTERIO DE ESTADO JUSTICIA Y NEG.ECCOS.

Palacio Nacional de Guatemala, Julio 8 de 1825

Al C. José del Valle.

El Supo. poder exco., con propuesta del Senado, ha tenido a bien el día de hoy nombrar a V. enviado extraordinario y Ministro plenipotenciario de la República cerca de S. M. B. y otros Gobiernos de Europa.

Al comunicar a V. este nombramiento tengo la complacencia de ver confiados los grandes intereses de la República a manos expertas, ge. lograrán hacer conocer su importancia y darle la consideración que merece.

Oportunamte. remitiré a V. los despachos e instrucciones correspondtes., y espero que con la prontitud posible se servirá V. avisarme si está pronto a emprender su marcha pa. comenzar quanto antes a desempeñar el destino importante qe. le está conferido, por qe. le es urgente que el Ministro diplomático se presente con brevedad en la Corte de Londres.

Dios, unión, libd.

Sosa

Guatemala, Julio 8 de 1825

C. Secreto. de Estado y del Despacho de relaciones.

He recibido en este momento el oficio de esta fecha en ge. V. se sirve decirme, ge. a propuesta del Senado he sido nombrado Enviado Extraordinario cerca del Gbno. Británico i otros de Esuropa; i qe. a la brevedad posible manifieste si estoy pronto a emprender mi viage pa. ocuparme en los fines importantes de aql. destino.

La República de qe. soi hijo i ciudadano ha. sido antes i será siempre el objeto único i primero de mis servicios: En obsequio de ella haría gustorante los qe. exige la más delicada de las legaciones. Pero son públicas las causas qe. me lo impiden. Tengo pr. una parte el sentimiento de contestar de contestar qe. no puedo aceptar el nombramiento, i por otra la satisfacción de asegurar qe. reconosco la expresión qe. hace V. de su opinión o concepto.

Dios, unión, libd.

José del Valle

MINISTERIO DE ESTADO DE JUSTICIA Y NEG.ECCOS.

Palacio Nacional de Guatemala, Julio 9 de 1825

Al C. José del Valle

Impuesto el Supmo. poder executo. del contenido de la nota de V. de ayer, en que se escusa de admitir el destino de enviado extraordinario y Ministro plenipotenciario cerca del Gobierno británico y otros de Europa, se ha servido admitir su escusa.

Lo comunico a V. con el sentimto. de que sea privada la República de los importantes servicios que hubiera V. podido hacerle en aquel destino.

Dios, unión, libd.

Sosa

MINISTO. GRAL. DEL DESPO.
DEL GOBNO. DE COSTA-RICA

San José, Octubre 3 de 1825

Al Ciudo. José del Valle.

Di cuenta a mi Gobno. con la nota q. V. me dirige con Fha. 7 del ppdo. igualmte. q. con el discurso q. la acompaña exitatoria a 9. se forme una expedición científica por una compañía Ynglesa, en observación de nra. República y de los elementos q. posee pa. ser rica y próspera. Semejante idea g. no puede ser efecto, sino de un acrisolado patriotismo es pa. el Gefe Supmo. de este Estado un motivo de júvilo inexplicable q. enagenándolo con la consideración de un porvenir delicioso le hace imaginar ya presentes las grandezas descubiertas en Centro-América, y q. él tiene la grande satisfacción de concurrir a ellas protegiendo a los sabios q. la emprendan con quanto esté a su alcance, guardándoles y haciéndoles guardar las justas concideraciones a q. son acreedores, y demanda tanto la gratitud como el interés.

V. podrá inferir quál será la conducta de mi Gobno. verificando su proyecto pr. estos sentimientos, q. de orden del mismo tengo el honor de manifestarle, protestándole mi más distinguida concideración y aprecio.

Dios, Unión, Libertad.

Manuel Aguilar

MINISTERIO GENERAL
DEL GOVIERNO
DEL ESTADO DE GUATEMA.
DEPARTAMENTO DE GOVERNAC.
JUSTICIA Y NEGOCIOS
ECLESIÁSTICOS

Guatemala, Octubre 10 de 1825

C. José del Valle.

El P. E. de este Estado ha visto con sumo aprecio e interez el discurso que V. acompaña a su oficio de 5 del corrte. en que manifiesta la conveniencia y utilidad de que venga de Ynglaterra una expedición científica, que haga conocer los recursos, y producciones naturales en cada uno de los Estados de Centro-América.

El hace el elogio, y la prueba más clara del zelo y laboriosidad de V. por el bien de la Nación, y el Gobo. ha acordado se manifieste a V. que desde luego se puede contar con quanto penda de sus facultades en la realización de un proyecto tan interezante.

Dios: Unión: Libertad.

Barberena

MINISTERIO GENERAL
DEL GOVIERNO
DEL ESTADO DE GUATEMA.
DEPARTAMENTO DE GOVERNAC.
JUSTICIA Y NEGOCIOS
ECLESIASTICOS

Guatemala, Octubre 19 de 1825

Ciud. José del Valle.

La Asamba. Constituyente se ha servido acordar la orn. siguiente.

"Próxima la Asamba. Constituyente a cerrar sus sesiones, y deceosa de q. la legislatura venidera encuentre preparados los trabajos pa. la formación de los Códigos civil, penal y de procedimientos tubo a bien acordar, se nombren dos comisiones de fuera de su seno pa. q. formen los proyectos respectivos.

Unas obras q. exigen tantos conocimientos en los principios de la legislación, en las costumbres y genio de los habitantes del Estado y en los vicios de los Códigos q. actualmente. Le rigen, no podía confiarse sino a Ciudads. q. al estudio más profundo unen el patriotismo LA laboriocidad más acreditada; y en su consecuencia se sirvió nombrar en 4 del corriente pa. la formación del proyecto de Código penal a los Ciudads. Fernando Anto. Dávila, Luiz Pedro de Aguirre, José Benancio López, Manuel Valero y Juan José Flores; y para el protecto de Código civil y del de procedimientos en la sesión del 5 a los Ciudads. José Cecilio del Valle, José Franco. Barrundia y José Anto. Larrave.

La Asamba. no duda que los Ciudadanos electos pa. una obra que debe hacer honor al Estado y mejorar los ramos más interesantes de su administración, querrán encargarse de un trabajo penoso, pero de la primera importancia para su patria; y nos ordena comunicar a V. estos nombramientos, pa. conocimiento del Govierno, y pa. que poniéndose en noticia de los electos el Govno. mismo coopere por su parte a que se acepten".

El Govno. al acordar su cumplimiento, y q. se comunicase a U. me ordenó le manifieste, q. espera de su acreditado patriotismo y zelo pr. el bien del Estado q. empleará muy gustoso sus luces en tareas q. aunq. penosas, tienen íntima influencia en la mejor administración del mismo Estado.

De su orn. lo digo a V. pa. su inteligencia, teniendo yo particular placer en comunicar a V. una comisión q. le hace tanto honor.

Dios, Unión, Libertad.

Manuel Barberena

Guatemala, 25 de Octubre de 1825

Ciudo. Ministro gral. del gobno. del Estado de Guatemala.

Antes de aier 23 recibí el oficio de 19 del corriente en ge. V: me comunica de orden del gobno. ge. la asamblea constituiente del Estado se ha servido nombrarme individuo de la comisión ge. ha acordado establecer pa. la formación del Proiecto de código civil, y el de procedimientos.

Una obra de tanta magnitud qe. exige conocimientos tan vastos como profundos es sin duda superior a los míos. No lo desconosco, ni puedo dexar de confesarlo. Pero la voz de los representantes del Estado me llama a aquellos trabajos; y yo debo ofrecer los míos.

En obsequio de un Estado donde he recibido educación y honores: en obsequio de una asamblea qe. me ha hecho el de nombrarme: en obsequio de un gobierno qe. se place en comunicarme el nombramiento, yo dedicaré la atención de ge. soi capaz a un encargo qe. puede ser de tanto bien pa. la Patria.

Sírvase V. manifestarlo al gobierno ofreciendo al mismo y a la asamblea mis respetos, y aceptando V. mi más alta consideración.

Dios: Unión: Libertad.

José del Valle

Guatemala, 28 de Noviembre de 1825

C. Secreto. de Estado y del despacho universal de relaciones.

Recibí después de su fecha el oficio de 12 del corriente en ge. V. se sirve decirme q. el Gobierno espera ge. forme del modo qe. permitan mis ocupaciones algs. apuntamientos pa. las Instrucciones qe. deben darse al Enviado Extraordinario y ministro plenipotenciario cerca del gobierno de Inglaterra y otras naciones de Europa. Deseaba corresponder a una confianza qe. he visto con el reconocimiento qe. merece. Activé con ese objeto el despacho de otros asuntos a qe. estaba comprometido con anterioridad. Pero no ha sido posible concluirlos; y desde luego tengo el sentimiento de manifestar a V. qe. no pudiendo pr. Esta causa trabajar los Apuntamientos a qe. se refiere su oficio, me limito a reiterar mi consideración.

Dios, Unión y Libertad

José del Valle

Guatemala, 26 de Junio de 1826

José del Valle

Los diputados secretarios del congreso federal de la Repúbca. De Centro-América.

Certificamos: que en el expediente relativo a los poderes conferidos pa. representante en el congso. federal pr. el departamento de Guatemala al Ciudo. José del Valle se encuentran las siguientes notas "C.F. = Los Secretarios de los directorios de las juntas departamentales de esta Capital y la Villa de Chiquimula me han comunicado la elección de diputado de este congreso federal qe. Se ha hecho en mí. En las credenciales que me pasaron he visto un nuevo testimono de la opinión con que se han dignado honrarme ambos departamentos. Ha sido constante la voluntad de los pueblos de Guata, y Chiquimula en las diversas elecciones en que se han servido distinguirme con sus sufragios. Yo estoy penetrado de gratitud; y no cesaré de acreditarla con mis pequeños servicios. Pero no puedo hacerlos ahora en el congso. a donde soy llamado. Después de trabajos continuados sin interrupción en México y en esta Ciudad desde el año de 1821, mi salud ha sufrido el quebranto que era natural. Un diputado digno de ser representante de los pueblos, debe asistir todos los días a las sesiones de tres o más horas, concurrir a comisiones de diversa clase, meditar asuntos de distinta naturaleza, discutir questiones delicadas sostener debates acalorados, y llenar la expectación de los pueblos que han Fiado a sus trabajos lo más sagrado de sus derechos.

Yo engañaría a la nación si me presentara al Congreso como un hombre capaz de tamañas tareas. Hablo de buena fe. No puedo fijar la atención en un asunto por mucho tiempo. Los nervios empezaron a escocerme desde que empezé a sufrir temperatura más fresca que la de la hacienda de donde he venido, y un trabajo continuado los debilitaría mucho más. No he rehusado jamás el trabajo a que he sido llamado quando he podido dedicarme a él. En diciembre último me nombró la Asamblea de este Estado individuo de la comisión creada para formar el proyecto de código civil; y ofrecí ocuparme en esto porque es trabajo de especie más diversa de los de un congreso donde no hay interrupciones que puedo tener a mi arbitrio en comisiones privadas. Elegido para destino más honroso que el de individuo de una comisión, serviría gustosamente. a una República que tiene tantos títulos a mi gratitud. Pero no lo permite mi salud: y la certificación que acompaño parece acreditarlo de un modo decisivo. La marcha del gobierno, sus providencias y acuerdos son los asuntos que se ofrecen con más frequencia a la deliberación del congreso. Mi posición sería en ellos muy difícil. La delicadeza de mi carácter exigiría que se guardase silencio quando mi opinión fuese diversa. Los deberes de diputado demandarían que hablase en el mismo caso. Yo elijo el medio que designa el estado de mi salud. Doy las más expresivas gracias a los departamentos que se han servido elegirme, y suplico al congreso se digne admitir la renuncia que me veo en la necesidad de hacer = D.U.L. Guatemala 27 de febo. de 1826.

José del Valle

En 2 de marzo ulto. acordó el congreso pasar la antor. renuncia a su comisión de credenciales y esta informó lo que sigue. "C. F.=El C.

José del Valle electo diputado pa. este alto cuerpo por el departamento de Guatemala y Escuintla renuncia el destino, a que los pueblos lo llaman, en virtud de las enfermedades, qe. le impiden empeñarse en largas tareas y sobre diversos asuntos, como lo acredita con la certificación de facultativo que acompaña. Es sencible que este ciudadano que pr. su erudicn. iba a ser la lumbrera de los representantes, tomando asiento en el congreso, ponga un obstáculo, que frustra las esperanzas de sus comitentes, pero que siendo suficiente pa. Justificar su dimisión, es de necesidad, que se le admita y se proceda a verificar nueva elección. Tal es el parecer de los individuos de la comisión qe. subscribe. = Guata. 4 de marzo de 1826= Carrascal= Peña-Alegría= Sin perjuicio de nuestro voto particular= Durán= Gálvez = (Carlos)"

Sesión de 4 de mzo. de 1826= No fué aprobado; y que se llame al C. Valle por medio del gobno. pa. el día 6 del presente= Hay una rúbrica"

"En sesión de 7 de marzo ulto. se dió cuenta al congso. con la 2a. renuncia del C. Valle y es como sigue ="C. F.==El Srio. del gobno. de este Estado me ha comunicado en oficio de esta fha. que el congso. federal se sirvió declarar inadmisible mi renuncia del cargo de diputado, y acordar que mañana 6 del corrte. concurra a prestar el juramento y tomar posesión. Lleno de respeto a las autoridades legislativas daría al acuerdo del primer poder de la nación el cumplimto. que exigen los que se sirve pronunciar. Pero el estado de mi salud me pone en la necesidad de repetir lo que indiqué en mi primera exposición. No me considero ahora capaz de sufrir las tareas penosas del cargo a que soy llamado. Acompañé en comprobación el certificado de un facultativo que lo manifiesta en términos expresivos; y si son necesarias otras pruebas, estoy dispuesto a presentarlas. No ha un año que el congreso anterior se sirvió elegirme pa. otro destino de menor trabajo. Yo hice presente los achaques de mi salud, quebrantada como es natural con trabajos que debían debilitarla. El Congreso se sirvió oir mi voz; y su acuerdo es una calificación de los quebrantos de una salud que todavía no está reparada. Yo no cesaré de servir a la República del modo ge. pueda en la vida pribada. Está identificada con su existencia política la mía personal. El nombre de

Guatemala, deprimida pr. otros es muy dulce pa. mí. Los honores con ge. me ha distinguido en todos tiempos me llenan de gratitud: lo qe. he sufrido pr. su justícima causa aumenta mi adhesión a ella. Yo no renuncio el cargo pribado de servir como particular en quanto sea posible. Soy hijo y ciudo. de esta digna nación. Estimo estos títulos en todo su valor y amo cordialmente la independencia absoluta la prosperidad y honor de mi patria. Lo que renuncio en la posición actual de mi salud es el destino público, el sueldo y el honor. Lo indico para manifestar mi gratitud a los pueblos ge. se han dignado elegirme, y dar al mismo tiempo a mi salud lo que demanda su estado. Yo protesto mis respetos al acuerdo del congreso, y pidiéndole el permiso cortespondte. pa. repetir mi renuncia, le suplico se sirva penetrarse de los motivos que me obligan a hacerla, y acordar en su consequencia que se admita como es justo. = D. U. L. Guata. 5 de marzo de 1826.

José del Valle

Pasada pr. acuerdo del congso. a su comisión de credenciales de toda preferencia, informó lo siguiente= C. F.=La comisión de credenciales ha examinado la renuncia que por segunda vez os presenta el C. José Cecilio del Valle del encargo de diputado propietario a este congreso, por el departamento de esta Capital. En ella no añade razón alguna a las que os manifestó en su primera exposición. Conformándose la comisión con vuestra determinación en su primera renuncia, y siguiendo el espíritu qe. se manifestó en la discusión del negocio es de sentir os sirvais no acceder a su segda. renuncia: Y prevenirlo por conducto del gobo. Federal, y no por el del Estado, que a la posible brevedad se presente en este salón a prestar el juramto. y a desempeñar la confianza qe. en él han depositado los pueblos. =-Guata. 8 de mzo. de 1826. = Duran= Galvéz (Carlos)= Alegría-Peña-En sesión de 9 de marzo último se discutió y aprobó el dictamen qe. precede==Hay una rúbrica"

Y a pedimento del Cno. diputado José del Valle damos la presente en Guatema. a 26 de junio de 1826.

C.J. Arévalo   Lorenzana

Guatemala, 4 de Abril de 1826

C. Secreto. de la municipalidad de esta corte.

He visto el oficio ge. me ha pasado V. con fecha 6 del corriente. En él me comunica ge. la Municipalidad se ha servido acordar a pedimento de su Cíndico: 1° qe. se establesca en esta capital el sistema de enseñanza mutua 2° qe. yo designe la cantidad ge. pueda ser necesaria pa. costear el viage del Profesor ge. venga a plantear aquel importante método: 3° qe. se publique una obra elemental sobre la justicia de nuestra independencia y deberes del hombre en sociedad, y qe. yo trabaje aquella obra en el término qe. exige su importancia.

El establecimiento del sistema lancasteriano o enseñanza mutua sería de utilidad infinita. Ahorraría gastos: economisaría el tiempo; y daría a la educación el impulso más eficaz. En todas las naciones cultas del antiguo y nuevo mundo se ha planteado aquel método; y el doloroso qe. se ignore todavía en Guatema.

Yo tengo en Londres y Nort-américa algs. relaciones qe. Podrían facilitar el Profesor qe. se desea. Pero me parece preferible dn. José Ortega, español emigrado, qe. pasó a México y está en Guanaxuato enseñando el mismo Método q. la Municipalidad quiere plantear aquí. Tiene en aquella ciudad 1.200 ps. de sueldo; po. ha manifestado voluntad de venir a ésta y puede aprovecharse ocasión tan oportuna. Sus lecciones serán más claras qe. las de un estrangero qe. no puede hablar como él nuestra lengua. Los gastos de su viage deben ser menores qe. los de otro qe. viniese de Europa o Nort-américa; y siendo aquí más baratos qe. en Guanaxuato los alimentos, no hai necesidad de asignarse la misma dotación. Yo creo ge. podrían señalársele 400 ps. pa. el viage y 800 ó 1.000 annuales de sueldo.

Es el gasto primero ge. debe hacer una Municipalidad qe. conoce todos los valores de la primera enseñanza es el qe. puede producir más bienes y formar más ciudadanos. Convencido de la importancia del método de Lancaster: lleno de gratitud a Guatemala qe. me dió la primera educación, quiero presentar una pequeña prueba de mi reconocimiento. Guatemala ge. en diversas elecciones ha querido honrrarme con sus votos, se sirvió elegirme en las últimas representantes suio.

Yo ofresco el sueldo ge. me corresponde en el presente año como diputado del Congreso federal. La Municipalidad puede disponer de él si se sirve llevar a efecto el Establecimto. del método lancasteriano o de enseñanza mutua.

Serviré también en el otro asunto a qe. se sirve llamarme. Escribiré la obra elemental ge. desea. Pero mi trabajo no puede ser tan rápido como quisiera pr. ge. las sesiones del Congreso llenan las horas principales de la mañana, y las comisiones del mismo ocupan las de la tarde. Aprovecharé los ocios qe. hubiere, y tendré la satisfacción pura de acreditar mi amor al bien de la nación de la cual soi hijo y ciudadano.

Sírvase hacerlo todo presente a la Municipalidad y ofrecerlo mi respetuosa consideración.

Dios &. Guatema.

José del Valle

Guatemala; Abril 28 de 1826

Ciudno. José del Valle.

Di cuenta a la Municipalidad con el oficio de V. de 24 del corriente. e impuesta de los generosos ofrecimientos de V. acordó se le diesen las más exprecivas gracias; manifestándole que una comisión de su seno queda proyectando arvitrios para llebar a debido efecto el establecimiento de la Escuela de enseñanza mútua, y que el resultado se pondrá en su noticia.

Dios, Unión, Libertad. Sria. de la Municipd de Guata.

José Manl. Noriega

Guatemala, Marzo 3 de 1830

Ciuddo. Licdo. José del Valle.

La Asamblea legislativa, en orden de 24 de Julio próximo pasado sancionada por el Consejo, que tengo la honra de acompañar a V. en copia, dispone en su artículo I° que el Gobierno reúna una junta de sabios con el objeto que expresa; y siendo éste de tal importancia que ningún hombre entendido del influjo que tiene la ilustración en el adelantamiento de los Pueblos dejaba con ahínco de dedicarse a hacer su bien tan estimable a su patria; conociendo en V. el Gobierno las cualidades que la orden del Cuerpo legislativo exige y el patriotismo que le anima, ha venido en nombrarlo individuo de la junta de sabios expresada, esperando que sus trabajos corresponderán en un servicio de tanta importancia, a sus distinguidos conocimientos.

D.U.L.

Juan M. Rodrigues

MINISTO. GRAL. DEL GOBNO,
DEL ESTDO. DE GUATA.

Guatemala, Marzo 3 de 1830

Sria. de la Asamblea del Estado de Guatemala= Al C. Srio. del Consejo Representativo = No dudando el Cuerpo Legislativo qe. la base de la ilustración pública consiste en abrir fuentes de instrucción: qe. debe zelarse pr. qe. no sean segadas por el abandono y el olvido: qe. éstas en la actualidad están en el mayor decaimiento, sin embargo de las repetidas probidencias qe. en distintas épocas se han dictado pr. este alto Cuerpo pa. arreglar y promover la enseñanza pública, y qe. no habiendo tenido el efecto deseado es indispensable sostener a lo menos el único establecimiento, se sirvió acordar:

1° Que se diga al Gobno. haga reunir una comisión de sabios pa. qe. forme un nuevo plan de estudios y el proyecto de estatutos pa. un establecimiento literario: ge. concluidos estos proyectos los remita a la Asamblea pa. su aprobación.

2° Que la Asamblea encargue entre tanto al Gobno. la existencia de la Universidad, pudiendo desde luego hacer aquellos desembolsos qe. sean precisos pa. qe. continuen abiertas al menos una cátedra de cada facultad de las establecidas= Que se comunique al Consejo Representativo pa. su sanción=-Guatema. 24 de Julio de 1829=J. Gregorio Marques-Marcos Dardón".

Es copia = Secretaría gral. del Gobno. del Estado, Guatemala Marzo 3 de 1830.

Palacio Nacional de Guatemala,11 de Marzo de 1831

Al C. José del Valle.

A propuesta del Senado, el Supremo Gobierno de la Repuba. se ha servido nombrar a V. Enviado extraordo. Ministro Plenipotenciario cerca de S. M. el Rey de los franceses.

Este nombramto. había recaído en V. mucho antes de qe. se eligiera al Dr. Mariano Gálvez, pero habiéndose hecho más urgente la pronta salida del Enviado desde qe. el capitán de fragata Comandte. de la goleta Diana anunció desde Trujillo el reconocimto. que la Francia ha hecho de nuestra independa. ofreciendo conducir en su buque a los agentes de la Repuba. qe. se nombren pa. celebrar con aquella nación un tratado de amistad y comercio, el Gobno. tomando en consideración la ausencia de V. y la incertidumbre de la reunión del Congreso cuyo consentimto. era necesario en ovio (sic) de la brevedad, y en atención a no habérsele comunicado el nombramto. qe. había recaído en su persona, tuvo a bien nombrar de acuerdo con el Senado al expresado Dr. Gálvez, cuya elección ha sido vana pr. no haberle admitido la Asamba. del Estado la renuncia del asiento qe. obtiene en ella.

Pedida nueva terna al Senado en ocasión en qe. ya V. se hallaba en esta Capital y el Congreso se había reunido, el Presidte. se ha servido volver a nombrar a V. no dudando de su antiguo y notorio patriotismo, qe. añadirá este nuevo servicio a los muchos qe. ha prestado a la Repuba. El crédito de ella y su reputación penden de la voluntad de V. qe. con sus luces y vastos conocimos puede hacerle tan precioso presente, dándole la respetabilidad exterior de que carece

Sírvase V. contestar lo más pronto posible pa. en su caso solicitar del Cuerpo Legislativo la declaratoria qe. se previene en el decreto de 11 de junio de 830.

Al dirigirle esta nota de orden del Supmo. Gobno. tengo la honra de reiterar a V. mi consideración y respetos.

D. U. L.   M.J. Ybarra

Guatemala, 11 de Marzo de 1831

Ciudo. Secreto. de Estado y del despacho de relaciones.

He recibido en esta fha. la nota en ge. V. me comunica ge. el Gbno. a propuesta del Senado se ha servido nombrarme Enviado Estraordinario y Ministro plenipotenciario cerca de S. M. el Rei de los franceses.

Yo lo protesto a V. seriamte. Ciudo. Ministro. Si ecsiste en la Tierra alga. cosa de poder bastante pa. arrancarme del seno de mi familia es el deseo de servir a mi Patria y adquirir conocimientos. Marché a Mégico en 1822 con agl. objeto: marcharía a Francia en 1831 con el mismo fin.

Yo lo protesto a V. seriamte, Ciudo. Ministro. Si ecsiste en la Tierra mis pequeños alcances) la inmensidad de bienes ge. puede hacerle la Legacion, siendo servida con juicio y prudencia previsora. Volaría pa. presentar la gratitud del nuevo mundo, y de Centro-América porción hermosa de él, a la nación digna ge. en el siglo pasado influió en su independencia, y en el presente la reconocé y ofrece cimentar en ella Tratados de amistad, comercio y navegación.

Volaría pa. ser espectador del movimiento ge. se ha dado a la Europa, pa. conocer la Metrópoli de las ciencias, pa. admirar ese foco en donde se reunen y de donde salen pa. el universo entero las luzes qe. lo van ilustrando gradualmte, pa. ofrecer mis respetos a los Sabios qe. me han dado honor con sus yotos y afectos, y pa. proporcionar a mi hijo la educación qe. tantos deseos tengo de darle.

Mis interezes sufrirían pt. mi viage quebrantos considerables. Pero la Patria y las Ciencias son superiores a los interezes. Lo qe. embaraza mi viage: lo qe. me pone en la necesidad triste de no poder aceptar agl. destino es el estado de mi salud, quebrantada desde mucho tiempo, y debilitada ahora más qe. antes.

Lo digo con profundo sentimiento. No puedo, Ciudo. Ministro, emprender un viage y hacer una navegación ge. probablemte. sacrificaría mi vida, y dejaría a mi familia en el desamparo de la horfandad.

Sírvase V. hacerlo presente al Gobno. supremo ofreciéndole mi gratitud y respetos, y aceptando V. mis consideraciones.

D.U.L.   José del Valle

MINISTERIO DE RELACIONES INTERIORES

Palacio Nacional de Guatemala, Marzo 12 de 1831

Al C. Diputado José del Valle.

El Presidente ha visto con sentimiento la renuncia que V. hace de la Legación a Francia, que se ha servido conferirle a propuesta del Senado.

La causa en que V. la funda es a la verdad la más justa, pero conciderando el Presidente que la falta de su salud no es absoluta, y que probablemte. se repondrá con el traqueteo del camino, considerando por otro lado, que desempeñaba esta importante misión por V. que reune todas las cualidades que son de desear tendrá el éxito más feliz en favor de una República naciente, cuya debilidad reclama el apoyo de sus hijos predilectos, no ha tenido a bien por todas estas razones admitirle a V. la expresada renuncia.

Y de su orn. lo digo a V. manifestándole que espera de su ilustrado civismo hará este nuevo sacrificio en las aras de la patria.

Sírvase V. tener la bondad de contestarme y de admitirme la reiteración de mis consideraciones.

D.U.L., M.J.Ybarra

Guatemala, 12 de Marzo de 1831

Ciudo. Secreto. de Estado y del despacho de relaciones.

He visto la nota de esta fha. qe. V. me ha dirigido comunicándome qe. el Gobno. supremo no ha tenido a bien admitir la renuncia qe. hize de la Legación a Francia,

No he cesado de pensar en ella desde ge. la atención ha sido llamada a este punto. He meditado arbitrios y buscado los medios qe. allanen obstáculos ge. embarazan mi admisión y tengo el sentimiento de no haber podido llenar mi deseo. He vuelto a considerar la masa de bienes qe. podría procurarse, y en la cantidad de luzes qe. podría adquirir marchando a Europa, qe. es el teatro grande de las discusiones políticas, y a Francia qe. es el centro principal de ellas.

Convencido de esto, yo habría aceptado desde luego un cargo de tanto honor, y dispondría al momento mi viage.

No lo dude V. Ciudo. Ministro. Mi salud está positivamte. quebrantada, y una de las enfermedades ge. la han atacado no me permite subir a los climas frías de Europa. La temperatura de esta ciudad no es comparable con la de París; y sin embargo de ser tan moderada en el verdadero invierno, hago en la misma estación viage annual a la hacienda, y he sufrido cólicos nefríticos, mui agudos, cuando no lo he hecho.

Protesto a V. qe. quisiera excusar la renuncia. Pero la necesidad sensible pa. mí, me obliga a repetirla. Sírvase V. hacerlo presente al Gobno. supremo pa. qe. se digne admitirla, y aceptar las protestas qe. repito de mi consideración y respetos.

D.U.L. José del Valle

SRIA. DE LA MUNICIPD.
DE LA CORTE DE GUATA.

Guatemala, 14 de Marzo de 1831

Al C. Licdo. José del Valle.

El Cuerpo Legislativo tubo a bien mandar en orden de 6 de Diciembre del año pdo. de 829 qe. se estableciese una casa de corrección en el noviciado del extinguido convento de Sn. Francisco: Y el gobo., supremo dispuso ge. esta municipalidad se encargase, como debe, de tan útil establecimiento, y ge. ella formase el reglamto. de su gobierno interior.

El Cuerpo municipal nombró pa. realizarlo una Comisión compuesta de los CC. Eulalio Samayoa y Braulio Cividanes, ambos individuos de su seno; pero desconfiando éstos de sus luces, la municipalidad teniendo presente las qe. distinguen a V. su acendrado patriotismo, y la generosidad con qe. ha consagrado sus tareas a cuanto dice con el beneficio gral. de este vecindario: acordó suplicar a V., como lo hace, tenga la bondad de prestar su auxilio y dirección a los enunciados comisionados para la difícil empresa q. ha puesto a su cargo.

Esta Corporación se lisongea de antemano de q. si V. se sirve acceder a su súplica llenará cumplidamte., y aún más allá de sus deseos, el objeto importante del reglamto., y qe. él además será el más perfecto modelo de otros de su clase.

Tenga V. la bondad de aceptar las protestas de la consideración, respeto y distinguido aprecio q. el cuerpo municipal tiene el honor de hacerle.

D.U.L

Andrés Corzo

Guatemala, 14 de Marzo de 1831

Ciudo. Secreto. de la Municipalidad de esta capital.

He recibido la nota de esta fha. qe. V. se ha servido dirigirme pr. acuerdo de la Municipalidad pa. qe. ausilie a los CC. Eulalio Samayoa y Braulio Cividanes, comisionados pa. formar el reglamento de la casa de correción.

Mis conocimientos son pequeños. Pero todos están a disposición de la Municipalidad y sus comisionados. Yo serviré gustosamte. en lo qe. se digna encomendarme, y si el écsito fuere feliz, tendré la satisfacción pura de haber sido colaborador en un establecimiento de tanto interez pa. el público.

Sírvase V. presentar mis respetos a la Municipalidad, y aceptar las protestas de mi consideración.

D.U.L. José del Valle

SUPREMA CORTE DE JUSTICIA
Guatemala, Octubre 31 de 1831

Al C. Licenciado José del Valle.

Hoy he dado cuenta a este alto Tribunal con la nota q. en 29 del q. espira me ha dirijido el ministerio de relaciones del Supmo. Gobno. de la Federación, cuyo tenor es el siguiente:

"Con fha. 24 del corrte. me han pasado ayer los Ciudadanos Secretarios del Congreso el decreto siguiente= "El Congreso Federal de la República de Centro-América: haviendo admitido la renuncia q. hizo el Cno. Licdo. Nicolás Buitrago, del cargo de presidente de la Suprema Corte de Justicia, para el qual fue nombrado, en decreto de 19 de julio del año de 1830, i procedido en consecuencia a verificar nueva elección, entre los individuos que tenían el número necesario de votos, con arreglo a las disposiciones legales de la materia; ha venido en nombrar i nombra presidente de la Supma. Corte de Justicia al Ciudado. Licenciado José del Valle = Comuníquese al Supremo Gobno. Para su cumplimto. I q. lo haga imprimir, publicar i circular= Dado en Guatemala a 24 de octubre de 1831= Manuel Larrabe, Diputado presidente= José M. Orellana, diputado Secretario= V. Ariza, Diputado Secretario = Y habiendo el Presidente decretado su ejecución, de su orden lo comunico a V. para su inteligencia y efectos consiguientes".

En su vista esta Supma. Corte se sirvió acordar la transcribiese a V. (como lo verifico) manifestándole, que le es muy satisfactoria a los individuos de este Tribunal tan acertada elección y q. es muy conforme a la voluntad espresa de los pueblos: que espera de su distinguido patriotismo y amor a los mismos pueblos, se prestará gustoso (a) aceptar la primera silla del poder judicial, y hacerles un nuevo servicio sobre tantos otros de q. le son deudores; i q. así lo desea el Tribunal con tanto más fundamento quanto los importantes y delicados negocios que en él se versan llevarán el sello del acierto con la concurrencia de las superiores luzes y talentos de V.

Yo, al cumplir con los acuerdos de la Corte, tengo la honra de ofrecer a V. los testimonios de mi particular aprecio y consideración.

D.U.L.   Eujenio Zelaya

MINISTERIO DE RELACIONES INTERIORES

Al C. I. José del Valle Preste. Electo de la Supma. Corte de Justicia.

Con fha. 24 del corriente me han pasado ayer los CC. Srios del Congo. el decreto que dice así:

"El Congreso Federal de la República de Centro América. habiendo admitido la renuncia ge. hizo el C. I. Nicolás Buitrago, del cargo de presidente de la Supma. Corte de Justicia, para el cual fue nombrado en decreto de 19 de Julio del año de 1830, y procedido en consecuencia a verificar nueva elección, entre los individuos qe. tenían el número necesario de votos, con arreglo a las disposiciones le sales de la materia: ha venido en nombrar y nombra Presidente de la S. C. de J. al C. Licdo. José del Valle. Comuníquese al Supremo Gobierno para su cumplimento, y q. lo haga imprimir, publicar y circular".

Y de orden del Gobierno Supremo tengo la satisfacción de transmitirlo a U. pa. su inteligencia rogándole al mismo tiempo se sirva admitir las muestras de mi afecto y consideración.

D.U.L.

Palacio Nacl. de Guata. Octubre 29 de 1831.

P. Molina

CAPÍTULO III:
CORRESPONDENCIA DE Y PARA
DISTINTAS PERSONAS

Sor. Lizdo. Dn. Tosé Cecilio Valle

Muy Señor mío y amigo: la persona a quien vivo más agradecido en todo lo q. se ha hecho conmigo últimamte. es Vmd. y pr. concigte. tengo obligacn. muy gorda de interezarme, y de celebrar con sinceridad sus ascensos, y sus honores, y qualesquier cosa de Vmd. Lo hago ahora con el motivo del nombramto. de Abogado Fiscal, que aun todavía no llena, ni con mucho, mis deseos; he tenido en ello singular complacencia, y un gusto y satisfacción, q. puedo asegurarle es de Amo. afmo. Q. S. M. B.

Bernardo Pavón

Ciudad Real, Mayo 31/21.

Sor. Auditor de Guerra Dn. Jose del Valle

Muy Sor. mío y de toda mi consideraon. ha sido muy plausible pa. mi haver visto en los papeles públicos el nombramito. hecho por S. M. de Auditor de Guerra de la Capn. Jral. de este Reyno, con cuyos honores estava anticipadamte. condecorado: sirbase V. S. de recibir la enhorabuena del sincero afecto con qe. es de V. S. ato. servor. q. b.s. m.

Juan Nepo. Batres

México, 2 de julio de 1823

Sr. dn. Anselmo Jose de Quiros

Amado amigo: recibi la de V. 1 del antr. Siento ge. no haia en esa la disposición qe. deseo pa. el establecimto. de una fbrica tan interezante como la de vidrios. Quisiera abrasar a los demas con el mismo fuego qe. arde en mi pecho. La patria seria en tal caso mas rica o menos pobre.

Mi regreso será pronto. Aier se trató en el Congreso el asunto de Goatema., unico ge. me detenia. Voi á imprimir mi discurso integro pa. qe. el mundo entero vea qe. he defendido los derechos de mi patria qe. sucumbir á la anarquia, y á la licencia, llegó el venturoso dia en qe. V. tomase asiento en el S. P. E. de la Nacion: este momento feliz hará epoca en su historia, porque desplegadas desde entonces las fuerzs. del alto Govierno, tomarán los negocios vajo su direccion un curso regulado, y el sistema la magestuosa marcha, qe. imprime una mano diestra. Jamas ha tenido esta Municipalidad motibo mas justo para congratularse: ella lo há hecho asi, y creeria faltara á sus deberes, al mismo tpo. no diexe á V. la debida enhorabuena por succeso tan fausto, sirvase pues recivirla con las demostracions. mas sinceras de júbilo y satisfacion.

Dios, Union, Livertad. Sala de la Municipalidad de Managua Fbro. 19 de 1824.

Pedro Chamorro

Grego. Fitona
Secreto.

Managua, Febro. 19 de 1824:

Cno. José Cecilio del Valle

El bien merecido concepto que tiene V. adquirido y la opinión pública que lo designaba para el puesto mas elevado de nuestro naciente Estado; (antes qe. la A. N. lo eligiese) hacían desear con ansia, su regreso á esa Corte, a todos los amantes del orn., Libertad y solida prosperidd. de las provincias unidas del centro de América.

Há sido, pues, la mas dulce satisfacción, su ingreso en el territorio; y su incorporación en el S. P. E. nos promete las mas lisongeras esperanzas, fundadas (lo digo estrechado) justamente en su ilustración, patriotismo y notorias virtudes. Creo pues un dever en todo Ciudo., el hacer á V. tan sincera manifestación, y no pudiendo retardar el cumplimto. del mío; me apresuro ha felicitarlo, ofreciéndole mis sinceros respetos en unión de la inutil persona de éste que tiene el honor de ser su afmo. S. y Cppn. Q. B. L. M..

Policarpo Yrigoyen

Ciudo. José Cecilio del Valle
individuo del S. P. E

Villa de Managa, Febro. 19 de 824.

Ciudno. Licdo. José Cecilio del Valle.

Mui sor. mío y de mi mayor aprecio: Con singular júbilo, y complasencia, he savido su llegada á esa Capital, de regreso de la de Mexico, y que seguidamente entró á funcionar en el Supremo Poder Executivo de ntro. nuevo estado.

El que tienen sus negocios públicos, y en el qe. se hallan los de esta desgraciada Provincia, demandan una mano provida que sin arredrarse por el cumulo de complicadas circunstancias, qe. presenta la reciente crisis política, sepa con firmesa darles el magestuoso curso, qe. descripto por las Leyes que rigen a todas las Naciones, terminará en construir la nuestra, vexo bases fixas, é inalterables.

Estoi mui lejos de engañarme, quando digo, que esta mano sabia y protectora, es la de Ciudno. José Cecilio del Valle. Mi pronunciamto. No es hijo de la lisonja, que aborresco, es el resulto. De la experiencia, la asprecion de mi interior combencimiento.

El mismo exige de mí, felicite tan plausible suseso, y dé pr. ello á Vm. La debida enjorabuena; ofreciéndose á su disposición pa. Que lo mande en quanto guste, este su afmo. Seguro servidor Q.B.S.M.

Crisnato Sacaza

León, Febrero 20/824.

Ciudadano José del Valle

Muy señor mío y siempre amigo: su ingreso feliz á esa Capital, su pocesion en el alto destino que la Patria le há confiado, y sus conocidos meritos, y mejores sentimos. qe. lo motivaron, llenan justamente mis esperanzas de llegar al termino feliz de ntra. Constitución, en el nuevo carácter de Nación á que nos hemos elevado. Sea enhorabuena, y quando V. llene obgeto tan apetecible, los Pueblos verán en V. un padre que guiándolos por la brillante senda del honor les habrá dado un nuevo ser de qe. se les había privado.

Por todos títulos debe V. reconocer en mi un apreciador de sus virtudes, y un verdadero amigo que deseando complacerle en todos conceptos ofrece á V. con la mayor sinceridad sus servicios como afmo.

S. Q. B. S. M.

José Carm Salazar

S. Salvador, Febro. 23 de 1824.

C. José del Valle.

Muy Sor. mío y de mi primera atención: si yo acaso puedo ser el último en dirigirme a V. congratulandome por su feliz advenimiento a la Suprema autoridad y en tributarle los homenages de mi consideracion, tal vez habré sido de los primeros de los que tan justamenre han celebrado aquel fausto acontecimiento. Esto disculpa en alguna manera mi tardanza; y V. en tal concepto se servirá no solo disimularla, sino admitir la sinceridad con que me ofrezco á sus orns., como particular y como encargado del mando político de esta Prov.; quedando en ambos conceptos de V. apasdo. servr. q. b. s. m.

Mariano Prado

CAPÍTULO IV: CORRESPONDENCIA CON G. A. THOMSON, VICENTE ROCAFUERTE, ABATE DE PRADT, R. ACKERMANN, JOSE JOAQUIN MORA, BARON ALEXANDER DE HUMBOLDT Y MARIANO LA GASCA

Mr. G. A. Thomson

He recibido mui atrasada la ge. V. me dirigio con fha. 19 de octbre. del año anterior. Quedo pr. ella entendido de la causa de su silencio en el tiempo anterior; y deseo qe. no lo haia en lo succesivo. Vive V. en la sección mas iluminada del globo: en la capital mas grande de la Europa. No puede faltar asunto ja. una carta si hai voluntad pa. escribirla.

Celebro vivamte. ge. se haia decidido á llenar mis deseos enriqueciendo su apreciable Diccionario con un Suplemento de artículos relativos a esta República. Quiera V. concluirlo a la mayor brevedad. Yo tendré la satisfacción deliciosa de leer su obra, y ver a mi Patria con todo el honor qe. merece. Mi Prospecto de la historia de Guatemala, impreso en el no. de mi Redactor y reimpreso en el no. del Correo Literario y político de Londres: la Descripción de esta República, dada á luz en el no. 1 del mismo Redactor: la noticia de los cinco Estados qe. la forman y de la Constitución de cada uno de ellos, publicada en el no. 26 de id.: mi Discurso sobre la importancia de esta Rep. pa. mantener el equilibrio y asegurar la paz en las otras de América, impreso en los ns. 27 y 28 de id.: la Descripción de Suchitepeques, departamento de este Estado de Guatemala, en el no. 15 de id.: la de Quesaltenango, departamento del mismo Estado, en el no. 21 de id., pueden dar algunos datos pa. extenderse. V. ha recibido y leído los nums. primeros del Redactor; y yo mando los 15, 21, 27 y 28 qe. no habrán llegado a sus manos, y el 25 sobre el Congreso Américano qe. todavia no se ha instalado.

Envío también mis Discursos en el Congreso federal sobre diversos asuntos; y el qe. publique al frente de las Reflecsiones del Sr. Flores Estrada acerca de los males de Ynglaterra. Su lectura podrá ocupar los minutos ge. no tengan destino mas importante. Vivo en una Rep. qe. comiensa ahora á formarse. No es posible enviar de ella lo qe. puede remitirse de Babilonia la grande.

Espero con impaciencia los mapas, libros, y decretos ge. me ofrece V. Ya conoce mi decida pasión a la lectura. Le tomo la palabra, y le haré cargo si no la cumple.

Escribo en esta fha. Al amigo Zevadua; y reitero á V. la voluntad con qe. deseo ser su servir.

José del Valle

Guatema. 10 de julio de 1825

Sr. dn. Vicente Rocafuerte

Vuelvo á escribir á V. sobre Guatemala, mi asunto predilecto. Mr. Vuelo Thompson qe. vino de México i mañana saldrá á esa es conducto de comunicación qe. no debo perder. Es persona de mérito: yo he estimado su trato; i V. sabrá también apreciarlo.

Con el remito diversos impresos qe. pueden dar alga. Idea de esta república, i no serán leídos con desagrado pr. qn. se interéza en los progresos de todas las naciones de América. El año de 823 fui nombrado individuo de este Supremo Poder Executivo. Trabajé en este concepto diariamte. Sin descansar aun los suetos: trabajé como Editos de la Gaceta qe. no tenía este Gobno.; cesó de tener desde qe. yo cesé de ser miembro suio: trabaje como sercreto. Auxiliando á qn. lo era en los negocios delicados ó de mucha trascendencia.

Remito el Discurso qe. hize sobre la renta de tabacos, i el qe. forme para dar alga. idea de los trabajos del Gobno. en todo el tiempo qe. fui individuo suio; i varios nums. de la Gaceta pa. qe. V. la tenga del plan qe. seguí en ella.

El estudio de las ciencias qe. ha hecho spre. mis delicios es ahora mi ocupación. He comensado á ser Editor del Redactor general, i mando los Nums. publicados hasta la fha. En el verá V. claros mis deseos. Quiero q. tenga crédito mi Patria: qe. vengan de Europa hombres útiles; i qe. avance pr. los qe. vengan en ilustración y riqueza.

V. puede influir mucho en dar á esta república la opinión de qe. la juzgo digna. Quiera tener la bondad de publicar en los Periódicos más acreditados el cuadro de esta nación qe. di á luz en el no. 1 del Redactor general, i el Discurso qe. hize manifestando los trabajos del Gobno. mientras fui miembro suío. No tengo otro objeto qe. procurar el crédito de mi patria pa. facilitar el reconocimiento de su independencia, i cooperar á qe. se trasladen a este suelo hombres de provecho pa. sus adelantamientos.

El 20 de abril último se abrieron los pliegos de elecciones de Presidente hechas pr. los pueblos. Resultó qe. vo tuve la maioria de votos populares qe. acredita el Estado adjunto. Pero fue grande la intriga i yo soi enemigo de ella. Los diputados nombraron al C. Manl. Are; i yo volví gustoso a las dulsuras de la vida pribada. Se han publicado diversos impresos manifestando la nulidad del nombramto. hecho en Arce. Oxala no hagan reclamaciones los pueblos!

El mismo fin me propuse en el Acuerdo de 23 de agto. de 1824 qe. verá en el no. 19 de la Gaceta de gobno.; i dicté con el objeto de qe. se enviasen a los Editores de la Biblioteca Américana qe. se publica en esa capital las noticias datos ge. puedan dar nombre á Guatema.

Continuaré en lo sucesivo remitiendo los impresos qe. puedan merecer alga. atención; i suplico a V. me envie los qe. sean de maior utilidad dirigiéndolos con dos cubiertas una pa. mi i otra pa. este Admor. gral. de correos á fin de ahorrarme gastos crecidos de portes.

Tenga también la bondad de abrirme relaciones con los Literatos mas distinguidos qe. existen en esa Corte. Sabe V. cuanto aprovecha la correspondencia con hombres qe. pueden dar luces. Yo las deseo con ansia; i serviré gustoso en todo lo qe. me ocupen.

Antes de aier fui nombrado pr. propuesta unánime del Senado Enviado extraordinario i ministro plenipotenciario cerca de ese Gobno. Qué ocasión tan bella pa. qn. desea ilustración y conoce toda la qe. dan los viages! Pero no es posible hacerlo ahora. Lo manifestaré así, i continuo en Guatema. ansioso de q. V. ocupe á su afmo. servr.

José del Valle

Londres, 21 de octe. de 1825.

Sor. Dn. Tosé del Valle

Mi estimadísimo amigo y Sor.: Acabo de recibir pr. el conducto de Dn. Prospero Herrera la gratisima carta de V. fha. 26 de Julio, le doy á V. mis expresivas gracias pr. los favores ge. le ha dispensado á Dn. Franco. Lavagnino, a los qe. corresponderé manifestando á V. mi gratitud pr. medio de Dn. Prospero Herrera, á quien no he tenido aun el gusto de ver. Hoy mismo lo iré á buscar, y nos pondremos de acuerdo pa. llevar á debida execucion los admirables planes qe. há á probar con hechos y no con theorias los admirables efectos de nuestra libertad! Siga V. y cuente qe. hallara en mi un activo cooperador en sus nobles tareas. Mandeme V. quanto V. publique á fin de hacer circular sus escritos, y hacer conocer su mérito en esta parte del globo.

Mr. Powls (?) esta haciendo traducir al Yngles el último discurso qe. V. tubo la bondad de enviarme; Mr. Thompson no ha llegado aun, no hé recibido pr. consigte. los números qe. V. me indica de su Redactor general.

Después de haber conferenciado con el Sor. Herrera escribiré a V. sobre la compañía. El momto. presente es fatal pa. ese género de negocios, los fondos públicos están muy baxo, y se esta experimentando en la bolsa una gran escasez de numerario, de todo daremos á V. cuenta á su tiempo.

También enviaremos á V. los diarios, y las obras modernas las mas interesantes; el Abate de Pradt acaba de publicar en Paris una obra sobre la importancia del futuro Congreso de Panamá, aun no la hemos recibido en esta Capital, quando llegue a nuestras manos, remitiremos á V. un exemplar.

Conserve V. su preciosa salud, y mande á su muy adicto y ato. servor. y amo. Q. S. M. B.

Victe. Rocafuerte

Guatema., 8 de octbre.

Señor Abate de Pradt.de 1826.

Mucho tiempo ha qe. deseaba ofrecer á V. mis consideraciones y respetos. Yo los ofresco al fin con todos los sentimientos qe. inspira la gratitud.

V., Señor, es entre todos los escritores de Europa el qe. tiene más derechos a ella. V. es el defensor elocuente y constante de los derechos del nuevo mundo. Veinte y siete años ha qe. su alma grande no piensa mas ge. en la América. La causa justa de estos Estados es la qe. le ocupa: la felicidad de estos habitantes es la qe. llena su atención.

¡Con qué gozo tan puro recibiría el retrato del Amigo ilustre de la América! Yo haria copiarlo pa. qe. hubiera dos: yo procuraria que el Congreso de esta República mandase poner el uno en su salon: yo pondria el otro en mi biblioteca. Sirvase V., señor, dar esta satisfacción á quien sabe estimar todos sus valores. Mi amor al país donde he nacido hace qe. me tome esta libertad.

Del mismo origen nace la qe. me tomo igualmte. de dirigirle algs. papeles qe. he escrito en obsequio de mi Patria. Si ella me ha honrado con todos los destinos qe. han dependido de su voluntad. yo he querido servirla de todas las maneras qe. han sido posibles a la mia.

El 15 de sepbre. de 1821 cuando proclamó su independencia y se creó una junta gubernativa, yo fui nombrado vocal de ella: yo tube el honor de escribir el primer acta de su libertad: yo escribi á mas de otros papeles el Discurso en qe. se desenvuelven las Bases del Arancel de nuestras Aduanas.

Deseaba qe. un Congreso General, representante de los nuevos Estados de la América, los uniese á todos con los vinculos mas estrechos. No había visto este pensamto. en papel algo. del mundo. Lo indiqué en el Discurso expresado; y lo publiqué Después en 1 de marso de 1822.

La intriga unió después esta República con la de Megico: yo fui elegido diputado al Congreso megicano: hize entonces en favor de la independencia de mi Patria la Representación correspondiente, y sostube sus derechos de la manera qe. consideré justo.

La República fue después de la caída de Dn. Agustin Yturbide, restablecida en su absoluta independencia: yo fui nombrado individuo de este supremo Poder executivo; y me ocupé en hacer lo qe. indica el Discurso qe. dixe a la apertura del Congreso.

Fui nombrado posteriorme. diputado de el de la República; y se han publicado los Discursos qe. pronuncié en este concepto.

Al mismo tiempo he continuado el Redactor qe. comenzé a publicar en 1825. Envio los nums. 10, 20, 22, 25, 26, 27, y 28, mi Discurso sobre el Arancel, mi Prospecto de la Historia de Guatemala, mis observaciones sobre el catecismo de Geografía, mi Proiecto de una expedición científica, mis pensamientos sobre el congreso de Panamá, Mi Descripción de esta República en la parte Constituciónal, y mis Reflecciones sobre la necesidad de su existencia pa. conservar el equilibrio de la América. Remito también otras obritas mias de qe. he conservado algs. exemplares; y estoi actualmte. escribiendo un pequeño Ensaio sobre el Congreso de la América.

Pero la obra qe. haría mas honor á mi Patria seria la qe. se dignase escribir V. sobre esta República. Con cuanta gratitud la leeríamos todos los hijos de este suelo! Cuanto nombre le daría la pluma de V.!

Sírvase, Señor Pradt, mirar esta expresión de mis deseos como el sentimiento más puro de la consideración y respeto con qe. tengo la honra de ofrecerme su mas ato. servr.

José del Valle

Londres, 4 Diciembre 1825.

Exmo. Sr. del Valle.

Mui Señor mío. Habiéndome dedicado hace algunos años a la publicación de obras españolas, de instrucción y recreo, exclusivamente destinadas a la naciente generación del continente Américano, deseo con ansia merecer la aprovacion de V. E. cuyos eminentes servicios a la causa publica de ese país, le han acarreado la admiración de todos los amigos de la libertad. Con este obgeto me tomo la libertad de incluirle un catálogo de los libros publicados por mi hasta la fecha, reservándome la satisfacción de enviarle un egemplar de cada uno de ellos, por el primer buque que salga para alguno de los puertos de esa República.

Asimismo me atrevo a implorar la protección de V. E. en favor de las representaciones que he dirigido a ese Congreso y gobierno, pidiendo la seguridad de mi propiedad literaria, contra las ediciones que de mis libros publiquen los que quieran aprovecharse de ellos, sin el gasto primitivo de los autores, que es el más considerable en este género de empresas. No dudo que mi solicitud halle buena acogida en un gobierno tan justo como ilustrado, especialmente en consideración al esmero que pongo en que los libros que publico reúnan la instrucción solida al respeto de la Religión, de la Moral, y de las opiniones políticas.

En tanto que V. E. me favorece con sus órdenes tengo la honra de ser su afecto y seguro servidor Q. B. S. M.

R. Ackermann

Guatema., 25 de marso de 1826.

Al Sr. R. Ackermann.

El 19 de este mes tube el honor de recibir la carta de 4 de diciembre último qe. V. se sirvió dirigirme unida al catálogo de libros qe. ha publicado pa. ilustración de este nuevo mundo. Tenía noticia de ellos pr. la qe. dan los papeles públicos. Pero no he leído mas qe. 4 nums. del Mensagero, y los Catecismos de Química, Moral, y Geografía ge. me remitió un amigo de Mexico. El cap. América central qe. era el mas interezante pa. mí fue el qe. fixo mas mi atención. Yo sentí vivamte. ge. el Sr. Mora, autor de obra tan útil, no tubiese sobre algs. puntos noticias mas exactas de esta República. Manifesté mis sentimientos en el Periódico qe. he publicado con el título de Redactor general; y pr. una casualidad qe. no he podido dexar de admirar observará qe. el mismo dia 4 de dicbre. en qe. V. escribia su apreciable carta, yo me ocupaba en el artículo qe. salio a luz el 7 del mismo mes.

Sus trabajos son interezantes pa. el nuevo mundo. Quiera V., Sr. Ackermann, continuarlos con el mismo zelo qe. ha distinguido hasta ahora su provechosa dedicación. Yo los estimo con todo su valor. Haré qe. se publique el catálogo de ellos en uno de los Periódicos de esta capital: apreciaré infinitamte. los exemplares qe. la generosidad de V. ofrece remitirme.

Manifesté mis deseos á dn. Manl. Jonama, capitán de ingenieros qe. incorporé en este exercito el año pasado cuando yo era individuo de este supremo Poder executivo. Jonama ha escrito a los SS. Lagasca y Mora de quienes habla con honor y dice ser amigo suio.

Y pa. dar alga. idea del suelo en qe. he nacido y cuia felicidad es el objeto primero de mis deseos envio la Descripción abreviada de esta República: el Prospecto de su Historia: el Arancel provl. de los dros. de importación y exportación; y el Proiecto de una Expedición científica. Todos son ensaios qe. he hecho y publicado en el Redactor.

Sucesivamte. remitiré otros manuscritos é impresos pa. qe. hará conocimtos. mas extensos de esta nacion. Deseo su corresponda. y la de sus dignos colaboradores.

Sírvase V. ofrecerles mi afectuosa consideración, un hombre ilustrado es pa. mi el primer hombre. Y qualga. distancia qe. viva le ofrecere el homenage.

José del Valle

Londres 20, Septiembre 1826.

Sr. D. Jose del Valle.

Mui Señor mío, y de mi mayor aprecio, he recibido la carta que V. ha tenido la bondad de dirigirme con fecha de 25 de Marzo, con los tres números del Redactor, que agradesco infinito, y que he entregado al editor del correo, para que haga mencion honorable de tan utiles producciones. En la nueva edicion que se haga del Carecismo de Geografia se corregira el capítulo de Guatemala conforme a los datos que V. comunica.

El aprecio con que veo que se reciben en esa las obras en Castellano que he dado a luz, y la aprobacion con que V. las honra, me han estimulado a establecer en esa capital un almacen de estas producciones, y de otros obgetos relativos al cultivo de las artes y de las letras. Mi hijo Jorge, a cuyo cargo he puesto este negocio, tendrá la honra de presentarse a V. y de entregarle algunas muestras de los frutos de mi industria. Espero que V. los acoja benignamente, y se digne declararse protector de mi establecimiento, dando a mi hijo los consejos que su experiencia, y buen juicio le dicten, recomendándolo a sus amigos, y proporcionándole relaciones tanto en esa ciudad, como en las otras de la República. Creo que las obras Españolas publicadas a mis espensas pueden contribuir a propagar el amor de la ilustración en esos interesantes países: a lo menos, tales han sido mis intenciones y las de los sugetos de cuyos talentos me he valido. Como quiera que sea, recibiré con gran satisfaccion la indicaciones que V. se sirva darme, y estare siempre dispuesto a emplearme en su obsequio.

Nada me dice V. acerca del retrato y biografia que me tomé la libertad de pedirle, para continuar la coleccion de Américanos ilustres que se publica en el Correo de Londres: debo atribuir este silencio a la modestia, inseparable compañera de un merito distinguido: pero a este sentimiento honroso debe anteponerse el bien de América, y a este debe contribuir el ejemplo que dan los servicios eminentes, y la conducta irreprensible. Reitero mi demanda, y espero que V. condecienda a ella.

Sera para mi de sumo placer cultivar la correspondencia que V. me propone, y entre tanto le repito la seguridad de la consideración y aprecio con que soi su mas atento servor. q. b. s. m.

R. Ackermann

Londres 15 de septiembre de 1826.

Sr. D. José del Valle.

Mui Señor mío, y de mi mayor respeto, el Sr. Ackermann me ha manifestado la carta que V. le escribe en fha. de 25 de Marzo, asi como los tres números del Redactor, (uno de los cuales me había sido remitido directamente por Mr. Voidet) y de los que he hecho el uso que V. podra ver en el número 4 del Correo de Londres. Lo que allí digo sobre el Catecismo de Geografia sirva de disculpa a los errores cometidos involuntariamente en el capítulo Guatemala, el cual será corregido, según los apreciables datos de V. en la tercera edicion que sin duda se hara de esta obrita. Restame solo dar a V. las debidas gracias por el distinguido favor que me ha hecho, proporcionándome los medios de corregir aquellos yerros, y ofrecer a V. mis servicios con aquella sinceridad propia de un hombre que desconoce el lenguage de la adulación y aprecia sobre todos los vínculos sociales, los que se fundan en el amor y el cultivo de las letras.

Veo con la mayor satisfacción las favorables disposiciones que V. manifiesta a las empresas del Sr. Ackermann, el cual merece que todos los que se interesan en el progreso de las luces en América fomenten y protejan sus especulaciones. V. vera por su catálogo que solo publica obras utiles y agradables, consultando siempre el gusto de las naciones que las han de leer, respetando la moral, y prodigando el dinero y la atencion en la perfeccion de sus ediciones. Es además sugeto bien conocido en este país por su honradez y beneficencia, y yo no dudo que con el tiempo los inmensos gastos que ha hecho en obras castellanas le sean suficientemente remunerados por los pueblos libres de América. Ahora va a fundar en esa capital un establecimiento a cargo de su hijo D. Jorge, joven apreciabilisimo, que lleva consigo su recomendación; y cuyo buen éxito consiste en gran parte en el estímulo que V. le de, con el prestigio de su nombre y de su influjo.

Me he tomado la libertad de dirigir a V. una pieza poética en el No me olvides de este año, en la que he vaticinado los altos destinos prometidos a esa República.

No he recibido la carta del Sr. Jonama, a quien ruego a V. ofresca mi consideración, y reiterándole mis deseos de serle util, y de cooperar en cuanto mis fuerzas alcancen a sus utiles y patrióticas tareas queda a su disposición su afecto. servor. q. b. s. m.

J.J. de Mora

Sr. D. Jose del Valle

Guatemala.

Mui Señor mío y de todo mi respeto, después de haber contestado a la carta con que V. se sirvió favorecerme, me tomo ahora la libertad de escribirle por medio de mi hijo Jorge, que pasa a esos interesantes países con ánimo de estender la circulación de mis obras Españolas, y obgetos relativos al cultivo de las artes. Espero de la ilustración de V. y de su celo en favor de las luces que fomentará con su influjo y protección esta empresa dirigida a esparcir la instrucción y la afición a la lectura en la América que fue Española.

Ya vera V. en el último numero del Correo el uso que el Editor ha hecho de los exelentes artículos que V. nos ha comunicado.

Reitero a V. la expresión de mi alta consideración y aprecio.

R. Ackermann

Guatema., 3 de julio de 1828.

Sr. dn. Jose J. Mora

He visto la carta de 11 de marso ultimo qe. V. ha dirigido a Mr. Voidet. Yo reconosco el honor qe. me hace, y le protesto mi sincera gratitud. Dias ha ge. deseaba su importante correspondencia. Manifesté mis deseos á dn. Manl. Jonama, capitán de ingenieros qe. incorporé en este exercito el año pasado cuando era individuo del Poder Executivo; y a la fha. en qe. escribo habrá visto una prueba de mi voluntad en las cartas qe. Jonama escribió á V. y al Sr. Lagasca.

Cada una de las obras qe. ha publicado V. pa. ilustración del nuevo mundo es un título qe. le da derecho a mi estimación. Los hombres qe. cultivan las ciencias con ardor son los primeros en mi escala. Yo veo en ellos el origen de todos los bienes pr. qe. la ilustración es pa. mi la fuente de donde fluien cuantos pueden gosar las sociedades.

Hai inmensidad en los recursos naturales de esta República. Es feliz su posición geográfica: son fecundas las tierras, diversas las temperaturas, prodigiosa la vegetación, ricas las montañas, grande y magestuosa la naturaleza. Pero todavía no la ha cultivado la mano poderosa del arte. No tenemos hombres, y falta la ilustración qe. da vida a los pueblos.

Siga V., Sr. Mora, enviando luces al nuevo mundo desde la primera ciudad del antiguo. Ya ha escrito los catecismos de Geografía, de agricultura, química, cet. ¿Cuándo escribirá el de la ciencia de los legisladores? ¿El de la ciencia de los gobernantes? ¿El de la ciencia de cada una de las clases respectivas de funcionarios?

La América necesita cartillas; y cuando su pluma se haya cansado de dar las qe. ha menester, cada una de ellas será un titulo pa. qe. la gratitud le dé la carta de ciudadano, y el despacho de un empleo honroso, digno de sus méritos.

Nuestra Constitución dice: "El Congreso concederá cartas de naturaleza a los estrangeros qe. manifiesten a la autoridad local designio de radicarse en la rep. 1o. pr. servicios relevantes hechos a la nación y designados pr. la ley: 20. pr. cualga. invención útil, y pr. el exercicio de alga. ciencia, arte, u oficio no establecidos aun en el país, ó mejora notable de una industria conocida."

No se ha acordado todavía la leí qe. debe designar los servicios. Pero no serán relevantes los qe. ha hecho el autor de tantas obras elementales?

Si se decide a venir a ntro. suelo, comuníqueme su resolución y envíeme un Memorial pa. qe. este Congreso le conceda la carta de naturaleza. Yo hablaré a los amigos, y tendré el honor de participarle el acuerdo.

El qe. se ha dictado sobre el Proiecto de escuela nacional de ciencias, artes y oficios propuesto pr. Voidet ha sido en favor de este. Pero la base del establecimiento son las acciones, y falta reunir las necesarias pa. la creacion del fondo ó capital. Yo veo con interez un pensamto. de tamaña utilidad. Oxala llegase á realizarse pa. bien universal de la República.

Entre tanto Mr. Voidet desea una factura de libros y escribe sobre esto, segun me ha dicho, al Sr. Ackermann. Si se remitiere, puede enviarse á Omoa con orden expresa de qe. inmediatamte. me dirijan aviso pa. disponer su remisión á mi casa, en donde franquearé una piesa en qe. Voidet pueda vender los libros, y yo estaré al cuidado del reintegro del Sr. Ackermann al plaso qe. se le propone. Todo lo qe. tiende a la ilustración es bello, es charmant pa. mi. No tengo otro interez qe. este, y el de proteger los deseos de un infeliz emigrado.

Escribí al Sr. Ackermann contestando la de 4 de dicbre. qe. tubo la bondad de dirigirme, y enviandola algs. papeles qe. publiqué. Uno de ellos es el Proiecto de una expedición científica qe. quisiera ver realisado. Dignese V. recomendarlo, la voluntad con qe. me firmo desde luego su amigo y serv. q. b. s. m.

José del Valle

Guatema., 30 de junio 1833.

Sr. Dn. Jose Joaquin de Mora
Mui sr. mío:

No he visto letras suias desde qe. se trasladó del antiguo al nuevo mundo. Pero he sabido qe. no me olvida, y estoi mui informado de las memorias ge. ha hecho de mí.»

Las mías son afectuosas, y constantes. Vivo en el centro de mi biblioteca, y en ella veo al Autor de los Cuadros de los Árabes, al Traductor de Clavigero, y al Editor de No me olvides.

La pluma, siempre fecunda, habrá producido en América obras de precio igl. ó maior qe. el de las publicadas en Europa. ¡Cuánto celebraria leerlas, y añadir á mi librería este nuevo ornamento y valor!

Yo no ceso de ensuciar papel. Pero la impresión es cara en este país, y sentiría mucho robar á los lectores el tiempo qe. pueden dar á tantas producciones de los Genios Europeos.

Envío algs. papelejos qe. he escrito y han publicado otros, ó he dado yo á luz pr. la necesidad de ocurrir a los interezes de mi casa. De la primera clase son los Estatutos, el Mensual, y las Memorias de esta Sociedad Económica, de la cual fui electo Director; y de la segda. la qe. escribí sobre el abasto de carne.

Si V. infiere qe. la ilustración está poco adelantada en este país, yo no impugnaré sus consecuencias. Son diversos los ramos en qe., ó se ignoran, ó se disputan o se desprecian los qe. son principios en el mundo civilisado.

El de la Bondad relativa ha sido el más olvidado. Se ha buscado la absoluta: se ha aspirado al Bello ideal: no se ha pensado en agl. de qe. somos capaces.

Se decretó en 1824 una Constitución qe. exige aptitudes, o capacidades superiores a las qe. ecsisten en la República. El movimiento del tiempo lo ha ido manifestando; y la experiencia ha hablado su idioma acostumbrado de hechos. Muchos desean Reforma Constituciónal: otros la repugnan. Creo qe. triunfaran los primeros; po. no sé si sabrá acordarse la qe. conviene: temo qe. suceda lo qe. Horacio decía a los Poetas: In vitium ducit culpe fuga si careat arte; y pienso qe. no serán durables las reformas qe. se decreten aun en el caso de ser juiciosas. El siglo en qe. vivimos es el de los partidos, es decir, de las acciones y reacciones. No cesa el choque del espiritu con la materia, de los capitalistas con los sans-culottes, de los hábitos monárquicos con los deseos Republicanos.

En crisis tan delicada he sido electo pr. el Congreso Vice-presidente de la República pa. tomar el mando qe. ha dejado, y creo no renunciará, el Presidente. Yo haría gustoso los servicios posibles a mi cara patria. Pero podría gobernar sin los elementos necesarios pa. el gobierno? El Federal ha quedado sin rentas, sin fuerza, sin opinión:

y el plan qe. sigue el Congreso es mui diverso del mío. Habiendo identidad de opinion en los dos Poderes, legislativo y executor, yo aceptaría el destino, y procuraría dirigir la revolución. Pero falta aquella identidad, y pr. no haberla, serian nulos ó peligrosos mis servicios. Yo hice tres renuncias, y la tercera fue al fin admitida el 21 del corriente. Estoi desembarazado de las atenciones á qe. llaman los empleos. Puede servir á V. en lo ge sea util su afmo. q. b. s. m.

José del Valle

París, 30 de noviembre de 1825

Señor,

Aprovecho la partida de nuestro común amigo el Sr. Barrio, cuias excelentes cualidades han sido en esta cpital apreciadas con generalidad, pa. manifestar á V. Señor, ni vivo reconocimiento y el homenage de mi alta y afectuosa consideración. Sera eterno el sentimiento qe. tengo de no haber recorrido todavía los bellos Estados de la República de Centro-América qe. V. describe con elocuencia tan noble en su amable carta de 28 de marso. La obra interezante del Sr. Juarros, algs. periódicos antiguos y últimamte. el Redactor general qe. se publica arreglado a los principios de una sabia libertad me han interezado vivamte. en los destinos de una porción tan bella del globo, donde sus habitantes han sabido conquistar su independencia sin las borrascas de las discenciones civiles. Cuando se han executado estas memorables transiciones, V., señor, ha sido llamado á empleo eminente pr. los votos honrosos y libres de sus conciudadanos. Su Discurso a la apertura del congreso federal qe. V. se ha dignado comunicarme respira los sentimientos más generosos unidos con el conocimiento profundo de las verdaderas bases de la libertad pública. ¡Que dulce es pa mí el saber ge. la misma persona qe. ha tenido parte tan activa en la regeneración de Guatemala, ama la filosofía natural, estudia las producciones de su Patria, mide las montañas pr. medio de V barómetro, ó la determinación, mui delicada, del grado de ebullición.

Todas las comunicaciones ge. V. quiera, señor, dirigirme en lo succesivo serán pa. mi del maior agrado. La altura y posición geográfica de los volcanes, la de aquellos qe. se pueden considerar como extinguidos, de aquellos qe. son todavía activos de cuando en cuando, el agua qe. se dice haber arrojado y podía ser efecto de las filtraciones de las aguas pluviales de los lugares donde cae nieve, y si es permanente en algunos, ó no existe sino accidentalmte. en las cavidades, si los conos volcánicos están separados de una cadena continua y de las rocas primitivas, ó si forman como en Quito las cimas de la misma cadena: he aquí objetos tan dignos de los estudios de V.

Reciba V., señor, mis más sinceros votos pr. la conservación de la paz en su Patria y la unión más estable con sus vecinas las poderosas Repúblicas de Mexico y Colombia. Que los esfuerzos de V. sean constantemte. dirigidos á mejorar la clase de los indígenas y el estado de los negros! La libertad no se consolida sino pr. el goce común de los bienes qe. la naturaleza concede a la sociedad humana. Acepte V., señor, la expresión de mis afectos y de mi más alta consideración.

Alexander

Guatema., 29 octbre. 1829.

Sor Barón dn. Alexandro Umboldt
Señor

La de 30 de novbre. de 1825 qe. el Ciudo. Barrio puso en mis manos es la única qe. he recibido de las respetables de V. Yo contesté á ella comunicando algs. datos de los qe. V. desea reunir sobre ntros. volcanes. No he tenido todavía respuesta; po. sigo aprovechando las pocas ocasiones qe. se presentan pa. reiterar mis consideraciones al Observador ilustrado de la América. ¡Qué inmensa me parece, Señor, la distancia qe. separa el nuevo del antiguo mundo! Yo quisiera qe. no hubiera occeano divisorio: ge. se acercaran uno á otro y formaran un solo continente pa. qe. las luzes del segdo. iluminaran al primero.

Son dilatadas las tierras fértiles y hermosas de esta Rep.: es vigorosa y admirable la vegetación: hai escala de temperaturas desde el calor abrasador de Suchitepeques hasta el frio intenso de Moscoso. Pero faltan cabezas pa. servir como corresponde todos los oficios establecidos pr. el sistema de gobno. adoptado. Se han creado empleos, y no se han formado hombres pa. desempeñarlos.

La Educación es la necesidad primera de la República. Yo he escrito sobre ella la Memoria ge. tengo el honor de someter al juicio respetable de V. Si no ofrece pensamientos nuevos, acredita al menos la voluntad ansiosa del Bien general. Es grande la falta de hombres ilustrados. La América será víctima de la ignorancia y pasiones si sus gobiernos no piensan seriamte. en la Educación, descuidada hasta ahora pr. ellos.

Otra vez cuando haia conductor mas desahogado tendré la satisfacción de remitir á V. una pequeña colección de piedras. Sírvase entre tanto, Sr. Humboldt, aceptar mis respetos y consideraciones.

La consideración de V S. á este nuevo mundo debe inspirarla á su respetable persona. La América comenzó á ser mas grandes desde q. V S. empezó á reconocerla, observarla y describirla. Todos los Américanos deben gratitud á sus trabajos; y yo quiero ser en este país el primero á manifestar la mía.

Nacido en esta parte de la América ge. V S. no se sirvió atravesar yo no tube a la poca memorable de su viage el honor de ofrecerle mi admiración y respeto, ni Guatema. el de verse como México acreditada pr. su pluma.

No puedo leer el Ensaio político de V S. sin envidiar la suerte de los hijos de México. El cuadro ge. formó V S. de N. E. descubriendo al mundo los elementos de riqueza y semillas de prosperidad qe. existen en aquella nación le dió su nombre ge. le ha atrahido las miradas de Europa y facilitado el reconocimiento de su independencia.

Guatema., colocada en posición geográfica mas feliz qe. Mexico: situada en medio de la América sobre tierras fecundas de diversas temperaturas: regada pr. rios qe. pueden ser navagables: poblada de vegetales infinitamte. variados en sus géneros y especies: rica en minerales, apenas trabajados hasta ahora pr. escaces de fondos, máquinas y mineralogistas: con puertos á uno y otro occeano y en disposición de acometer la obra mas grande en qe. puede pensarse de abrir pr. el lago de Nicaragua la comunicación de ambos mares, seria una de las naciones mas expectables de Universo si ojos como los de V S. supieran verla y manos como las suias pintarla ó describirla.

Olvidada de los viageros qe. han venido á este continente ha sido en nuestro Planeta una parte siempre en sombra ge jamás ha recibido luces qe. la hagan visible al mundo. No se conoce toda la inmensidad de sus recursos: se ignoran los gérmenes qe. tiene de prosperidad; y apenas se escribe su nombre en la carta de América.

Yo reconocido a los honores ge. le debo de diversa especie debo interezarme en su gloria, y procurar qe. haga en el mapa figura mas brillante o menos triste. Guatemala me designo Vocal de la Junta gubernativa qe. se estableció a la fha. en qe. pronuncio su justa independencia: me eligio después Diputado ó representante suio en la Asamblea nacional; y me ha colocado en el Gobno. supremo nombrándome uno de los tres individuos del Poder Executivo.

He hecho en este concepto lo qe. manifiesta el Discurso qe. me tomo la licencia de remitir á VS. Pero lleno de deseos proporcionales á las obligaciones q tengo: quisiera hacer más en beneficio de un país q. tiene pa. mi tantos tits. de predilección: quisiera qe., si VS. hace 2° viaje al nuevo mundo se serviera comenzarlo pr. Guatemala, q. es una de sus más bellas partes i no fué observado como las demás pr. el genio de VS.

El año de 822 hice viaje á Mejico atravezando pr. tierra 400 leguas q. separan este de aquella ciudad. Tube entonces el honor de ver frescas todavía las memorias de VS., de tener en mis manos los mismos hombres de letras q. trató VS.

El profesor de Botánica dn. Vte. Cervantes, uno de ellos, me manifestó cartas de VS. en q. le decía no haber perdo. la esperanza de volver á atravesar las montañas del Anahuac.

Yo volví Mejico á fines de 823: i una de las cosas en q. me entretube al hacer un regreso tan dilatado como penoso fue la de tomar las alturas con el termómetro metido en el agua hirviendo según el método de dn. Franco. Caldas á qn. conoció VS. en la otra América. Deseaba también tomarlas con el barómetro pa. comparar unas con otras las alturas barométricas intermométricas. Pero me rompieron en Venta-salada el barómetro i quedé desde entonces reducido al termómetro. Ocupado en el govno. no he tenido tiempo pa. coordinar mis apuntamos. Algun dia lo tendré; i entonces presentaré al juicio y corrección de VS. la tabla q. forme de alturas desde Mejico hasta esta capital.

Pocos días ha he tenido noticia de q. VS. sigue constante en el deseo de volver á Mejico, i yo no he podido negarme al de escrivir á VS. ¡Que gozo tan vivo seria el mío, Sor. Barón, si viera á VS. en estas tierras tan dignas de sus miradas! ¡Qe. grande comenzaria á aparecer esta naturaleza fecunda i magestuosa! ¡Cuántas conquistas haría en las ciencias físicas y naturales! ¡Quanto bien reciviria mi patria!

A nombre de ella me atrevo á suplicar á VS. q., si lleva a efecto el pensamto. de volver á Mejico, comience su viage por este país. El nombre q. tiene VS. aquí le atraerá las consideraciones de q. es digno; i yo, ofreciéndome a sus disposición, tendrá el honor de conocerlo, de acompañarle talvez algunos dias i de reiterar las seguridades del respeto i voluntad con q. soi su mas atento i seguro servidor.

José del Valle

Londres, 8 de Agto. de 1826.

25. Camden Place,
Camdentown, junto á Londres.

Ciudadano José Cecilio del Valle.

Muy Señor mío de mi maior aprecio y respeto: hace algo más de un año vi un artículo de V. en uno de los periódicos de Mejico que trataba de la utilidad de las ciencias gustó sobremanera por coincidir con mi modo de pensar, y tubre grandes deseos de entablar correspondencia con V.; pero sabiendo se hallaba al frente del Poder ejecutivo de esa República, desistí en mis deseos, ya por no distraerle de tan graves negocios, y ya también por las circunstancias nada favorables que siembre rodean á los espatriados como yo. Ahora tengo mucha complacencia en abrir nuestra correspondencia, puesto que el amigo Sr. de Jonana, me asegura que V. la desea.

Pero que diré que pueda ser a V. agradable, desprovisto de libros, habiendo perdido casi todos mis manuscritos, sin poder sostener una correspondencia literaria con los sabios profesores de Europa qual antes la tenía, y aun imposibilitado de saber lo que se adelanta en la misma Ynglaterra. Sin embargo, no dejara V. de admirarse al saber que los jardines botánicos establecidos con objeto de comercio en las cercanías de Londres son casi innumerables, y que en mi concepto valdrán las plantas que ellos se cultivan (sic) sobre quince millones de libras esterlinas; que se calcula que en ellos se cultivan sobre quince mil especies de plantas, y que solo en Londres hay nueve o diez periódicos botánicos mensuales, en que se publican las descripciones y estampas de las plantas que no han sido dibujadas en obras inglesas. De estos periódicos los mas apreciables son el Botánical Magazzine publicado por el anciano Docr. Sims, y el Botánical Register en que trabaja actualmente el Sr. Lindley, qe. sin duda es uno de los mejores botánicos ingleses, y cuida el jardín de la Sociedad Horticultural de Londres. Las plantas inglesas están todas descritas y dibujadas con colores naturales en el English Rotany del cel. J. W. Smith, poseedor del herbario de Linneo.

Existe aún el jardín botánico de Chelsea, fundado por Hans Sloane, el único qe. había en Londres quando Linneo estubo en esta capital, y susbsiste muy bien cuidado, y sostenido por la Sociedad de Boticarios de Londres. En este jardín tengo entrada franca, como en otros varios, y en el paso muchos ratos, recordando mis perdidas y mi antiguo estado. Es pequeño pero tiene muchas plantas, y el director Mr. Anderson es bello sujeto y muy celoso por aumentar su jardín. A el le di la raíz del Amol que llego viva entre otras plantas desecadas qe. me remitió el Sr. Rosales, cura de Sn. Lucas, á quien contesto en este correo.

Muy agradable me fuera tener una buena colección de plantas secas de ese pays; las examinaría y las publicaría, porque es preciso que haya mucha novedad en un pays tan poco examinado. Yo espero que V. hará lo posible por satisfacer mis deseos, y yo prometo á V. segura contestación, ya desde aquí ó desde el parage en qe. las reciba, si lo qe. no espero, me hallase ausente de esta capital.

Creo convendrá V. en que no tenemos en español unos elementos de Botánica escritos según los conocimientos del día; yo había trabajado bastante en Madrid sobre el asunto, y por felicidad he rescatado los manuscritos y cuatro laminas que ya tenía abiertas. En mi concepto necesitaran llevar hasta doce o trece estampas, en que pondré todo lo interesante qe. Mirbel pone en 72 ó 73. Mi manuscrito ocupara dos tomos en 4o. menor de unas 280 páginas cada uno poco mas ó menos, y para los suscriptores saldrán á unos quatro pesos fuertes.

Si hallo suscripciones que cubran el gasto de impresión se imprimirán y si no, no; porque no me hallo en estado de desenvolsar un maravedí, y aunque lo tubiera no lo haría, porque se que lo que se emplea en escribir libros en español tarde se recobra, con tal que no sean novelas, ó ejercicios quotidianos. Si V. quiere interesarse en la impresión de esta obra no dudo podrá encontrar en esa subscripciones, y aun acaso animar al Gobierno á que se suscriba por algún número de ejemplares.

Si esta obra se imprimiese, me ocuparía en otra obra practica en que se describiesen todas las plantas conocidas hasta el día, que se crían en España y América, y algunas nuevas, que á pesar de mis perdidas tengo todavía en mi herbario, del que me han llegado ya 4 cajones grandes. Una empresa semejante solo V. y el amigo La Llave, Alaman, Cervantes y algunos pocos más que conocen la utilidad, pueden fomentarla.

Concluida esta obra, me dedicaría á escribir de agricultura, auxiliado de los mejores libros y de mis propios conocimientos, adquiridos particularmente en los muchos viages que hice por España.

Vea V. una carta de un botánico, y de un botánico espatriado. Pedir plantas y semillas, y auxilios para imprimir acaso sus desvarios.

Deseo a V. toda felicidad, y que disponga como guste de su muy afecto servr. Q. B. L. M. de V.

Mariano La Gasca

Guatema., 18 marzo 1827.

Sr. Dn. Mariano La Gasca.

Mui Sr. mío y dueño de mis afectos: recibí en mi hacienda á 16 leguas de esta capital la de V. (de) 8 de Agto. del año anterior. ¡Qué casualidad tan feliz, y cuantos placeres gozé pr. ella! Estaba solo con la naturaleza, en medio de la vegetación mas hermosa y variada, cuando llegó á mis manos la carta de un Botánico eminente qe. desde el Norte del antiguo mundo habla á uno qe. vive en la tórrida del nuevo sobre las plantas y observadores qe. saben estudiarlas.

Los interezes del comercio unen á los habitantes de ambos hemisferios pa. adelantar los de su giro respectivo cambiando reciprocamte. sus productos rurales, ó fabriles y á esa correspondencia se debe la inmensidad de progresos cada día maiores qe. hace el comercio en todas las naciones. Los interezes de las ciencias más nobles, más utiles, más trascendentales, nos estrecharan, Sr. Lagasca, las relaciones de los qe. se dedican á cultivarlas en todos los países de la tierra.

Yo no soi un sabio, ni llegaré en mi vida á serlo. Pero amo las ciencias y trabajaré constanmte. pr. sus adelantos. Yo quisiera qe. los hombres dignos qe. se consagran en Europa á su cultivo abrieran correspondencia con los qe. en América se dedican á iguales trabajos. ¡Que infinidad de bienes producirían esas relaciones! ¡Cuánto se aumentaría la masa de riquezas con la comunicación reciproca de pensamientos europeos y latinos!

Quiera V., Sr. Lagasca, tomarse un trabajo digno de su zelo pr. las ciencias. Interezese en ge. los sabios de Europa abran y sigan correspondencia con los amigos de la ilustración qe. ecsisten en América. No hai todavía en el nuevo mundo hombres de instrucción, tan grandes como en el antiguo. Pero los unos comunicaran descubrimientos y teorías luminosas; y los otros ofrecerán materiales pa. organizar otros ó hermosear las qe. estén organizadas. Los qe. cultivan las letras deben formar una sola familia cualqa. qe. sea el grado de latitud en qe. vivan.

Desde una distancia tan inmensa como la ge. nos separa serviré á V. gustosamte. en lo qe. se digna ocuparme. Le enviaré la colección qe. desea de plantas de este país. Ya va á comenzar la estación en qe. debe formarse. Yo procuraré aprovecharla, y cooperar á qe. mi Patria sea conocida de un hombre capaz de publicar sus valores.

Trabajaré también pa. qe. V. pueda publicar sus Elementos de Botánica. Ya he abierto suscripción: ya he escrito al amigo dn. Vicente Cervantes, profesor del Jardín de México; y yo no me limitaré a ser subscriptor. Es positiva la necesidad de una obra elemental en ntro. idioma. La de Mirbel, qe. no está todavía traducida, no es en realidad de aquella clase; y aun siendo tantas sus laminas no comprehende sin embargo todas las formas. Lo conocí cuando regresé de Mejico en uno de los lugares mas dignos de ser observado pr. los botánicos, en los Cuchumatanes donde V. pasaría días enteros hervorizando sin descansar, lleno de placeres qe. no sienten los qe. no han aprendido á amar la ciencia de los vegetales.

Yo he hecho pr. ella cuanto he podido en un país donde no son todavía estimadas como merecen las ciencias naturales. El año de 1824 cuando era individuo del Poder Executivo de esta República me interezé cuanto fue posible pa. qe. la juventud tuviera una clase de Botánica y Agricultura: hablé con este objeto al único qe. podía dar lecciones: hize de mi bolsillo los gastos precisos de bancas, mesa y algs. libros, y ofrecí de mi sueldo lo qe. fuese necesario pa. construir un jardín. Logré al fin establecer la clase (como verá en la gaceta de gobno. de 19 de julio de 1824) sin gravamen algo. de la hacienda pública: hicieron progresos dos alumnos; y el profesor trataba de formar el jardín. Pero cesé en el gobno. en abril de 825; y cesó también pocos días después un establecimiento de tanta importancia.

No pierdo sin embargo la esperanza de restablecer una enseñanza tan provechosa. La República va á hacer crisis buena ó mala. Si las circunstancias fueren felizes pa. las ciencias, no dexaré de aprovecharlas.

En las gacetas de gobno. puede leer los decretos qe. dicté pa. hacer progresar la ilustración, qe. es a mi juicio el origen de todo bien. De ellos inferirá mi amor a las ciencias y a los qe. las cultivan, y la amistad con qe. me ofresco á V. qe. es uno de los mas distinguidos.

Soi pues su afmo. servrs. q. b. s. m.

José del Valle

CAPÍTULO V: CORRESPONDENCIA CON ANDRÉS MANUEL DEL RÍO, VICENTE CERVANTES Y MIGUEL GONZÁLEZ SARAVIA

Mejico, 28 de nove. de 824.

Sor. Dn. José del Valle

Mi más venerado Señor: estoy debiendo a V. contestaciones, cosa que nunca me ha sucedido; pero le suplico que creo que no ha sido por mi culpa. Esperando de dia en dia como los judíos, todavía no ha llegado el Mesías para mí. Creo que hace más de un mes que se embió a Oajaca la libranza de 600 pesos y hasta ayer he sabido que aún no estaba cubierta, y lo he sabido por un modo violento por no haber querido endosar la otra de 200 ps. hasta no saber qué había sucedido con la primera. Nunca tengo la dicha de encontrar en casa al Sor. Mayorga: me parece dilatar, spe longui et iners sin ser viejo todavía, como yo. Por otra parte Echeverria ya se arrepiente y ¿cómo le he de urgir sin dinero? Me pide 200 ps. para venirse de Guanajuato: he enseñado mis cartas al Sor. Mayorga, ó por mejor decir se las he llevado a su casa, y nada ha resuelto; en no cooperando todos a mi fin, sucederá lo que con mi máquina de desagüe de Moran, es decir que no se consigue el resultado. Veré si puedo entretener a Echeverria mientras se cobra la libranza de Oajaca.

A la primera de V. del tres de agosto digo que las piedrecitas que se sirvió incluirme en ella son granates trapezoidales.

Por lo tocante a la segunda celebro infinito sus bellísimas ocupaciones que lo harán inmortal; y solo siento que se haya de perder mucha parte por falta de cooperadores, como V. mismo prevee. Participé á los Sres. Cervantes y la Llave las cuartillitas tan bonitas qe. V. me incluyó y todos le damos las gracias. Cuando reciba las rocas se las clasificaré a V. con mucha satisfacción.

La tercera va está contestada añadiendo que aún no ha llegado el cajón de piedras, y que la enseñé a los Señores Llave y Cervantes y le devuelven sus más afectuosas expresiones.

Se ha encontrado aquí un oro de 24 quilates que tiene 44 pr. 100 de rodio, aquel metal que solo se encontraba con la platina, este metalito causaba horribles mermas en esta casa del Apartado, y los pobres hombres las achacaban a la acritud de los ácidos, Cuando publique mi memorita, se la comunicaré a V. inmediatamente.

Nuestro malhadado plan de estudios que yace como supongo entre el polvo y la polilla, se lo pedí al Sor. Villaurrutia de parte de V. y me prometió hacer por conseguir una copia de los borradores. Él era en realidad el mounstro de Horacio: la parte que yo trabajé de ciencias matemáticas y físicas no la conocía después yo mismo, como era preciso que sucediese siendo los revisores y correctores de estilo puros escolásticos, y de triple coraza.

Continue V. sus gloriosas tareas pero sin enfermarse, y mande lo que guste a su más ato. y apasionado servor. y amigo q. s. m. b.

Andrés del Río

Mejico, 2 de agto. de 1825.

Sor. Dn. José del Valle

Mi más venerado Amigo y Sor.: recivi con mucho atraso la muy apreciable de V. del 18 de Junio: hasta que no encontré en la calle al Sor. Mayorga, no me dijo que tenía una carta y un Manifiesto para mí. Creo que dije a V. en una de mis anteriores que no sacaria mucho fruto del proyecto de mi instrucción publica. Yo mismo no conozco la parte que trabajé de ciencias matemáticas y naturales, porque a título de redacción de estilo me lo voltearon todo, amén de algunas adiciones, como la de la táctica militar: es muy gracioso por cierto que para aprender esta sea necesario el cálculo diferencial e integral &a.

He leído con mucha satisfacción su manifiesto de V. siento en el alma los disgustos que le dan sus contemporáneos, y en tal caso ya sabe V. el remedio, que es apelar a la posteridad, que es la que hace justicia seca.

Está aquí un Conde Alemán naturalista ge. se llama von Sack, por señas que crei al principio, cuando me aviso su llegada el amigo Cervantes pronunciando mal su apellido que era el célebre astrónomo Baron Zach, de lo que me alegré infinito. Pues este Señor que me llevará una docena de años por lo menos ha oído que hay en Guatemala unos monitos verdes muy chiquititos, y el desearía conseguir macho y hembra despanzurrados en dos vasijas con espíritu de vino, y yo añadiría con una drachma a lo menos de soliman en cada una, que es lo que mejor conserva estas producciones animales. Le he hecho presente que se estancaran en Oajaca usque n aternum; pero me ha dicho que una vez puestos en Oajaca los hará venir al instante por conducto del Gobierno. Me atrevo a hacer a V. esta suplica; porque el que es afecto a la botánica los es a todos los ramos de la historia natural, y por decirme V. que está completamente ocioso. Se me olvidaba decir que ofrece pagar todos los gastos. Bajo la misma condición quiere también la historia de Goatemala creo que por Juarros; no lo aseguro porque no tengo memoria de apellidos; pero me parece que hubo un Director de la Sociedad económica del mismo apellido.

El amigo Cervantes devuelve a V. sus afectuosas expresiones: lo mismo el Sor. Llave por señas que me dijo que algunos habían interpretado mal aquí su renuncia a la Vicepresidencia, y al Sr. Bustamante no pude dar sus expresiones porque hace tiempo que falta: se fue a Bolaños, de donde tuvo que salir muy pronto por el temperamento y ahora está en Zacatecas.

Hablé al Sor. Cervantes del Corozo y no lo conoce: veremos si cuando llegue el apagador por el cual doy a V. infinitas gracias lo puede conocer, aunque el arte le habrá variado infinito. El cajón de rocas debe de ser grande, porque ahora ha llegado un amigo de Oajaca que me dice lo habría traído a no ser tan pesado: puede ser cierto, puede ser cumplimiento.

Deseo que no cause a V. novedad la mudanza repentina de una vida tan atareada a otra sedentaria suplicándole que no sea solo de leer y escribir, sino también de ejercicio de campo si puede ser, cosa tan necesaria como V. sabe para la salud, y que me mande lo que fuere de su agrado como a su más afto. servor. y amigo q. s. m. b.

Andrés del Río

Se me olvidaba decir a V. que el Sor. Presidente se sirvió aprobar los estatutos del instituto mejicano, y se nombró Presidente al Sor. Alaman, tesorero a Cervantes para cuando haya fondos & &. Las clases son de ciencias matemáticas ciencias naturales y para que quepan los teólogos y juristas, de bellas letras y antigüedades sobre todo mejicanas. Estos estatutos son tomados de la Sociedad de Lima (?); pero a fuerza de tanto discutirlos también los desconozco. Yo no sé cómo se compondrá el instituto o cómo marchará, que es la expresión favorita del día, sin máquinas e instrumentos, que es como se trabaja, porque esto no es como las súmulas que se estudiaban en un librote viejo en un rincón: ahí veremos si Dios quiere.

Mejico, 28 de diciembre de 1825.

Señor Dn. Jose del Valle

Mi más venerado Amigo y Señor: en cuanto recibí la muy apreciable de V. del 3 de octubre, en el mismo día entregué su carta y el (libro) de Tuarros al Sor. Conde, quien mostró la mayor satisfaccion, y me dijo escribiría a V. dándole las más expresivas gracias, pero excusándose de ir a Goatemala, porque tenía premeditado viajar a Colombia. Después he ido a buscarle y me ha dicho el que quedó en su alojamiento que se ha ido a Goatemala. Pronto le verá V. si es cierto. Digo que pronto, porque hace dos meses que reciví la carta y la contestación junto con otras cartas se las di a un mozo que se huyó y no las puso en el correo, y de consiguiente ni la que le dirijia a V. tampoco. No lo siento tanto como en otras circunstancias, porque habrá V. recibido la contestación del Sor. Conde, quien me ofreció responder a V. inmediatamente. Ahora aunque tan tarde repito a V. las debidas gracias por su empeño y eficacia en servir al Conde de Sack y a mi sin reparar en gastos.

Un dn. Luis, que ha venido empleado de Oajaca me ha ofrecido escribir al Admor. de correos con empeño para que me remita sobre todo el cajón de rocas: veremos el resultado. Él me dice que lo habría traído, pero le faltaba mula.

No puedo embiar a V. ninguna memoria del Instituto, porque ni siquiera está montado todavía. Las ruedas en que había de marchar no son circulares; sino cuadradas.

Hice hablar a los Editores del Sol, los cuales han respondido que han embiado todos los números al editor de la gaceta y al indicador; les he apuntado el editor del Redactor y dicen no conocerle.

Celebro infinito la vida filosófica, que V. me insinúa disfrutar, acompañada de buena salud como espero, y que se sirva mandar lo qe. guste a su afmo. amo. q. b. s. m.

Andrés del Río

El Sr. Mayorga como tan buen naturalista fué quien habló al Conde de los monitos verdes.

Sor. Dn. José del Valle

Estimadísimo Amo. y Sor.: a pocos días de haber recibido el libro, que V. se sirvió remitirle por mi causa, el Conde de Sack, Chamberlan del monarca Prusiano, se fue sin despedirse y cuando yo pensaba que se habría dirigido acaso a Goatemala porque le veia muy entusiasmado, salimos con que marchó para Colombia: buen viage, que el pobre era bien viejo y tenía una tos bien fatigosa, aunque decía serle muy favorable: cada uno ve las cosas a su modo.

Receví el cajón de piedras, habrá mes y medio, medio vaco, y de consiguiente en el estado más deplorable, casi todo reducido a polvo, los rótulos por un lado, los restos de las piedras por otro. El apagador de que V. me hablaba se habrá pulverizado también. En fin después de bien lavadas ha resultado el catálogo que agrego a V. al fin dudando todavía de los números. Doy a V. mil gracias por los ópalos, que en cuanto los lavé mostraron toda su belleza.

Remito a V. un ejemplar del nuevo sistema mineral, que he traducido del francés y espero se sirva V. recibirlo con su benignidad acostumbrada, y mandar lo que guste de su agrado a su afmo. servor. y amigo q. s. m. b.

Andrés de Río

Índice de los fósiles del cajón
Num. 2. Granate fino, pizarra, hierro espejado ú oligisto de Hauy. ¿Quién sabe si se crían juntos?
N. 6 Parece hierro palustre o arcilloso
N. 7 Galena
N. 9 Dos pedazos de greta ó litargirio
N. 10 Antimonio gris
N. 11 Escoria ó grava (?)
N. 13 Parece hierro arcilloso
N. 14 Greda ó barro
Ns. 15 y 16 Galena
N. 17 Esteatita
N. 18 idem con malaquita fibrosa al parecer y otras sustancias.

El pedazo es tan chico!

N. 19 Oxido de plomo

N. 20 idem con cristalitos de plomo blanco

N. 25 Ópalo común de color melado

It. un pedazo de azufre sin número, y otro de hierro pardo y micacio.

Supuesto esto, creo que ha sido abierto el cajón y que se estrajo del la mitad de lo que contenía. Paciencia.

Guatema., 18 de maio de 1827.

Sr. dn. Andrés del Río

Mi estimado y digno amigo: aier tarde llegó el correo y recibí la de V. de 11 del procsimo anterior. ¡Cuánto tiempo había qe. no leía letras suias! ¡Con ge. gusto he visto las qe. al fin me ha dirigido!

El Conde de Sack me escribió antes de salir de esa dándome gracias pr. la obra qe. le envíe, y comunicándome su viage á Colombia donde le esperaba un botánico. Siento qe. no lo haia hecho a estos suelos qe. no ha pisado otro naturalista qe. Longinos antes de ntra. independencia, cuando era tan diverso al aspecto de las cosas. Han sido mui tristes los destinos de estas provincias. A las otras de América han ido botánicos, astrónomos, geógrafos y naturalistas; y a esta no vienen sabios de ninguna especie. Desde qe. se abrieron nuestras puertas a las naciones estrangeras el unico de algs. conocimientos astronómicos ge. ha entrado pr. ellas ha sido el Sr. James Kirkood. Tube el gusto de verle operar, sus observaciones dieron estos resultados. Fixando en 70 grados con el termómetro de Fahrenheit la temperatura media resulto qe. la plasa de esta capital se halla elevada sobre el nivel del mar 1.105 yardas inglesas ó 1.205 ½ varas castellanas. Haciendo observaciones con el theodolito y el sextante se deduxo de ellas qe. ntro. volcán llamado de agua esta elevado sobre el nivel de dha. plasa 2.161 yardas inglesas, ó 2.357 ¿ varas de castilla. La latitud de la misma plasa 14° 37' al norte del Ecuador; y su longitud 90° 30' al oeste del Observatorio de Greenwich. El Sr. Kirkood no tubo la protección ge. esperaba en su proiecto de compañías de minas, agricultura y comercio: regresó á Londres con sus instrumentos; y yo cube el dolor de ver partir á un hombre positivamte. honrado, qe. hubiera sido mui útil en diversos aspectos a mi cara Patria.

V. lo es sin duda a la qe. ha adoptado. Le ha formado alumnos, y publicado obras ge. derraman luzes sobre uno de los ramos más importantes de riqueza. No ha habido tpo. pa. leer la qe. me envió y recibí aier. La leeré gustosamte. después del correo; y doi desde luego las más expresivas gracias.

Siento qe. el cajón de piedras tubiera suerte tan desgraciada. Lo remití lleno, y bien ajustados los minerales pa. qe. llegaran en buen estado á sus manos. Deseaba con ansia la clasificación de V.; y después de tan largo tpo. lo ha recibido vacío en parte, y reducidos en otra á polvo casi todos los restos. ¡Aun en esto son desgraciadas las ciencias naturales qe. hacen tanto bien y no causan daño alguno!

El correo qe. saldrá de aquí pa. Ciudad Rl. el 3 del entrante es de mi confianza. Con el enviare otro apagador á un amigo pa. qe. lo dirija á Oaxaca o Mexico mui recomendado. Quiero qe. V. conozca este género de industria propio de Guatema.

El Sr. Flores Estrada, mui conocido pr. diversas obras, me remitió de Londres manuscritas sus Reflecsiones sobre los males de Inglaterra. Yo las he publicado con un Discurso qe. he creído conveniente a los interezes de la América. Oxala meresca los votos de V. Le dirijo un exemplar pr. el conducto de ntro. Enviado dn. Jose del Barrio pa. qe. no se grave V. con portes de correo.

Reciba con él la voluntad con qe. soi su amigo qe. desea servirle y b.s.m.

José del Valle

Casa de Vmd., 10 de Octe. de 1823

Sor. Dn. Jph. Valle

Muy Sor. mío y apreciable amo. Ayer me entretuve en disponer las piedras pa. qe. puedan hacer viage sin riesgo, con tal pe. no se cargue con ellas algún peso grande que demuela y roze las más fragiles. He recibido el papel de Ximénez y el Palau, y nos veremos muy despacio qdo. pueda hacer a Vmd. una visita su affmo. amo. q. b. s. m.

Vicente Cervantes

Guatema., 3 de febo de 1827.

Sr. dn. Vicente Cervantes

Yo no olvido a V., ni es posible qe. amando la ciencia de los vegetales cese de pensar en uno de sus más dignos profesores. He excusado escribirle pa. no distraerle de sus ocupaciones y comprometerle á respuestas. Pero la memoria de V. es indeleble. Sus manuscritos qe. conservo con gusto la recuerdan siempre qe. los leo.

El Sr. Lagasca tampoco olvida á V. El mes procsimo anterior recibí carta suia datada en Londres á 8 de agosto último. En ella hace memorias de V. y del Sr. La llave, y pr. este motivo y el interez decidido qe. manifiesta pr. los progresos de la ciencia le dirijo copia fiel pa. su entretenimiento y el de los apasionados al estudio de las plantas.

A su vista admirará V., como he admirado yo, el ardor con qe. se cultiva en Londres la Botánica. Nueve ó diez periódicos dedicados a publicar las descripciones y estampas de las plantas! Jardines innumerables! Plantas cultivadas en ellos qe. valen más de quince millones de libras esterlinas! Como es posible qe. dexe de avanzar espacios inmensos una ciencia tan amada y protegida!

En América, qe. es el país de la vegetación, podrían ser más grandes sus adelantos. Pero en América no se conoce aún toda la importancia de las ciencias naturales, y el Charlatanismo político merece más consideraciones ge. los estudios positivamte. útiles y provechosos.

Lo creerá V., Sr. Cervantes! Cuando yo era individuo del Poder executivo me interezé en qe. la juventud tubiera una clase de Botánica. Hablé con este fin al único qe. podía dar lecciones: di algs. libros pa. instrucción de los alumnos: mande hacer de mi bolsillo sin gravar a la hacienda bancas, mesa y estantes: adorne la clase con las 14 Tablas qe. formó V.; y ofrecí costear un hortelano qe. llevase vivas las plantas qe. pidiese el profesor. Comenzaron las lecciones deseadas: dos alumnos fueron distinguidos pr. su aplicación; y yo me complacía en un establecimto. q. prometía tantas ventajas. Pero apenas cese de ser individuo del Poder executivo, el gobno. llamó al profesor: le dixo ge. se necesitaba la pieza donde daba las lecciones: no le proporcionó otra pa. darlas: las bancas de los alumnos fueron destinadas pa. asiento de los soldados de guardia; la mesa del profesor sirvió a la cocinera de palacio pa. hacer pasteles; y el secreto. Publicó Después en su Memoria pa. cohonestar sin duda unos procedimientos tan poco dignos, qe. la Clase de Botánica no correspondía al gobno. federal, sino al del Estado.

Estas barbaries (¿puedo darles nombre más modesto?) no harán sin embargo qe. desmaie en el fomento de lo ge. juzgo tan importante. Quiero auxiliar los deseos del Sr. Lagasca. Hare qe. se imprima su carta pa. proporcionar subscriptores a los Elementos de Botánica qe. piensa publicar; y cooperaré también a la edición de la obra practica qe. promete dar a luz después. Pero V., y los SS. La llave y Alaman son también invitados a igl. cooperación. Yo deseo qe. se tomen en obsequio de la ciencia el trabajo de procurar subscriptores pa. qe. no dexen de publicarse pr. falta de ellos unos Elementos tan necesarios, especialmte. en América donde no es todavía cultivado como merece aquel estudio. Yo lo estimaría como un favor personal, y V. tendría la satisfacción de haber tenido parte en la publicación de la obra qe. más necesitamos.

Sírvase V. reiterar mis afectos al Sr. Del Rio, ponerme a los pies de las Señoras, y ocupar á su amigo y servr. q. b. s. m.

José del Valle

León , Junio 7 de 1821.

Sr. Dn. José Cecilio del Valle.

Muy Sor. mío y respetable maestro: Si nuestras relaciones amistosas han sufrido las vicisitudes humanas, no creo hayan dejado de existir jamás en su buen fondo. Por mi parte lo aseguro, y gustoso aprovecho esta ocasión de certificárselo, felicitándole en su bien merecida satisfacción de la Auditoria de Guerra de esa Capitánia Gral. q. S. M. se ha dignado conferirle.

Reciva Vm. pues, mi sincero parabién y cordiales deseos por la prorrogación de quanto su mérito y circunstancias, q. no me son desconocidas, le hace acreedor, admitiendo la parte q. se toma este su apasionado discípulo, apreciador del título y q. hace el ofrecimiento más propio, siendo su afecto. amigo y sego. servr. Q. S. M. B.

Miguel González Saravia

Ciudad Rl., Julio 11/827.

Sor. D. José del Valle.

Mi estimado amigo: es en mi poder su apreciable del 3, enterado con satisfacción de su salud; y de quedar entre nuevos gratos placeres, fruto de los selectos libros q. acavara de recivir de europa.

Mirando á aquella parte del mundo, desde la q. ocupamos, recuerdo q. Plinio escrivió á un pretor de Acahya "Pensad qe. los griegos han dado á los otros pueblos la civilización, las letras y el trigo".

Es una verdad la q. V. asienta diciendo: en todas las Repúblicas de América hay movimientos intestinos: combengo también en q. es preciso q. los haya; pero atribuyéndolos á q. la rebolucion ha sido llevada mucho mas allá de su objeto: la independencia. El Paraguay, es sin disputa el pays q. ha padecido menos, y yo me adhiero á el observador q. atribuye tal efecto, á la mayor restricción á aquel fin.

V. se ha equivocado suponiendo ley del Estado de Mejico, el proyecto de uno de sus Diputs. pa. prohivir armas & á los españoles. La ley de 10 de Mayo sobre españoles empleados, dice V. qe. devio esperarse desde q. se gritó independencia en 1810. Yo no hallo ecsacto este raciocinio. Sé por este Gral. Amaya, patriota primitivo, q. la idea no entró en los planes del cura Hidalgo, con quien fueron fusilados varios españoles entre ellos el Gobr. de Cohaghuila europeo: el efecto, q. no dejó de tener bastantes escepciones, fue una de tantas declinaciones propias de todas las reboluciones. La independa. del Norte, se hizo salvando el error q. tengo por más funesto en los payses ex-hispano-Américanos: aquella recivió eminentes servicios de los Grales. Gattes y Lee, ingleses europeos, q. mandaron siempre cuerpos de exercito en gefe. Juzgando por los principios á q. V. parece referirse, deve esperarse la extinción de los blancos y barbados cuya persecución se ha hecho sentir en nuestras partes, siendo demasiado general en esa República. Seamos francos: si hay propiedad de razas, la cobriza es la propietaria: los Yaquis y Mayos hacen la guerra, contra el establecimiento de la gente de razón en sus tierras. Excuso análisis y comentarios de la citada ley de 10 de Mayo: los sabios Dipts. Tagle, Espinosa y Couto, dejan poco q. añadir. V. es sensato y lector, y sabrá juzgar por los datos en papeles públicos, recomendándole la vista del

"Observador de la Federación Mejicana": meditando sobre los últimos acontecimientos de Veracruz. Si hay perseguidores envidiosos de buenos gachupines, también tienen estos ilustres defensores: el pueblo, el verdadero pueblo, cada día depone más el odio q. se les engendró contra aquellos, distinguendo bien á los beneméritos en las causas de su cara independencia y ansiada felicidad, conociendo más y más á sus verdaderos enemigos enmascarados con tan bellas fisonomías.

Mis deseos de ir a Guata., no es tanto por lo q. ella sea (aunque yo si soy su apasionado), y desagradable pie en q. deven estar todos sus vecinos, como por miras de mi táctica. Ahora más q. nunca se verifica q. nada es estacionario en el mundo físico ni en el político: su movimiento me ha cogido en disposición de ambular; y si mis circunstancias no me librarían de ir aquí ó allá, contra mi voluntad menos libre, yo me adhiero á esta en los movimientos. El siglo y suelo q. pisamos, es de agitación y de añadir á los males de la especie, el de morir bestido, idea q. sorprende menos á los nacidos y educados en la milicia. Amigo: esa Rosa está verdaderamente encerrado en su capulo. ¡Plegue al cielo quitarle las espinas q. la rodean, y en el día son más q. caballos de frisia!

Es juiciosa la observación de V. sobre la carta de Sosa á Barrio. y su publicación en los periódicos mexicanos, q. se ocupan no poco de Centro-América. ¿Qué se puede esperar de jóvenes, si se quiere con ideas, pero inexpertos, q. están como la rana de la fábula con el Buey? Han de reventar precisamente. Yo, aunque se me califique de egoísta hago estudio para no figurar. V. pudiera hacer lo contrario con grandes ventajas individuales y del público, pero yo como su verdadero apreciador me complazco más en verle entre sus numerosos y selectos libros, produciendo frutos de sus meditaciones. Si consigo mis deseos, mis amigos han de ser los libros, mis egercicios, rurales, mi sociedad, la de los naturalistas: cada día detesto más la política y sus charlatanes.

La imprenta de aquí, por cuya adquisición trabajé la vez anterior, ha estado muerta, con una q. otra fe de vida. Favoreciéndoseme por la Sociedad y autoridades, se me encargó la animase: admití en lo material, qe. quedará expedito en esta semana. Nombrado pa. la redacción de un periódico, me escusé, no se me admitió: estoy decidido á no hacer nada: no se lo q. ejecutará la junta ó comisión.

Rivera Cabezas, se save aquí quedava con calenturas en un pueblo del partido de Tehuantepec. Es probable venga á esta, donde parece dirigirse Raoul, q. verosimilte. seguirá el camino de Fanconier.

Salud y satisfacs. desea á V. su apreciador y apasionado q. s. m. b.

M.G.Saravia

Guatema., 3 de agto de 1827.

Sr. dn. Migl. Gonzales Saravia

Mi estimado amigo: ha seguido el atraso de los correos. El de esa llegó Después de haber salido el de esta, y no fue posible contestar el 18 la de V. 11 del anterior. El qe. es amante de las ciencias lo es también de la Europa donde brillan en todo su esplendor. Retratos de los europeos más eminentes en ellas son los qe. hermosean mi estudio. Yo los admiro con gusto: yo me electriso a su vista. ¡Que gloria sería la de la Europa si no hubiera enviado a la América más qe. luzes y virtudes! Con qe. gratitud tan tierna se recordaría la inmensidad de su beneficencia! Pero envío conquistadores inhumanos, leies injustas, ordenes opresoras...Las memorias son tristes en este aspecto asi como son alegres en el otro.

Los qe. saben calcular siglos predixeron lo qe. ha sucedido. La América se pronunció al fin independiente. No fue la independencia el objeto único de sus deseos. ¿Qué habría adelantado si al gobierno español, inglés o portugués qe. la regia hubiera sucedido un gobno. despótico?

La América se proclamó independiente con dos objetos: tener en su mismo seno el gobno. ge. debía dirigirla, y organizarlo de modo qe. fuese justo y protector de los derechos indudables de los hombres.

Desde qe. se soltó la voz Independencia debió esperarse qe. se llegaría pr. ultimo á dictar la leí qe. se ha dictado pribando a los españoles de los empleos: y desde qe. se dictó esa lei debe temerse qe. se llegue a otros términos. No es inecsacta (como dice V.) mi opinión. Es ecsactisima. La subscriven todos los qe. conocen al hombre. La repito yo, y podría escribir volúmenes pa. probarla.

Desde el siglo de la conquista fue natural ge. hubiese oposición de sentimientos entre Américanos y españoles; y qe. esa oposición produxese acciones y reacciones de una y otra parte. Los Américanos se veian subiugados, y los españoles se consideraban dominadores. Aquellos proclamaron su independencia; y estos la resistieron. Los primeros triunfaron al fin; y los segundos aun Después de los triunfos de los primeros son hijos de España qe. no quiere todavía reconocer la independencia. Es conforme a la naturaleza humana qe. hai desconfianza, y qe. haga progresos la qe. ecsiste. No tengo lentes pa. ver todas las intenciones del Sr. Hidalgo cuando dio la voz prima. de Libertad. Importa esto mui poco. Los autores de un plan no saben ellos mismos todas las consecuencias de su execucion. Lo qe. intereza a las ciencias es observar la marcha del hombre ó los movimientos de su corazón. El primer paso de los magicanos fue declararse independientes en 810, y este acto fue una exclusión del rei de España ó gobno. español. En 814 dieron otro más avanzado. En el Decreto Constituciónal de Apatzingan declararon ciudadanos a los nacidos en la rep. megicana y a los estrangeros qe. tuviesen carta de naturaleza. Exigie. con la calidad de ciudadanos en el exercicio de sus derechos pa. obtener los primeros empleos; y excluieron pr. consgte. a los españoles qe. no hubiesen merecido carta de naturaleza. Posteriormte. en la Constitución de 1824 se ecsigieron pa. ser diputado ó senador más calidades en los qe. no son Américanos qe. en aquellos qe. lo son: se declaró qe. los nacidos en España no pueden ser Presidentes. ni vice-presidentes de la República, ni individuos de la corte suprema de justicia. ni secretarios del despacho. En 23 de abril de 1827 decretó el Congreso del Estado de Megico qe. ningún español porte armas sin licencia del gobernador; y en 10 de maio sigte. el Congreso de la Rep. declaró q. ningún español puede ejercer cargo ni empleo algo. De nombramto. de los poderes federales hta. qe. España reconosca la independa. La historia entera del género humano no es más qe. una historia de acciones y reacciones; y entre unas y otras jamás hai igualdad matemática. La acción de los españoles comenzó el día 1° de la conquista, y excluieron de los primeros empleos a los Américanos, á ecepcion de mui pocos qe. llegaban á conseguirlos. La reacción de los Américanos empezó el día 1° de su independencia, y han llegado á excluir a los españoles de los cargo y empleos. En toda conquista el conquistador desconfía del conquistado pr. ge. supone en este el sentimiento (qe. es natural) de querer volver á su estado anterior. El español conquistó la dominación de Megico: desconfío de los Américanos; y pr. esa desconfianza los excluio de los empleos. El megicano reconquisto la libertad de su patria: desconfía de los españoles; y pr. esa desconfianza los aleja de los cargos destinos. Desde principios del siglo 16 en qe. Cortes conquistó á Mexico debió temerse lo qe. ha sucedido. Si un físico espera q. un cuerpo elástico haga esfuerzos pa. volver à su antiguo estado desde el momento en qe. lo ve comprimido pr. la fuerza, un político debe temer reacción desde el instante en qe. hai acción injusta. He leído el discurso de Couto y el de Tagle. No sé si V. ha leído el de Cerecero y el de Tornel. Mi opinión sobre la marcha de los sucesos es derivada de las leies de la naturaleza. Estúdielas, y formará la suia. Pero no infiera de aquí ge. mi sistema es de persecución, sangre, o muerte.

Malheur, malheur aux rois, malheur aux nations
Qui fondent leur pouvoir sur les proscriptions!

Lo qe. he hecho en esta y mi carta anterior ha sido manifestar el enlace o encadenamiento de los sucesos. No he indicado principios. Como ha podido V. decir qe. aquellas a qe. me refiero harían temer la extinción de los blancos! ¡Como puede volar el pensamiento hasta el extremo de inferir esto!

Creo (sin tener orgullo pr. creerlo) qe. nadie habrá pensado más qe. yo sbre. ese punto de blancos. Añado qe. hai muchas ideas equivocadas, y qe. todavía no se ha visto aquí la cuestión en su verdadero aspecto.

Forme un Estado ó Tabla: ponga en ella mis expresiones, y al pie de cada una las consecuencias de V. Pierdo lo más precioso si la lógica no hace desaparecer las deducciones asi como la luz del sol hace qe. desaparescan las nieblas.

Si no es posible agl. trabajo, quiera al menos tomarse el de señalarme algo. de mis pensamientos de donde pueda derivarse la extinción de blancos. Pido á su amistad esta fabor.

Espero también de ella qe. no diga ge. me equivoco suponiendo leí del Estado de Megico lo qe. es proiecto de uno de sus diputados pa. prohivir a los españoles la portación de armas. No soi yo qn. supongo lei lo qe. no lo sea. V. es el qe. supone proiecto lo qe. es leí positiva. El Congreso del Estado de Megico lo acordó el 23 de abril último; y el gobernador dn. Lorenzo Zavala dictó el 25 sigte. las disposiciones qe. crio oportunas pa. su cumplimto. Acompaño copia de la leí pa. qe. en lo sucesivo no me atribuía equivocaciones qe. son suias.

Me parece ge. la hai también en lo ge. añade posteriormte. "Si hai propiedad de razas (dice V.), la cobrisa es la propietaria (de la América) &". V., aplicado a la lectura, ha pensado sobre diversos puntos. Pero no era posible qe. pensase sobre todos. Medite más sobre la Propiedad; y verá más claras estas cosas.

De las de esta rep. solo pueden formar juicios ecsactos los hombres imparciales qe. residan en ella y sepan pensar. Pero sea lo qe. fuere, yo sigo en mi opinión. Centro-América es una Rosa; y no está tan encerrada en su capullo ge. no dexe percibir alga. fragancia. Su añil, su grana, su oro, su plata, cet. han enriquecido a muchos. Su patriotismo es reconocido en países extraños; y el Conde de las Casas le ha hecho en algs. puntos la justicia de qe. es digna. Paraguai es República ge. todavía no tiene Constitución. Cuando la tenga veremos si hai guerra civil entre los qe. amen la lei fundamental y los qe. la aborrescan. Antes de tenerla, se derramó la sangre de sus hijos cuando se separó de Buenos-ayres y Belgrano fue a atacarla. El Dr. Francia, su dictador, no ha manifestado su plan. Se dice qe. se propone establecer un sistema democrático, organizado sobre bases diferentes de las adoptadas en las demás Repúblicas. Se añade qe. los propietarios pagaran las rentas en frutos naturales: qe. solo conservaran lo qe. les sea necesario pa. vivir; y qe. solo conservaran lo qe. les sea necesario pa. vivir; y qe. Paraguai será una familia qe. viva de bienes comunes. ¿Cree V. posibles estos proiectos? ¿No son romances menos conformes á naturaleza qe? los de Cervantes y Richarson?

Sería prudente el plan de su vida si realisara el qe. se propone seguir. Libros! Exercicios rurales! Sociedad de naturalistas! Eso sería un Eden, menos peligroso qe. el de Adan pr. qe. no habría manzanas ni Evas.

Mi paraíso está en mi Biblioteca, rica y escogida. Escribo de día y leo de noche. La salud está firme, y el alma llena de delicias. Pero los ojos no alcansan á ver los linderos de las ciencias. Que inmensidad, amigo! Trabajo sin interrupción: leo: pienso: me auxilio con instrumentos; y no veo el termino!

Todo es pequeño al lado de las Ciencias. Cultívelas V. con ardor; y siga persuadido de la voluntad constante con qe. soi su amigo &

Haga al P. Fr. Matias una visita á mi nombre. Digale qe. deseo saber cuál es ahora la obrita qe. trabaja ó el pensamiento qe. le ocupa. Le encargo también qe. haga olvidar el título de Campana chiapaneca qe. piensan dar al periódico proiectado.

José del Valle

CAPÍTULO VI: CORRESPONDENCIA CON DON MANUEL DE MIER Y TERAN

Guatema. 3 de dicbre. de 1826.

Sr. dn. Manl. de Mier y Teran

El amigo dn. Miguel Gonzales Saravia me manifestó en carta de 11 de octubre último las memorias y ofrecimientos de V. Yo los he estimado en todo su valor. Espero qe. sabrá evacuar á satisfacción de su gobno. la comisión honrosa qe. el ha conferido; y deseo qe. aproveche ocasión tan oportuna pa. enriquecer con algs. observaciones las ciencias á qe. se ha dedicado. Es vasto el campo qe. va á abrir á sus ojos! ¡Que vegetación tan nueva se presentará á ellos! ¡Cuántos géneros y especies de plantas puede descubrir! Cuantas observaciones astronómicas puede hacer! ¡Cuántas posiciones geográficas puede determinar!

Su viage puede ser de grande interez pa. la ciencias, y de mucha importancia pa. las Repúblicas cuios límites territoriales debe fixar. En ningun otro lugar seria su comision tan util como aquellos á qe. le ha destinado su gobno. Yo deseo vivamte. qe. suba al Norte á desempeñar su encargo, y aumentar los conocimientos de países mui poco observados hasta ahora.

Todos los viageros llevan Diarios de sus viages. Pero creo qe. en este punto hai atraso como en otros muchos. Yo quisiera: 1°. qe. cada hoja del Diario fuese dividida en tantas casillas ó columnas cuantas fuesen las clases de observaciones qe. el viagero se propusiere hacer: 2°. qe. en la primera, destinada a observaciones meteorologicas, se expresasen la temperatura, elevacion sbre. el nivel del mar, cet. de los puntos lugares principales del derrotero: 3°. qe. en la segunda destinada á observaciones mineralogicas, se manifiesten las especies de rocas en las montañas del transito: 4°. qe. en la tercera, destinada a observaciones Botánicas, se indicasen los generos especies de vegetales qe. se viesen succedivamte. en el camino: 5°. qe. en la cuarta, destinada a observaciones zoologicas, se diese noticia de los generos y especies de animales qe. viesen en el territorio qe. se atravesase: 6°. qe. en la quinta, destinada á observaciones geograficas, se fixasen las posiciones, cet.: 7°. qe. en la sexta se expresasen las horas, dias, y lugares en qe. se hiciesen las observaciones respectivas.

No sé si V. abrasará tanto espacio en el plan de su viage. Pero cualquiera qe. sea la extension qe. le diere, estimaria mucho qe. me comunicase sus principales observaciones. Yo las correspondere participandole algunas de las qe. hize en el mío de esa á esta capital. Deseaba escribirlo y reuni con este objeto diversos datos y manuscritos. Pero no he podido coordinarlos hasta ahora pr. qe. han llenado el tiempo ocupaciones de distinto genero. Los estudiantes no deberíamos tener otra qe. la del pensamiento y estudio. Tales son los deseos de quien se ofrece afectusamte. su mas ato. servr.

Jose del Valle

Mexico, eno. 12/827

S. D. Jose del Valle.

Muy Sr. mío de todo mi aprecio:

Como una honra muy apreciable he recibido la carta de V. de 3 del pasado q. ha venido á mi mano á mi regreso de un viage qe. hice á 30 leguas al N. de esta capital. En ella veo un testimonio de la estimacion qe. V. se sirve hacer de mi persona, y de las recomendaciones qe. me proporciona nuestro comun amigo y compo. mío el Sr. Saravia.

Después de 16 años casi continuos de interrupcion, he vuelto a las ocupaciones cientificas en qe. pase mi juventud, excitado fuertemte. pr. la necesidad de servir á mi patria. He tenido qe. retroceder hasta los principios, y qe. repasar un campo muy ameno en verdad; pro. con la timidez qe. me inspira la importancia qe. se va á dar a unas operaciones á qe. solo pense dedicarme pr. recreacion. Mil veces he patentizado al Gobo. la insuficiencia de mis conocimientos pa. el destino con qe. me ha abrumado; pro. mis demostraciones han sido inutiles, y solamte. pueden serivr pa. qe. V. y los qe. saben el fondo de instruccion qe. exige el reconocimto. de nos. limites, me excusen de la nota de temerario al ocuparme de asunto tan arduo. Una empresa pa. la cual solamte. bastaria un Humboldt, se pone á cargo de un he. á gn. en justicia solo puede darse el titulo de aficionado; agreguese también los pocos recursos ge. estan a nra. disposicion, Después de esforzarnos hasta los extremos, pa. adquirir buenos instrumtos. y conservarlos asi en transportes de 2.500 leguas, la mayor parte de desiertos. Se asombrara V. al ler (sic) esta distancia, pro. V. la verá en el itinerario de mi marcha, ge. tendré el gusto de remitirle como el primer documto. de la naturaleza de los qe. V. me pide, luego qe. este bien arreglado; y desde ahora se puede V. hacer cargo en cualquier carta moderna de esta República y la del norte, sabiendo qe. se trata de ir pr. el nuevo Mexico en demanda de los rios Napestle y Misouri, salir pr. el mar á la embocadura del Sabina, y remontar el Arkansas y el Colorado, trasladandose Después á varios establecimos. nuestros y norte-Américanos, y aunq. algo nos ahorraremos los qe. estamos destinados, dividiendonos en secciones, no contamos con mucho, pr. qe. ¿como combinar movimientos y comunicacs. en desiertos?

La idea qe. V. me da del modelo de un diario es excelente aunque no sea mas qe. pa. el resumen mas metodico y abreviado; pues bien se comprende qe. cada casilla ó columna no puede contener mas qe. el resultado de una operacion astronomica, el de un calculo barometrico, y el nombre de geno. y especie de un vegetal, un animal ó un fosil siendo indispensable qe. cada columna no sea mas qe. el indice de otros tantos legajos á donde se trate cada cosa con la mayor extension; pues ya sabe V. qe. los profesores de Europa descofian de nosotros de tal modo, qe. pa. satisfacerlos es forzoso, ponerlo todo bajo su inspeccion: si se trata de una operacion astronomica no la admiten si no se les expresa el instrumto. con qe. se hizo, los elementos y forma del calculo, y á veces toman la observacion, y la rehacen (valga esta expresion) con tablas mas exactas y formulas mas recientes ó correctas. Por este proceder qe. contribuye sin duda al adelanto de la ciencia, se ha desmentido el adagio comun, de qe. se miente con seguridad en materia de estrellas; siendo tan al contrario qe. todos pueden mentir de un modo inaveriguable, menos el qe. calcula astronomicamte. so pena de qe. lo cogen al momento.

En una obra biografica qe. tengo, he leido el suplemto. del tomo 8° en qe. se consagra un articulo a la memoria de D. José Anto. de Liendo y Goicoechea, y aunq. debo suponer qe. esta obra francesa será conocida en Guatemala, he traducido el citado art. con el fin de remitirlo á V. pr. mano del Sr. Mayorga. Me parece qe. esta nota. historia esta sacada del elogio funebre qe. hizo la sociedad economica, pr. el organo de uno de sus miembros D. Jose del Valle, inserto en el diario titulado Amigo de la Patria. Son tan pocos los articulos de sabios Américanos qe. se encuentran, qe. cuando hallamos algs. Debemos publicarlos pr. todas partes.

He comunicado á la Sra. Velasco qe. recibi una carta muy apreciable de V. y esto ha dado motivo á qe. se haya expresado con el afecto qe. le profesa, y me encarga se lo recuerde.

Reciba V. la expresion mas sincera de gratitud pr. la fineza con qe. me há franqueado su correspondencia y las protestas de la atencion y amistad con qe. me ofrezco su muy afecto servr. y amo. q. s. m. b.

Manuel de Mier
y Terán

Guatema. 18 de febo, de 1827.

Sr. dn. Manl. de Mier y Teran

Aier recibi la de V. 12 del procsimo anterior, contestacion a la mia de 3 de dicbre ultimo. Si V. manifiesta satisfacion en nuestra correspondencia epistolar, yo la tengo igualmte. viva. Todo lo qe. dice relacion a ciencias ó los qe. las cultivan tiene derecho pa. interezarme. Las ciencias son la divinidad de mis cultos. No cesaré de adorarlas.

Yo celebro qe. V. haya vuelto á ellas después de 16 años de tareas de diverso genero. Es positivmte. delicada y penosa la qe. se le ha encomendado. Va á atravesar centenares de leguas; va á operar en desiertos: hai en América escacez de buenos insturmentos; y es mui dificil conservarlos en viages tan dilatados. Pero esta reunion de circunstancias aumentar los meritos de la comision, y hará ge. brillen los aciertos de qn. va á evacuarla. Importa qe. la Europa vea Américanos capaces de operaciones de esta clase. Quiero qe. los hijos del qe. se llama nuevo tengan credito en el qe. se denomina antiguo mundo.

Veré con gusto el itinerario qe. me ofrece. Los qe. estan bien hechos son uno de los elementos mas importantes pa. una buena Geografia. Yo traxe copiados de esa capital los Derroteros del brigadier dn. Pedro Rivera en la visita qe. hizo de las provincias y presidios de las fronteras en 1724, los de dn. Nicolas Lafora en su viage a las provincias internas en 1766, los de dn. Manl. Mascaró en 1778, cet.

Los de V. enriqueceran sin duda mi coleccion de manuscritos sobre esa parte hermosa de la América. Pero repito lo qe. dixe en mi anterior. Quiera V. tomarse el trabajo de llevar el Diario de su viage del modo qe. me tomé la licencia de indicar. El plan qe. propongo no sirve solamte. pa. un resumen. Es util también pa. una obra grande ó voluminosa pr. qe. se puede dar a las casillas ó columnas la extension qe. sea necesaria. Todos los seres de la naturaleza estan en relaciones mutuas ó reciprocas; y yo quiero qe. los Diarios de los viageros sean Cuadros vivos de esas relaciones. En el exordio, introduccion, prologo, ó prefacio puede darse idea de los instrumentos con qe. se va a operar y de los metodos ó formulas qe. se tiene intencion de seguir. Después se comienza el Diario dividido en las columnas qe. he manifestado: se expresan en cada una de ellas las observaciones respectivas; y al fin se coloca el Resumen qe. sera un Estado dividido también en columnas menores, y se pondrá en ellas el resultado de las observaciones.

No he leido aun el suplento de la obra viografica qe. indica V. El P. Fr. Jose Anto. de Liendo y Goicoechea, mi maestro y verdadero amigo, era digno del elogio qe. se consagra á su memoria. Yo hice positivamte. el qe. se publicó en El Amigo de la Patria: y de el se tomó la noticia historica de aquel art. segun me parece haber indicado dn. Jose del Barrio, qe. coopero a qe. en Paris se hiciese justicia al merito de un paísano suio y mío. En el Diccionario de Américanos ilustres qe. escribio Beristain hai también otro elogio qe. saco este del qe. le dirigi pr. haberme pedido noticias de los literatos distinguidos de esta nacion. Oxala se multipliquen los de los hijos de la América. Un elogio justo premia el merito qe. ha existido, y hace existir otros nuevos.

El Sr. Lagasca, botánico eminente, me ha escrito de Londres pidiendome una coleccion de plantas de este país y suplicandome qe. le proporcione subscriptores pa. facilitar la impresion de unos Elementos de Botánica qe. ha comenzado (a) escribir. Ambos encargos son lisongeros pa. mi gusto. Uno y otro será evacuado con el mas grande placer. He de cooperar hasta qe. muera a los progresos de las ciencias de cuantos modos me sean posibles.

Las memorias de la Señora Velasco son mui gratas pa. mi. Sirvase V. reiterarle las mis ofreciendole mis respetos y diciendole qe. si se le antoja alga. cosa de Guatemala, tenga la bondad de manifestarlo á qn. desea servirla.

He recibido los afectos de V. y protestandole los míos me subscribo con ellos su ato. servr. y amigo q. b. s. m.

José del Valle

Mexico 28 de marzo de 1827.

Sor. D. José del Valle
Amigo y Sr. de todo mi aprecio:

Una interrupcion de salud ha detenido esta contestacion una semana: ahora la acompaña una copia de tres observaciones qe. quiero remitir á V. pa. darle idea de mis recursos en materia de instrumentos y pa. poner pr. mi parte un objeto de cambio; pues deseo tener alga. certidumbre en los tres datos de longitud latitud y altura sre. el nivel del mar de Guatemala. El Sr. Mayorga me ofrecio unos apuntes qe. V. le había remitido sre. algunos de esos elementos; pro. no lo cumplió expesándome ge. los veria impresos, y hta. hoy no lo hé conseguido. Para q. juzgue V. en materia de observaciones es preciso advertir ge. en esta capital padecemos mucha incomodidad al tiempo de observar pr. medio de horizontes artificiales y de instrumentos opticos. pr. la movilidad continua de un piso poco solido incesantemte. conmovido con los carruages y todo el tráfico de los habitantes: dificultad es esta pe. me ha hecho perder muchas operaciones y particularmte algunas de ocultación de satelites. Es una fortuna conseguir que el mercurio del horizonte artificial se mantenga algs. instantes en reposo, ó qe. los niveles de otro horizonte sólido de qe. hago uso permanezcan en la situacion en qe. con mucho trabajo llego a ponerlos.

El encargo qe. V. tiene en esa República del Sr. Lagasca, lo tiese en esta el Sr. Cervantes, y pr. supuesto qe. yo soy un subscriptor, pues me prometo una obra digna de la reputacion del autor, aunq. A mi juicio, no son elementos los qe. le faltan á la Botánica á los menos en esta parte del mundo qe. habitamos, sino genera, o una obra completa en qe. vieramos inclusas las descripciones nuevas qe. se hallan tan disperas, y corregidas muchas qe. estan erradas á mal hechas; sirvame de exemplo el genero Sycios en qe. quieren qe. se comprenda una fruta muy conocida en ese y este país: que aqui tiene un nombre ge. la decencia no permite pronunciar en Chiapa ni adelante, y qe. pr. ahi se designa con una palabra indigena de qe. me acuerdo: á esta planta monoica la ponen en el orden singenesia, no debiendo ser sino de orden monodelfia, pues en la flor marculina los filamentos del estambre estan unidos, y las anteras separadas; va otro egemplo del geno. Ricinus (higuerilla ó palma Christi) qe. es monoica poliadelfia, pr. tener sus estambres reunidos en muchos cuerpos y no obstante la ponen en el orden monodelfia ¿pr. qe. no se há de usar del sistema hta. donde el se extiende?

El Sr. Llave nos ha dado algunas descripciones de plantas nuevas en la Aguila mexicana, qe. me propongo remitir á V. con el sr. Mayorga, lo mismo qe. un almanaque ó efemérides inglesas pa. el año entrante, pues supongo qe. se escasearan lo msmo qe. aqui.

Mi Pe. d. Anto. Velasco acaba de salir de donde escribo esta y ha venido á qe. le conste qe. a su nombre y al de su Sra. correspondo el mensaje de exps. con la muy singular de lo mucho ge. aprecian á V. pr. una reunión de circunstancias ge. recuerdan muy gustosos.

Saluda á V. con el mayor afecto su ato. servr. y amo. q. s. m. b.

Manuel de Mier
Y Terán

Guatema. 18 junio 1827.

Sr. du. Manl. de Mier y Teran

Recibi mui atrasada las de 28 de marso ultimo. Ha habido sin duda estravio en su direccion ó equivoco en la fecha. Sea lo uno ú lo otro. Los afectos de V. le dan mucha precio; y sus observaciones aumentan sus valores.

He visto las qe. han hecho V. y el Sr. Bustamante sobre la altura y latitud de esa hermosa capital. ¡Que grande es mi placer al considerar qe. la América va teniendo hijos suios, capaces de determinar la posicion geografica de sus ciudades, villas y pueblos! Es minima la diferencia de 3" entre el resultado de sus observaciones y las de Humboldt. Rarisima vez llega à haver identidad verdadera aun en las qe. hace el mismo observador. Las variaciones de la admosfera y sus influencias en los instrumentos es natural qe. las produscan en las mismas observaciones. Pero Megico puede gloriarse de tener lo qe.

todavia desean otros lugares de América: ecsactitud en la determinacion, de los grados y minutos de su latitud. Al menos la supone en este punto la armonia de ambas observaciones.

Yo no he podido hacer en esta capital todas las qe. deseo. No hai aqui todavia la facilidad de instrumentos necesarios pa. operar. El batoretro qe. compré en esa se rompio en Venta-salada: encargué uno á New-York; y llego quebrado; he pedido otro á Londres; y todavía no lo he recibido.

Mr. James Kirkood traxo un Theodolito y un sextante, y con ellos y el termometro de Farenheit hizo á mi presencia algs. observaciones. De ellas resultó: 1°. qe. la latitud boreal de esta capital es de 14°, 37: 2°. qe. su longitud al oeste del observatorio de Greenwich es de 90° 30°: 3°. qe. su elevacion sobre el nivel del mar es de 1.205 k varas castellanos: 4°. qe. la elevacion sobre el mismo nivel del volcán de agua (distante de aqui 9 leguas segn. el calculo vulgar) es de 2357 1/2 varas castellanas.

Kirkood regresó á Londres desde el año anterior, y llevó sus instrumentos pa, continuar sus observaciones en el camino. Yo no los tengo tndavía; y los estrangeros no han comenzado á traer los qe necesitamos.

En el ramo de libros no hai igual escacez. La casa de Ackerman tiene esrablecimiento: en la de Lomenier hay un almacen bien surtido: á ortos bienen algs. facturas; y la qe. yo pedi á New York y vino el mes anterior, ha enriquecido mi Biblioteca, qe. aun antes de esto era la mas grande y escogida qe. había en esta República. Me han venido obras de mucho merito. Entre otras las Familias naturales del reino animal pr. Mt. Latreille, 7 tom. de la Encyclopedia moderna qe. está publicando en Paris una sociedad de hombres de letras, y la Revista Encyclopedica hasta novbre. del año anterior. Diga V. á nuestro Dr. Mier qe. en la de maio se habla con elogio de su Discurso sobre la Encyclica del Papa Leon 12. Se indica qe. es obra rica en principios y en hechos; y se añade qe. aumenta los titulos del autor al reconocimiento de sus compatriotas, y de los catolicos qe. aman la libertad. He leido las Novorum vegetabiliun Descriptiones del Sr. Llave. De ellos se habla también en la Revista de agosto. "Des figures, dicen, seraient necessaires por faire mieux connaitre les caracteres de ces nouveaux genrres que les descriptions laissent un peu confus". Yo no sé cual es la confusion qe. advierten los editores. Serian importantes las laminas ó estampas pr. qe. lo son en todas las obras de Historia natural. Pero las descripciones me parecen claras.

Los Elementos de Botánica ge. ofrece el Sr. Lagasca en lengua castellana serian de la mayor utilidad. No tenemos en ntro. Idioma los qe. necesita la juventud. La nomenclatura se ha perfeccionado mucho Después de haberse publicado los qe. ecsisten; y se han aumentado también los descubrimientos de formas nuevas de diversas partes de los vegetales. Si se me permite decir lo qe. pienso, yo aseguro á V. qe. en ninguna ciencia he leido hasta ahora una obra elemental qe. llene la idea qe. tengo de lo ge. deben ser las de este genero. Otra vez me extenderé sobre esto.

Ahora cierro esta reiterando mis constantes afectos al Sr. dn. Anto. Velasco y á su Señora. Quisiera V. decirles qe. no olvidaré jamás las consideraciones qe. mereci á su casa, y qe. deseo corresponderlas. Queria mandarles unos puros de buen tabaco. Pero no es de mi confianza el correo qe. saldrá esta noche. Los remitiré el 3 del mes procsimo.

Entonces volveré á repetir la voluntad con qe. soi su ato. srvr. Y amigo.

José del Valle

Sr. dn. Manl. de Mier y Teran

Recibi la relacion del Viage al Popocatepelt de los SS. dn. Guillermo y Federico Glennie. La he leido con interez pr. qe. lo tiene mui vivo pa. mi todo lo qe. dice relacion a la Naturaleza, y a la América, parte hermosisima de la Naturaleza. Son ya cuatro los viages a tan espectable volcan: el de Ordaz: el de Montaño: el de Humboldt; y el de Glennie. El primero no llegó al crater, segun escribio Cortes á Carlos 5º : el segundo trepó á el, segun dicen los historiadores Herrera y Clavigero; po. no midio su altura ni tendria los instrumentos y conocimientos necesarios pa. medirla: el tercero, qe. no dice en su Ensaio sbre. N. España si subio a la cima, la midio geometricamente y la fixó en 5.542 varas castellanas: el cuarto la calculó pr. medio del barometro y dice qe. es de 6.438. Vea V. con qe. lentitud marchan las ciencias! En tres siglos no se han hecho mas qe. cuatro viages. Yo al menos no tengo noticia de otro. Y después de tan dilatado espacio de tiempo no sabemos entre resultados tan diversos cual es el verdadero, ó si ninguno de ellos debe serlo. Pero ya somos independientes: ya podemos cultivar libremte. todos los conocimientos. Algun dia tendremos Sauusures qe. hagan viages repetidos á nuestro Alpes. Quiera V. entretanto darme alga. idea de los SS. Glennie, y de la confianza qe. merezca el barometro de qe. se sirvieron en su viage. Es mui grande la diferencia entre su calculo y el del Sr. Humboldt, cuio saber tiene tantas pruebas qe. lo acreditan.

Deseo también sus noticias sbre. un descubrimiento qe. he visto anunciado en la Revista Encyclopedica de novbre. ultimo, pag. 511. En ella se ha publicado la carta sigte. qe. escribio a los Editores de agl. periodico Mr. Beltrami, italiano qe. viajó pr. los Estados-unidos del norte, y de ellos pasó á N. España:

"Señores, dice: el articulo Rusia de vuestro primer volumen de este año ha ecsitado en mí el deseo de comunicaros el descubrimiento feliz de un manuscrito qe. yo mismo he exhumado en un convento antiguo de las provincias internas de Megico. Creo qe. a mas de ser de los mas raros é interezantes es unico en su genero. Es un Evangelio, asi como lo dictaron los primero frailes conquistadores, traducido a la lengua megicana pr. el unico Moctezuma qe. entre los de su familia fue el unico qe. escapó á la cuchilla de la conquista, y se convirtio de buen ó mal grado a la fé catolica. Es un volumen in folio de una caligrafia bellisima en papel de maguei qe. en lo terso iguala al pergamino, y en la flecsibilidad hace ventajas al papyrus. Pienso qe. es un gran monumento del idioma antiguo de los megicanos, qe. comparandole con los manuscritos en lenguas orientales, podrian los sabios sacar de las tinieblas qe. lo ocultan el origen de los pueblos qe. habitaban estos vastos países..."

Los periódicos de esta capital qe. he leido no dan noticia alga. de Beltrami ni del Evangelio traducido pr. Mectesuma. Pero si es cierto el hecho, el aumenta los sentimientos q. he tenido spre. al considerar las preciosidades qe. los extrangeros llevan de la América a la Europa. Los museos de la una adquieren cada dia nuevas riquezas, y cuando la otra piense en formar los suios no tendra las curiosidades qe. podrian darles mas valor. ¡Qué indiferencia la de los hijos del nuevo mundo! No aprecian en toda su estimacion los tesoros qe. hai en nuestro suelo. Dejan qe. se transporten a los del antiguo, y pa. conocer lo suio será algn. dia preciso qe. hagan viages dilatados y costosos.

De las cinco secciones de la tierra, cual es la qe. puede formar un gabinere mas grande de historia natural? Hai otra mas rica qe. la América en las tres Repúblicas de la naturaleza?

En los tiempos antiguos se dio el nombre de reinos de la naturaleza a las colecciones inmensas de fosiles, vegetales y animales. En los presentes las llamaremos Repúblicas. Una y otra denominacion es impropia. Pero la primera lo es mas qe. la segunda pr. qe. no hai reies ni en la creacion animal, ni en la vegetal, ni en la mineral; y en las relaciones de semejanza qe. unen a los seres de cada clase puede decirse qe. hai igualdad. ¿No se permitirá alga. vez el buen humor?

He cumplido lo qe. ofreci. El dia 3 de julio procsimo envie á Ciudad RI. á dn. Emeterio Pineda pa. qe. remitiese á Oaxaca y de alli pasase á esa capital un cajoncito de puros pa. el sr. dn. Anto. Velasco. Pineda lo dirigio, segn. expresa en la adjunta, al Licdo. Morales, y este lo remitirá a su destino.

En el mismo cajoncito va una obrita del Sr. Flores Estrada qe. mandé imprimir con un Discurso mío al frente. El autor de la primera quiere persuadir qe. la independencia del nuevo mundo es contraria a la riqueza del antiguo. Creí trascendentales las consecuencias de esta opinion; y me parecio conveniente impugnarla. Si no logro mi objeto, habrá al menos pruebas de mis deseos pr. el bien di la América, y de memorias a las de V.

Sirvase ofrecer mis afectuosas consideraciones a la Señora Velasco, y recibir la voluntad con qe. soi &

José del Valle

Mexico octe. 27/827.

S. D. Jose del Valle.

Muy Sr. mío y Amo. de todo mi aprecio:

Salgo pr. fin á las fronteras del norte dentro de cuatro dias, y mi derrotero ha variado, pues con el intento de aprovechar la navegacion de algo. de los rios qe. decienden de la cordillera oriental de nuevo Mexico, me dirigia primo. á esta parte pa. pasar de alli á Texas; po. algs. asuntos de prefera. qe. me encarga el gobo. sobre este ultimo terreno, me obligan á seguir una direccion inversa; y pr. algs. otras menudencias no puedo determinar seguramte. mi itinerario; pro. indicado en lo general, debera ser. pr. Queretaro, Guanaxuato, Sn. Luis Potosi, Monterey, Monclova, Bejar, Nacodoches, Nachitoches, Orleans, y de aqui ó pr. el Misouri a buscar la ruta qe. me convenga pa. nuevo Mexico pr. el desierto, ó á seguir en cuanto pueda la linea qe. determinó el tratado de Onis. Después de las dilaciones qe. exigira mi abio y equipaje, he determinado detenerme en Guanazuato pa. reconocerme; esto es observar allí como punto bien demarcado el estado y variacs. de los cronometros, y lo qe. puedan haber padecido los demás instrumentos.

Los de la expedicion somos 6: de los cuales un mineralogista, un botánico y un oficial subalterno de arta. dibuxante: un te. corl. de ings. y yo pa. la parte astronomica; y otro de estado mayor pa. los pormenores de la parte militar qe. se nos ha encargado. El botánico es un joven suizo llamado Luis Berlandier enviado a estos países pr. la Sociedad de Ginebra y pr. su mtro. Decandolle; es sobresaliente en su profesion y es bastante regular en el ramo de Zoologia.

Llevamos los instrumentos siguientes: dos sextantes uno de Trougtthon y otro de Smalchalder, otro de 4 pulgs. de radio de Cary y un círculo de reflexión inventado pr. Mendoza y construido pr. Trougthon: dos barometros de Cary; un cronometro de French (?) otro de Parquinson y otro de Rosqueli: dos teodolites, un cuadrante astronómico de 6 pulgs. de radio y de niveles: una aguja de inclinación y dos de declinacion; una luneta de Dollond y 3 1/2 pies acromática y otra menor ambas á proposito pa. observacs. de satelites: estuches de delinear. Para la mineralogía dos caxitas de reactivos y seis retortas pa. destilacs. y analisis de aguas: varios termometros, tubos de barometros y otras menudencias de electricidad y magnetismo: dos pedimetros aplicables á las ruedas de los carruages, qe. dan el numo. de revolus.: tres horizontes artificiales. En cuanto a los libros he querido llevar los manuales de cada ramo, y en cuanto á Botánica como no hay un genera completo, no he podido hallar cosa mejor qe. el Lineo traducido pr. Palau; la reduccion de Humboldt y Bompland pr. Kunt y la flora Américana boreal de Michaux. Todo este equipage debe acomodarse en dos carros; el uno de ellos dispuesto pa. instrumentos, y en un coche, en cuyo piso se han puesto escotillones pa. qe. los cronometros vayan colgados y asi menos expuestos á los movimtos.

Por lo relacionado comprenderá V. qe. se ha sacado todo el partido posible de las circunstancs. del país; nos proponemos no dispensarnos de trabajo ninguno pa. qe. se logre el fin de conocer los terrenos á qe. nos dirigimos bajo todos sus aspectos; po. V. sabe qe. esto no es obra de viageros comunes; sino de talentos superiores y con mucho desahogo de tiempo, y este pr. lo respectivo á los desiertos no puede ser sobrado pr. qe. pende de las provisiones qe. no pueden pasar de cierto termino.

Yo procuraré dar á V. avisos de mi marcha, y añadire las noticias qe. sean dignas de su estimacn. pr. ahora lo mas seguro qe. podemos hacer es qe. V. se sirva dirigir sus contextaciones á mi hermo. Juan de Mier y Teran, contador de correos en esta capl.

Aunque no ha llegado el caxoncito, mi Pe. D. Antonio Velasco y su Sra. viven muy agradecidos de la mucha fineza con qe. V. les grangea el aprecio y estimacion qe. pr. su merito hicieron de su persona, luego qe. tuvieron el honor de conocerlo.

Las circunstancias pa. este viaje no me son favorables: el hijo unico qe. tengo de dos años de edad se halla desauciado y es probable qe. muera antes ó muy poco Después de mi salida; asi es qe. me hallo lleno de amargura.

Desea á V. la mejor salud y completa felicidad su afmo. amo. Y S. q. s. m. b.

Manuel de Mier
Y Teran

Guatema. 18 de abril de 1828.

Sr. dn. Manl. de Mier y Teran

Seis meses ha qe. en su apreciable de 27 de octbre. ultimo me anunció su partida de Megico á las fronteras del norte. Ya estará mui avanzada su comision: ya habrá hecho diversas observaciones, y determinado distintas posiciones. Yo ecsijo el cumplimiento de su palabra. La empeño prometiendome avisos de su marcha y noticias de lo mas digno. El diario de su viage será precioso pa. mí. Quiera tomarse el trabajo de enviarme copia de el. Las ciencias son mi pasion dominante; y los hechos, las observaciones son la base mas solida de las ciencias. Mis deseos son inmensos cuando se trata de sus progresos. A mas de las geograficas y astronomicas qe. V. sabrá hacer, querria también gozar de las Botánicas del Sr. Berlandier. V. ha ecsitado mi curiosidad diciendome qe. es discipulo del gran Decandolle.

A este país no llegan hombres de iguales tamaños. Los fuegos de la guerra civil continuan incendiando a la República, y alexando de ella á los qe. pudieran pensar en viage á esta porcion bella de la América. Yo preví sus funestos efectos desde la primera infraccion de ntra. lei fundamental. Los anuncie desde 1826 en mi Redactor general: predixe sus principales consecuencias: indique el medio legal de evitarlas. Pero las pasiones no oien jamas los acentos de la Razon. Todo se ha ido cumpliendo progresivamte. La guerra ha tomado un caracter qe. horroriza a la humanidad: los propietarios somos víctimas de emprestitos repetidos: el comercio está paralizado: la agricultura casi abandonada: diversos pueblos desiertos: los partidos cada vez mas irritados; y la República volviendose un cahos de sangre y horror.

Que diversas son nuestras posiciones! V. y sus dignos compañeros hacen en tierra de paz observaciones sobre su temperatura, latitud, longitud, vegetales, minerales, cet. Y yo las hago en un país de guerra sobre la qe. se hace sin saber el objeto de ella los mas de sus agentes!

Son infinitos los conocimientos qe. se adquieren y las observaciones qe. se hacen en una guerra civil. Yo veo claras como los dias de primavera las historias de Atenas, Roma, cet. desde ge. empezé a observar la ge. aflige á esta República. Una luz mui grande ha iluminado lo qe. era obscuro ó tenebroso. Yo veo en su verdadero aspecto lo qe. en aquellas capitales se presentaba á vezes con falzas apariencias. Pero estas adquisiciones son mui costosas, Señor Teran. No es lo mismo hacerlas viendo derramar sangre humana qe. lograrlas cortando flores y contando estambres y pistilos. Siga V. su marcha pa. bien de las ciencias y provecho de la América. Yo continuaré la mia haciendo votos pr. la Paz; y cuando la haia en mi cara Patria, le comunicará sus observaciones en periodo tan triste su afmo. amigo y servr. q. b. s. m.

José del Valle

Pueblo Viejo de Tampico. nove. 6/829.

S. Dn. José del Valle?

Señor y Amo. de mi particular aprecio:

Temo qe. se ha perdido una larga carta qe. escribi á V. en principio de este año á mi regreso de Nacodoches: es imposible qe. la dejara V. sin respuesta, supuesto el deseo qe. manifiesta de saber de mi en su apreciable de 3 de septe. qe. ha dirigido á mi hermano, y á qe. voy á contestar con la brevedad ge. me permiten las urgencias del servicio militar á qe. estoy destinado en este punto.

Me ocupé en viajes cientificos hta, el dia 3 de agosto qe. me llego el aviso de qe. los españoles habían desembarcado, hallandome á 150 leguas de este punto en qe. lo hicieron. Ya vera V. qe. era indispensable dejar el sextante y el barometro, pa. cambiarlos pr. la espada qe. estaba algo enmohecida; perdone V. qe. le refiera la puerilidad de qe. me arranco lagrimas el trueque. Los seis individuos qe. componiamos la expedicion ibamos á hacer lo mismo; pr. me opuse á la intencion de los qe. no eran militares, dejandoles el cuidado de nuestros apuntes, instrumtos. y objetos recogidos, con cuya providencia se conserva todo en el mejor orden, y los qe. estabamos destinados á la comision y venimos á la campaña, estamos sanos y salvos, llenos de ardor pa. continuar, esperando qe. el Gobo. se sirva relevarnos luego qe. se embarquen los enemigos capitulados.

Nada diré a V. del exito de la campaña pr. qe. estas cosas tienen la cualidad de llegar con gran ruido á todo el mundo, especialmte. al Américano. Añadiré circunstancias qe. causaran mucho regocijo á mis amigos: me presenté al servicio en calidad de un simple oficial de artilleria, y á pesar de mi grado estuve de hecho sujeto á un teniente coronel, hta. qe. reunido el ejército, el Gl. en gefe del, se dignó nombrarme su segundo: á los 15 dias Después de este nombramiento rindió las armas el enemigo. El terreno exigia pr. su naturaleza la guerra de posiciones, circunstancia favorable pa. oficiales facultativos, y á la qe. debo tanta honra y recompensa qe. pr. servicios ordinarios se me han concedido. El gobo. me ha ascendido á General de Division, ultimo grado en la milicia mejicana. La Legislatura del E. de Tamaulipas, teatro de la guerra me concedio la ciudadania con el agregado de benemerito en grado heroico, y ge. mi pobre nombre se escriba con letras de oro en su salon: la de Mejico su ciudadania y una espada de honor: otra la de Guanajuato: una medalla y también la ciudadanía la de Zacatecas, y quien sabe cuantas cosas me concedera el entusiasmo pr. la independencia. Es fortuna de primera de un soldado ordinario batirse con exito en favor de una causa adorada: alla pr. tres cosas bien ó mal hechas lo colman de recompensas; pro. entre estas no viene un sextante ni la obra de Tableaux de la Nature por Humboldt qe. he encargado infructuosamte. hta. Europa, y yo daria una espada y aun ciento pr. cosas de estas.

Actualmte. estoy con el mando de la Division qe. guarda á los capitulados, cuyo embarque pa. la Habana esta muy proximo; quiere decir qe. dentro de un mes estará satisfecho mi deseo de volver á mi comision, la qe. dejare otra vez si vienen otros españoles pr. otra derrota; pues aseguro á V. qe. seran tantas veces batidos, cuantas quieran hacer la experiencia. ¡Ojala Guatemala y Mejico estuvieran tan libres de sus propios hijos como lo estan de los españoles!

Encargo á mi hermo. la direcion de esta carta certificada, y el envio de los impresos q. V. desea. Reclamo los ratos desocupados, protextando qe. ya no hablaremos mas de guerras, sino de Naturaleza; lo demas es perder el tpo. Mantengase V. con la salud y prosperidad qe. desea su afmo. Amo. y S. qe. con toda atencion b. s. m.

Manuel de Mier
Y Terán

Guatema. 3 de abril de 1830.

Sr. Dn. Manl. de Mier y Teran

A fines del mes procsimo anterior recibí mui atrasada la de V. 6 de novbre. del año pasado. La puso en mis manos Dn. Franco. Vidaurre al regreso de mi hacienda qe. no había visto en dos años y meses qe. duró la guerra civil.

Antes de salir pa. ella en dicbre. ultimo había llegado la noticia de la derrota de los españoles qe. osaron pisar esas costas. Yo la había predicho á la primera voz de su temeridad. Qué podian esperar 3, 4, ó 5.000 hombres lansados sbre. el litoral de un continente inmenso pa. sostener una causa tan injusta?

Yo celebro vivamte. los triunfos de V. y el general Sta. Ana, y los acuerdos con qe. esos Estados expresan su gratitud. El de Guatema. manifesto también la suia, en un asunto qe. tiene puntos de contacto con toda la América, y yo tube la satisfacion de haber aconsejado y dictado el borrador del decreto expedido pr. la Asamblea.

Son tristes pa. la humanidad las elecciones de los militares; po. es justa la defensa en el caso de ataque. Si VV. no hubieran arrojado de las costas a los agresores, el sextante se enmohecería y el barometro estaria muchos años sin uso. Las ciencias se cultivan en el seno tranquilo de la Paz, y pa. qe. la haia es muchas vezes necesaria la guerra. Nuestra suerte es irrevocable. La espada estan precisa con el compaz.

Se dice qe. los españoles meditan nueba invasion, y yo he recibido carta datada en Londres á 29 de dicbre. ultimo en la cual se me dice: He sabido qe. han llegado á la Havana comisionados de Truxillo pidiendo al capitán gral. de aquella isla oficiales y 2.000 fusiles pa. armar a los carives y poner en movimiento el Estado de Honduras. Pero dicen otros qe. tales pensamientos fueron concebidos en la peninsula a las primeras noticias del desembarco de Barradas y su tropa, y qe. se abandonaron Después qe. se recibio la de la derrota. No es verosimil qe. el español sea tan temerario, qe. maquine segunda agresion Después de haber sido tan justamte. escarmentado en la primera. Debe haber sin embargo vigilancia mui grande hasta qe. sea reconocida ntra. independencia. Las centinelas son utiles aun en tpos. de paz.

V. piensa bien cuando dice: Ojala Guatema. y Mejico estubieran tan libres de sus propios hijos como lo están de los españoles. No son estos los enemigos mas temibles de la América. Son los mismos Américanos. Yo estoi profundamte. convencido, y mi alma se afecta de la mas triste melancolia cuando me detengo á contemplar el estado de las cosas. A la fha. en qe. pronunciamos Independencia, un minimun solamte. tenia alga. educación: el macsimum no la había recibido absolutamte. Se declararon electivos los empleos mas influientes: se abrieron á todos las puertas de ellos; y se dio al macsimum el derecho de elegir. ¿Cual debe ser el resultado?

No hai en mi alma preocupaciones de color, castas, ni genealogias. Pero hai convencimiento de la necesidad de la Educación. Cada orden de empleos ecsige la qe. es precisa pa. qe. el funcionario pueda servirlo con honor; y el torrente va poniendo los empleos en aquellos qe. no la tienen. El minimum qe. la había recibido va desapareciendo, y el macsimum no tiene luzes bastantes pa. conocer sus verdaderos interezes. Se suceden unos á otros los partidos, y la historia no es mas qe. una serie triste de acciones y reacciones qe. van devorando las propiedades y asolando los pueblos.

In omnibus requiem quesivi, et non enveni nisi in angulis cumlilellis meis. Aqui unicamte. en medio de mi biblioteca, solo con mis libros y mi pensamiento, encuentro el reposo y tranquilidad qe. no es posible hallar en el teatro de tragedias mal concebidas y peor executadas.

No ceso pr. esto de servir a la Patria, qe. ha sido spre. el idolo de mis afectos. Si es infinita la variedad de placeres, el Patriotismo es el mas puro de ellos.

Se acordó el establecimiento de una Sociedad Economica de Amigos de Guatema., y la establecida quiso elegirme Director suio. En este concepto dixo el dia de la instalacion el Discurso qe. tengo el honor de dirigirle. Después de instalada he seguido trabajando con la actividad posible. Se abrio el 18 del mes anterior una Academia de dibujo: se comenzará en el presente un Periodico redactado pr. mí de la manera qe. ofrece el Prospecto qe. también le remito; y se emprenderán otros trabajos, utiles pa. la prosperidad de este país.

Si V. me enviara algs. semillas de los vegetales provechosos qe. encontrará sin duda en sus viages, yo á su nombre los presentaria á la Sociedad y esta haria qe. germinasen en ntro. suelo. Ya habrá envainado la espada, y vuelto á las tareas pacificas de su expedicion. Sirvase cumplir su palabra. No he recibido la carta qe. dice haberme escito á su regreso de Nacodoches. Envieme el duplicado: hableme de la Naturaleza; y ocupe á su afmo. amigo q. b. s. m.

José del Valle

CAPÍTULO VII: CORRESPONDENCIA CON DON ÁLVARO FLORES ESTRADA

Guatema. 26 de julio de 1825.

Sr. Dn. Alvaro Flores Estrada

Mui Sr. Mío: las obras de V. han dado á conocer i hecho amar su nombre en estas lexanas regiones. Desde ellas me tomo la licencia de escribirle para manifestarle el valor qe. tendría pa. mi su importante Correspondencia. Ama V. á la América y yo soi hijo de ella. ¿De cuanto precio serian sus luces pa. qn. se intereza en el bien general del nuevo mundo i particular de esta naciente República?

He sido individuo del Poder executivo qe. ha dado direccion a sus destinos. Trabajé cuanto era posible trabajar; i como prueba de mis deseos acompaño el pequeño Discurso qe. da idea de ellos.

Lo lleva el Ciudo. Prospero de Herrera, primo i amigo mío, qe. va á esa á consolidar la compañía qe. ha celebrado pa. el laboreo fomento de diversas minas.

Las hai en este suelo de mucha riqueza. La cordillera que ha dado en el Peru i en N. España tanto oro i tanta plata es la qe. atraviesa estas tierras. Pero han faltado inteligentes, maquinas i fondos pa. su explotacion; i todo esto puede proporcionar la compañía si tiene el suceso qe. esperamos.

Yo he aprovechado para satisfacer el primero de mis deseos una ocasion tan oportuna. He recomendado á Herrera la remision de las obras de mas merito qe. se haian publicado en los géneros ó ramos político, económico i fiscal; i deseoso del acierto suplico a V. quiera tener la bondad de indicarle las qe. se hayan dado á luz en estos ultimos años i sean dignas de pasar el Atlántico.

Sirvase V. dispensar las libertades qe. me hace tomar la opinión de sus grandes conocimientos. Yo los estimo en toda su estencion. Deseo qe. V. me ocupe, i desde luego me ofresco como afectuoso i ato. servr. q.b.s.m.

José del Valle

Herrera me ha entregado su apreciable de 26 de julio, con la que he recibido una satisfación muy singular. Merecer el aprecio y confianza de personas de las calidades de V. siempre lo consideraré como el más distinguido honor, y por lo mismo su correspondencia en todas ocasiones me será sumamente grata y satisfactoria.

He leido con gusto el discurso impreso qe. V. ha tenido la bondad de remitirme, y le felicito mui de veras por los esfuerzos con qe. V. ha contribuido á promover la prosperidad de su Patria.

Prescindiendo del interes de complacer á V. y de poder siempre darle pruebas de mi aprecio y reconocimiento, con el mayor gusto me encargaré de la eleccion de los libros que. V. desea tomar aqui, convencido del bien qe. por su medio podrá V. proporcionar á sus conciudadanos, siendo las luces la única fuente de toda prosperidad social.

Expatriado en el año de 14 hasta el 20; vuelto á expatriar en el de 23, condenado á la pena capital, confiscados todos mis bienes, y sin el triste consuelo de permitirseme escribir á mi Familia, tal es el odio que me tiene el Gobierno Español, havía pensado en buscar una Patria, y trabajar mientras viva en favor de la libertad, por la que tanto he sufrido. En donde la puedo hallar sino en la América, ¿cuyo suelo, idioma y costumbres son tan análogas a las de España? Frustradas mis esperanzas de que por ahora se restablesca la libertad en mi desgraciada Patria havia solicitado del Gobierno de Mejico, un mes hace, un pasaporte cuya solicitud remitio y recomendó según me dijo el Sor. Roca Fuerte, qe. está haciendo de Enviado de aquella República. Sin embargo desde qe. he recibido su carta y que he tratado con su primo, no pienso sino en Goatemala, á lo que me animan sobremanera las noticias qe. me han dado con la mayor seguridad de sus virtudes y de qe. V. hallare un verdadero amigo. Yo de nada me puedo vanagloriar sino de amar la libertad y de ser un hombre de bien. Esta unica circunstancia me hace confiar que en V. hallará un amigo el qe. todo lo ha perdido por sostener la causa del genero humano.

Tal vez mi amor a la libertad, y el estar demasiado penetrado del odio con que la mira la Sta. Alianza y de las intrigas, que practica pa. destruirla en todas partes, me hace sospechar, que Vms. aun tiene riesgos que sufrir, y mucho que trabajar para llegar á consolidar su govierno. Las grandes reformas politicas suelen ser como las lluvias impetuosas, que si no cojen labrada la tierra, en vez de fecundarla la suelen arrollar. La perspectiva que ofrece en el dia de ese Continente tan vasto y tan felizmente dotado por la naturaleza, es la mas lisongera á la razon y al triunfo (sic) de las luces que jamas han visto los hombres: a los menos es el estado mas feliz de qtos. recuerda la historia. Deben interesarse en su suerte todos los hombres de razón y probidad.

Tengo la más completa satisfaccion en haver merecido a V. la confianza con qe. me honra, y en asegurarle una verdadera amistad y reconocimiento, deseando que V. me ocupe en cuantas ocasiones pueda serle de alguna utilidad su mas ato. Servor. O B S M.

Álvaro Florez
Estrada

Guatema. 21 de maio de 1826

Sr. Dn. Alvaro Flores Estrada

Mui Sr. mío y dueño de mis afectos: en este mes he recibido la qe. V. se sirvio dirigirme con fha. 5 de dicbre ultimo. Yo he estimo en todo su valor la expresion de su voluntad: y le reitero gustosamte. la mia. Las desgracias de un Sabio interezan profundamte. a qn. conosca todos los precios de aquel titulo. Yo tomo en las de V. toda la parte qe. exigen sus meritos. Sus obras los publican: la historia de España los recuerda; y mi Primo me habla de ellos con extension. ¡Que goso seria el mío si le viera en Guatemala mi patria amada! Hombres de ciencia experimental son los qe. necesitan los Estados qe. acaban de formarse. Aquellos qe. han visto nacer y marchar revolución es son los qe. deben dar direccion á los pueblos qe. se hallan en el periodo mas delicado de su existencia. Repetidas ocasiones lo he dicho. Uno de los primeros cuidados de la América debe ser el de atraber a los hombres de mas luces pa. qe. las derramen en pueblos qe. no las tienen. Sobran tierras prodigiosas pr. su fecundidad, abundan en todas partes los germenes de riqueza: estan abiertos los puertos al comercio de todas las naciones: son en esta República mas moderados qe. en todas las otras de América los derechos de importacion y exportac. Pero hai escasez de hombres. Son inmensos los elementos de prosperidad; po. faltan manos qe. los desarrollen. Cerrar la América á los qe. quieran poblarla y cultivarla seria error mui grosero. Abrirla de par en par á todos los qe. quieran venir seria imprudencia qe. podria exponernos a peligros. Los sabios, qe. son la razon de los pueblos, deben ser su guia; y esos sabios es preciso qe. vengan de Europa pr. qe. la América no puede tenerlos todavía.

Trabajo actualmte. en el Plan de instruccion publica. Si lo acordare el congreso y sancionare el Senado, se establecera una clase de Economía politica; y yo entonces procuraré qe. se ofresca á V. pa. qe. tenga este destino mientras se proporcionare otro mas digno de sus meritos.

Los míos son nulos. Pero conosco los de V.: le ofresco mi amistad; y la emplearé en servirle de la manera qe. pueda. Las relaciones con hombres de sus tamaños son de mucho precio pa. mi.

Si las tubiere con el Sr. Dn. J. J. de Mora, sirvase V. ofrecerle mi afectuosa consideracion. He visto su Museo y Catecismos, y conocido pr. ellos sus talentos.

Yo los buscaré pr. todas partes, y no habria uno solo infeliz si tubiera Poderes tan extensos como mi voluntad.

Dignese V. recibir la de su afmo. &

José del Valle

Guatema. 9 de junio de 1827.

Sr. Dn. Alvaro Flores Estrada.

Mui sr. mío y dueño de mis afectos: en mi anterior escribí á V. qe. había mandado imprimir sus Reflecciones acerca de los males qe. afligen á la Inglaterra. Se ha verificado asi con la lentitud propia de las imprentas de América; y yo he tenido al fin la satisfaccion de haber dado á luz los pensamientos de V. sobre un asunto de tan alto interez como lata trascendencia.

Publiqué al frente de ellos un pequeño Discurso pa. publicar su mérito a la faz de todos, y manifestar al mismo tiempo lo qe. ecsigen á mi juicio los interezes de la América. Son grandes las verdades qe. V. ha anunciado. La independencia del nuevo mundo está dictada pr. las leies de la naturaleza; el gobno. español sacaba de él pr. medios opresivos las cosechas de sus minas; y la separación de la América debia producir en el primer periodo de su libertad una mengua considerable en las importaciones en Europa de los metales

Américanos. Pero consolidados los gobiernos de las Repúblicas: abolido el sistema opresivo qe. gravitaba sobre la mineria, el interez individual, libre en todas sus acciones y protegido en aquel ramo, buscará el oro y la plata de las minas con mas grande ardor qe. antes: las cosechas seran mas cuantiosas: los metales mas baratos; y el minero los llevará á las plasas donde tengan maior estimacion. O escasean, ó sobreabundan en esas plasas. Si escasean, el minero ó el negociante sabrá llevarlos à Europa pa. venderlos con toda la estimacion qe. debe darles la escasez. Si sobreabundan, la Europa no sufrirá en tal caso las penurias qe. se temen. El oro y la plata son frutos de las rocas como el añil y el trigo lo son de la tierra. Si estos buscan los mercados donde valen mas, aquellos tienen la misma tendencia.

Yo he querido recordar en mi Discurso esta verdad pr. qe. veo enlasados con ella los interezes de la América, mi patria amada. Si las naciones de Europa llegaran a creer qe. Después de nuestra independencia no refluiria en su seno ni una fraccion de la cantidad derefluía antes de ntra. libertad, todas ellas se negarian a reconocer nuestros derechos y trabajarian acordes en sofocar nuestra nueva ecistencia. Aquella opinion seria mas dañosa pa. la América qe. la bala ó el cañon. Era necesario manifestar qe. los pueblos de Europa en vez de temer pobrezas deben esperar riquezas de la libertad del nuevo mundo; y esta consideracion es la qe. me ha puesto en la necesidad, sensible pa. mi, de publicar en este punto pensamientos diversos de los de V.

Pero confieso al mismo tiempo el merito de la obra: hago á su autor toda la justicia de qe. es digno; y tendré gusto en servirle de la manera qe. pueda ser util su afmo amigo y servr. &

José del Valle

Londres y Marzo 23 de 1827.

Sor. Dn Jose del Valle.

Mui Sor. mío de toda mi estimacion y aprecio: presentandose la oportunidad de buque pa. Xalix por medio del Sor. Dn. Prospero remito á V. seis exemplares del papel, cuyo manuscrito incorrecto había enviado en octubre último. Uno de ellos lleva al canto las correcciones qe. hai que hacer, si tal vez tubiese por oportuno hacer V. ahí una reimpresión.

Juzgo que la causa que yo anuncio tiene que producir una revolución en el sistema general de la Europa, cuyo resultado ó debe ser el embrutecimiento total de esta parte del Globo, ó la adopción de reformas que conducen a la libertad. Tendré una satisfaccion mui particular en qe. V. halle fundadas y exactas las ideas que expreso en mi nuevo Papel, y qe. V. se penetre bien de su espíritu, que tiene por objeto único asi la felicidad de la América como la de Europa.

Creí tener nuevo aviso de V. relativo á lo que me había anunciado en su apreciable de 30 de mayo. Como ansío dejar este país, y teniendo que la mudanza de sistema en España sea mas largo de lo que permite mi triste situación, confio que V. no se olvidará de que se realice lo que me ha indicado a fin de que cuanto antes yo pueda emprender mi viage a esa.

Celebraré qe. V. se mantenga con buena salud y que me crea uno de sus mas verdaderos amigos y ato. Sor. Q.B.S.M.

Álvaro Florez
Estrada

Guatema. 3 de octbre. de 1827.

Sr. Do. Alvaro Florez Estrada.

Mui Sr. mío y dueño de mis afectos: recibí pr. la via de Walis la de 23 de marso ultimo y con ella los seis exemplares impresos qe. V. se sirvio dirigirme de sus Reflecciones acerca del mal extraordinario qe. aflige ala Inglaterra. Antes de recibirlos había mandado imprimir el mismo opusculo, y remitido á V. dos exemplares con un discurso mío al frente qe. ha sido reimpreso en Megico. En el hago a sus talentos la justicia de qe. son dignos; y si en algs. puntos se manifiesta diversa mi opinion es pr. el convencimiento de raciocinios qe. no dudo haria V. mismo si viviera en estos países. Demostrar á la Europa qe. de la América libre extraherá mas riquezas qe. de la América esclava, es manifestarle el interez qe. tiene en reconocer nuestros justos derechos. Indicarle qe. de la América independiente no podrá sacar ni una fraccion de la riqueza metalica qe. sacaba de la América subjugada, seria inclinarla á qe. no reconosca jamas nuestra independencia. Yo soi hijo de la América y me interezo en su libertad y poder. Pero no son mis deseos los qe. han formado mi opinion. He sostenido lo primero pr. qe. felizmte. los interezes de la América me parecen conformes con los principios de la ciencia qe. enseña á calcular los progresos de la riqueza de las naciones. Los hechos comienzan a hablar; y seran mas expresivos cuando se restablesca la paz y consoliden los gobiernos del nuevo mundo.

V. desea el bien universal de todos los pueblos. Voi á indicarle algunos de mis pensamientos. La Libertad tiene en Europa muchos enemigos. Los reies absolutos, los poco justos, y los aristocratas preocupados han formado una liga poderosa: han meditado pa. sofocar las instituciones liberales el plan de prestarse auxilios mutuos los de las naciones donde no quieren qe. ecsista; y emplean con este objeto las fuerzas de los tronos, las riquezas de la aristocracia y las arterias de la intriga. No puede un pueblo dar un paso a la libertad sin verse al momento amenasado pr. los gobiernos de otros pueblos qe. no respetan el principio de no intervenir el de una nacion en los negocios de otro. En las Américas donde no hai grupos odiosos de monarquías despóticas, sino constelaciones brillantes de Repúblicas, no ecsisten obstaculos tan grandes. No hai en ellas reies absolutos: poco justos; y la aristocracia civil es menos pudiente. La regeneracion politica es mas facil en el nuevo qe. en el antiguo mundo. Yo quisiera qe. todos los amigos ilustrados de la libertad residentes en Europa trabajasen desde alli en auxiliar la de América de todos los modos posibles, con sus relaciones, sus correspondencias, sus obras y sus periódicos. La América libre, rica y poderosa protegeria á su vez la Libertad de Europa: auxiliaria a los qe. la desean ó trabajan pr. ella; y los pueblos podrían al fin darse, por medio de sus representantes, las Constituciónes qe. juzgasen convenirles. Si los amigos del despotismo hacen ligas pa. sostenerlo, los de la Libertad deben unirse también pa. plantearla en ambos mundos. Yo no se pr. qe. los Gobnos. de América no han dado su atencion á un pensamto. qe. me parece tan importante. Protegiendo a los escritores de obras en qe. se defiendan la causa de estos pueblos, a los editores de periódicos qe. den a la opinion una dirección ventajosa á nuestros interezes, a las sociedades de los qe. se reunan pa. sostener nuevos derechos, cet. ¿Cuanto seria lo qe. adelantariamos en la carrera qe. hemos comenzado? Si el dinero tiene inversiones felices, esta seria una de las mas provechosas.

El Sr. Dn. Jose Joaquin Mora ha hecho de mi en el No. 4 del Correo político y literario, y en el No me olvides de este año expresiones qe. no meresco. Yo reconosco sus afectos y quisiera manifestarle mi gratitud. Digame V. si continua en esa o hizo á Buenos-Ayres el viage qe. pensaba verificar.

V. no ha sido olvidado en mi memoria. Le tengo mui presente. Pero esta República tranquila y sosegada, empezó a conmoverse pr. qe. el gobno. no respetó la lei fundamental. Sigue la revolución su marcha. Pienso qe. no esta mui distante la crisis. Cuando se restablezca el reposo, escribiré a V. y le repetiré la voluntad con qe. soi su amigo y afmo. Servir

José del Valle

Londres y Octe. 29 de 1827.

Sor. Dn. Jose del Valle.

Mui Sor. mío de mi mayor aprecio: hace cosa de un mes he recibido su apreciable de 9 de junio con dos exemplares impresos en esa de mis observaciones con las notas ó Prologo de V. Tengo mucha satisfacion en ver que si V. no aprueba el todo de mis ideas, aprueba lo mas esencial.

Estoi persuadido que si me detuviese á escribir respondiendo á las observaciones que V. hace convendriamos en el todo. Yo no veo el mal en que en lugar de 90 millones de pesos que venian de todas las Américas Españolas y Portuguesas á Europa no vengan en lo sucesivo mas que diez ó ni uno. No presento el mal en esa circunstancia, pues estoy persuadido que la Europa en eso nada puede perder absolutamente, porque cualquiera que sea la cantidad de dinero que tenga un país su valor es siempre el mismo, sin que pueda aumentarse en el valor de un ardite por mas que se aumente su cantidad. El mal unicamente lo veo en el transito de valer un duro una fanega de trigo á valer seis fanegas de trigo. Este transito mientras el nivel de los valores de todos los productos de la industria humana no se halla en su curso ordinario la sociedad tiene que sufrir, y este es el mal que sufre la Europa, mal que no se cura aunque al cabo de 20 años la América independiente enviase mas dinero a Europa que antes, y mal que tampoco se cura aunque mañana la Europa conquistase la América. Por esta razón me parece que el temor de V. es infundado.

Me sorprende que V. haya podido por un momento creer qe. me fuese sensible el qe. V. en sus observaciones presentase ideas diferentes de las mias. ¿Por ventura dejaremos por esto de estimarnos mutuamente menos? Estoi sumamte. ocupado y por este motivo no escribo largo sobre este particular, pero ofresco hacerlo en otra ocasion.

Con el objeto de hacer un servicio de importancia á la América y á España me puse á escribir una Obra de Economía en la que extracto quanto han dicho los deferentes Clasicos Autores Ingleses y Franceses, que en el dia se reputan por los mas sabios. En ella presento todas las materias pertenecientes a tan interesantisima ciencia, tratadas por varios autores y que no se hallan en una sola Obra. Aclaro todo lo posible sus ideas, pues los Ingleses que son los verdaderos maestros de esta ciencia son sumamte. obscuros a causa de su mal lenguaje; á lo menos tal es mi opinion. Impugno algunas, y añado otras. Creo qe. la Obra debe ser clasica, no por lo qe. tenga de mío sino porque en ella se presenta todo lo bueno qe. hasta el dia se ha escrito en toda la Europa. Serán dos tomos. Yo había pensado enviar a V. el manuscrito para imprimirla ahi, mas viendo que esas imprentas no se hallan en estado de verificarlo como corresponde, he variado de idea. Su primo había principiado á sacar la copia que queria remitirle, y hemos suspendido este trabajo, con el animo de imprimirla aqui. No creo equivocarme en decir que será la obra mas clasica que haya salido á luz en Economía Politica, y como en España y en la América se sabe mui poco, y no hai obra alguna completa y purgada de los grandes errores que ha cometido Smith, á pesar de ser este el verdadero fundador de esta ciencia, opino que debe contribuir en gran manera á la ilustracion de ese país. V. que tanto ama las luzes, que ademas me da testimonios claros de su amistad, debera interesarse en que yo lleve al cabo esta empresa, para lo cual le pido que haga lo posible porge. ahi se me abra una subscripcion sin que se pague hasta recibir la obra, pero si es posible qe. sea de modo que aqui se me pague al tiempo de recibir los ejemplares.

Creame V. tolerante y mui tolerante y que oigo con el mayor gusto las contradicciones de hombres del merito de V. pues siempre me enseñan. Deseo mucho saber noticias del estado de ese país, y sobre todo de V. pues no debe V. dudar que le respeta y la estima su verdado. Amo. Q.B.S.M

Álvaro Florez
Estrada

Guatema. 29 de abril de 1828.

Sr. Dn. Alvaro Florez Estrada

Mui Sr. mío y dueño de mis afectos: he leido la de V. 29 de octbre. ultimo con el placer con qe. leo spre. las de los hombres ilustrados, amigos constantes de las ciencias.

La Economía politica es divinidad digna de su culto. Yo celebro qe. le tribute todos los qe. merece. Será positivamte. interesante la obra qe. ha escrito reuniendo con sus propios sentimientos los qe. han publicado los ingleses qe. la crearon y los franceses ge. la han hermoseado y perfeccionado. Storch tubo igl. idea, y presentó a sus imperiales discipulos el Curso de Economía politica qe. habra leido sin duda. Los papeles publicos lo anunciaron como una obra mui eminente. Pero Say, el hombre qe. ha sabido aumentar la masa de ideas, penetrarla de luzes, y darle una organizacion feliz, ha manifestado que no lo es en grado tan alto. Espero qe. la obra de V. tenga el suceso qe. prometen sus conocimientos. Yo deseo qe. se propaguen pr. la América persuadido de ge. la ciencia de la riqueza es una de las primeras qe. deben cultivarse en el país donde existen tantos elementos de ella. Procuraré con gusto qe. haia subscriptores. Envieme 20 ó 30 exemplares pa. procurar su venta. Me interezaré en ella, y remitiré su producto pr. Walis, ó directamte. a Londres, si hubiere conductor. A otro asunto.

La cuestion qe. nos ocupa me parece clara. V. no vé el mal en qe. la América qe. antes enviaba a Europa 90 millones de ps. Envie 10 en lo sucesivo, sino en la transicion de valer 6 el duro qe. anteriormte. valia 1. Pero lo segundo no sería efecto de lo primero? La escasez de duros no seria la causa de maior valor de los duros? Es preciso volver al punto de los millones pr. qe. su numero es el qe. influie en los valores.

Yo distingo tres periodos diversos: 1°. el de los años qe. la América estubo sometida a España: 2°. el de los qe. desde la independencia hasta la consolidacion de los nuevos gobiernos: 3°. el de los posteriores a la consolidacion de los mismos gobiernos.

En el 1°. se extrahían del nuevo y se introducian en el antiguo mundo los millones qe. manifiesta el calculo hecho pr. distintos escritores. No puede haber disputa en esto. Basta ver los registros de las aduanas.

En el 2°. ha habido la diminucion (sic) propia de una epoca de convulsiones en qe. no es posible trabajar las minas como en los tiempos de paz. Tampoco en esto puede haber dudas. Véanse los minerales, y las depondrá qn. las tenga.

En el 3°. las exportaciones metalicas de América é importaciones en Europa seran maiores ó al menos iguales a las qe. se hacían antes de la independencia. Todo ramo de industria, rural, fabril o mercantil, hace progresos mas grandes en los tiempos de libertad qe. en los de esclavitud. La mineria dará masa mas crecida de metales en la América libre qe. en la América esclava; y las exportaciones serán pr. consecuencia maiores.

El mal qe. sufra la Europa pr. la diminucion de metales en el 2°. periodo no es efecto de la independencia sino de las convulsiones politicas de América. Cuando las hai en un Estado, sufren diversos males aquellos con quienes tiene relaciones mercantiles. Y habrá pr. esto derecho pa. exigirle resarcimientos?

La libertad multiplicará la poblacion de América, aumentará los consumos de los productos europeos, y abrirá a todas las naciones los mercados qe. antes solo estaban abiertos á España.

¿Qué intereza más á Europa? Vender sus mercaderias á una sola mano (la de los españoles)? O venderlas libremte. a las de todos los centroAméricanos, megicanos, colombianos, bonairinos, cet.?

¿Qué importa mas a la América? ¿No vender sus frutos mas qe. al hijo de Cádiz? ¿O venderlos a qn. le ofresca precio mas grande entre todos los habitantes de la tierra?

Supongamos sin embargo qe. la Europa sufra males. Yo no veo en la América obligacion alga, de resarcirlos. La primera impuso un jugo injusto: la segunda lo sacudió: hizo uso de sus derechos; y qn. exerce los qe. tiene no es obligado a indennisar a qn. le había pribado de ellos. El qe. lo despoja de sus derechos es el qe. debe resarcimientos. La Europa conquistadora por la fuerza es la qe. debe indennizaciones a la América injustamte. conquistada.

Este tono manifiesta qe. yo creo á V. tolerante, honrado, despreocupado y lleno de luzes. Hablaria aquella lengua en caso contrario?

La revolución de esta República no está todavia terminada. Cuando haia Paz en ella, yo avisaré á ofrecer los afectos sinceros con qe. spi su amigo y servr. q.b.s.m.

José del Valle

Guatema. 7 de octbre. 1828.

Sr. Dn. Alvaro Flores Estrada,

Mui Sr. mío y dueño de mis afectos: el 19 del corriente recibi atrasadisima la qe. se sirvio dirigirme el 9 de eno. ultimo.

Sus votos son de valor pa. mi. Celebro ge. los haia merecido el pensamiento qe. indiqué en mi anterior de 3 de octbre. del año pasado sobre Union ó Sociedad de los Amigos ilustrados y juiciosos de la Libertad pa. destruir debilitar los embates de los enemigos de ella. Son diversos los hijos de Europa qe. han empleado sus talentos y plumas en dar luzes a la América o defender la justicia de su causa. Yo no veo jamás sus Obras sin bendecir la Filantropia qe. las ha inspirado. Pero es verdad incontestable la qe. dice V. Los Gobiernos del nuevo mundo no han correspondido hasta ahora á unos esfuerzos tan nobles, como dignos de gratitud. El St. Flores Estrada manifestó desde antes de ntra. independencia los derechos qe. teníamos a ella; y no se le ha hecho hasta ahora expresión alga. de reconocimto. El Sr. Pradt ha sido defensor constante de ntros. fueros y libertades; y el único premío acordado á su mérito fue el decreto de 14 de octbre. De 1821 en qe. el Congreso de Colombia mandó ge. se le dieran encarecidas gracias pr. sus perseverantes esfuerzos en favor de ntra. Libertad.

El Sr. Mora fue infatigable en sus traducciones y opusculos; y antes de ser invitado pr. Buenos-ayres pa. la Direccion de sus Estudios tampoco se le ha acreditado la gratitud qe. merece por tantos títulos. El Sr. Villanueva publicó el año pasado su Juicio sobre el Concordado de Pradt: obra qe. respira el zelo mas ferviente pr. las Libertades Américanas; y no se cual será la recompensa qe. se decretará á sus importantes servicios. Los Editores del Repertorio Américano se manifiestan empapados en el amor mas puro ala América; y no se han abierto ni recomendado subscripciones a su interezante Periodico. Esta indiferencia de los Gobnos., a los trabajos de Escritores tan beneméritos no puede merecer los votos de nadie. Yo me ruborizo al confesarlo... Quisiera guardar silencio eterno. Pero es preciso hablar. Pienso escribir una Memoria sobre esto. Deseo ge. todo sabio de Europa qe. dedique sus talentos a designar el Plan que deben seguir las Repúblicas de América en sus relaciones interiores y exteriores, ó manifestar sus verdaderos interezes. ó sostener sus fueros y derechos sepa qe. será protegido indudablemte. pr. los Gobiernos. Ya estaria executado si yo fuera el Arbitro de la América. Pero no soi mas qe. un ciudno. pribado, y en este concepto cooperaré de la manera qe. pueda, y me llenaré de gozo si tubiere buen ecsito mi cooperación.

Espero con ansia su Curso Completo de Economía Politica. Envíeme, como le dixe en mi última de 29 de abril, 20 ó 30 exemplares. Yo me interezaré en su venta y le remitire la cantidad producto de ella. Años ha qe. deseo el establecimiento de una clase de aquella ciencia, y tendria satisfacion mui pura si acordandose como ecsige el interez publico, lograra qe. una obra de sus manos fuera el texto de las lecciones.

Son muchas las qe. necesita la América en lo economico y en lo político, pa. no dar traspie en su carrera. Yo, siempre lleno de deseos á favor de las nuevas Repúblicas, voi a expresatle lo qe. me inspira la noticia de su Obra.

Si hai poquisimas, especialmente en estos países, qe. estudien metodicamte. los Principios de Economía Politica, son aun mas raros los qe. saben aplicarlos a los casos respectivos qe. ocurren. Leen la cartilla de Say ó los elementos de Mill; hablan en los corrillos ó tertulias. Pero colocados en un destino ó llamados á una discusion, se ven mui embarazados, y no atinan en las aplicaciones 6 son equivocadas las qe. hacen. Yo quisiera ge. V. ge. ha querido reunir en un libro lo mas util qe. se ha escrito en Inglaterra, Francia, Italia y Alemania, diese mas importancia á sus trabajos uniendo con la teoría indicaciones oportunas de lo qe. conviene hacer á los Estados Américanos pa. su riqueza y prosperidad. Su obra tendria entonces doble precio en el nuevo mundo, y su alma gozaria la satisfacion de haber señalado el camino á Sociedades nacientes qe. necesitan guia o preceptor. Las ciencias derivan su gloria de la aplicacion de sus principios a las necesidades de los hombres y pueblos. El comercio maritimo, la navegacion, los viajes, la geografia son los titulos grandes de la Astronomia. Ya es antigua en muchos puntos a la fisica de Nollet. Pero su método será eternamte. util. Manifiesta primero los fenomenos: los explica Después; y hace últimamte. aplicaciones a los usos de la vida. No habría en la poblacion inmensa de ignorantes uno solo qe. despreciase las ciencias si aplicando la Teoria a la practica se les hiciese sentir toda su utilidad.

Yo espero de la Obra de V. toda la ge. promete su titulo. Cuando se termine la revolución ge. aflige todavia á esta República, sabremos aprovechar las luzes que V. derrame en ella. Parece que estamos ya menos distantes de la Paz, ó qe. al menos se van disminuiendo los combustibles qe. han mantenido el fuego. Los pobres huien de los cuarteles y los propietarios repugnan los emprestitos qe. se les ecsigen. A los dias de convulsiones y trastornos sucederan al fin los de sosiego y tranquilidad; y entonces los libros economicos podran desarrollar toda su influencia. La guerra empobrece; y la Economía política enrriquece.

Deseo qe. la obra de V. produsca estos efectos, y me repito su afectuoso amigo y servr. qe. lo estima y b.s.m.

José del Valle

Londres y Agosto 14 de 1829

Sor. Dn. Jose del Valle

Mi apreciable Amo. y Sor. Con esta fecha segun avisara a V. su primo el Sor. Herrera va un cajon con 40 exemplares de mi Obra de Economía, para qe. se vendan en esa.

Nada me dice V. de la idea qe. ha formado del primer tomo, pero luego qe. reciba esta y el 2º. tomo podra V. hablarme del todo de ella. El 1er. Tomo lo escribi mui apresuradamente, y hallo muchas incorrecciones de lenguaje, de repetición, y una sola de ideas. El 2º tomo lo escribí con mas detención. En el dia estoi corrijiendola pa. una 2a. Edicion, y llevo ya correjido la mitad del primer volumen, y por el trabajo hecho puedo anunciar a V. que sale incomporablemente mejor pr. lo que respeta (sic) á claridad y orden de ideas con algo mas de extension. Me ha movido á hacer este trabajo pr. qe. se ha puesto de texto de enseñanza ya en el Colejio de Españoles establecido en París á cargo del Dr. Dn. Manuel Silvela, establecimiento el mas acreditado que hai en Francia, y porqe. tengo alguna esperanza de qe. se mande enseñar en España á pesar de la estupidez y arbitrariedad de aquel gobierno.

Sentiré doblemente el qe. V. no halle mi Obra digna de su aprobacion, asi porqe. no podemos dejar de amar los hijos de nuestro entendimiento, como pr. que si no hubiera sido pr. la primera carta qe. V. me ha escrito yo no hubiera pensado en dedicarme á escribirla, y hubiera tratado de escribir la historia de nuestra última revolución .

Mi Obra aun no la hice anunciar en los papeles publicos, sinembargo, el Diario del Comercio de Paris la anunció haciendo un elogio tan excesivo que no lo hallo yo mismo justo; mas moderado y cierto es el qe. salio aqui en el Papel adjunto.

Mucho celebraré de ge. V.M.S. se penetren, ó por mejor decir sus conciudadanos de qe. Después de la libertad el mayor bien es la paz interior de un Estado, y que sepan prescindir de pequeñeces y de pasiones mezquinas, y de que sean tan generosos para con todos los extranjeros como lo exige la libertad misma; y sobre todo para con los qe. somos víctimas de la libertad y nos hallamos sin Patria y luchando Después de tantos años con la mendicidad y con toda especie de males físicos y morales. Tendré una singular satisfaccion por el interes general de la libertad y por mis intereses individuales y los de varios compañeros de infortunio mui dignos por sus virtudes de la consideracion y respeto de todos los hombres libres, el que V. tenga una poderosa influencia en el nuevo gobierno qe. debe establecerse en esa República.

Es de V. affmo. Amo. Q.B.S.M

Álvaro Florez Estrada

Sr. Dn. Álvaro Flores Estrada

Tiempo ha qe. no recibo letras de V. Yo aprovecho sin embargo la ocasion qe. se presenta pa. dirigirle las mias.

Terminó al fin la guerra intestina qe. comenzó en 1826, y ha sido devoradora de hombres y propiedades: hemos sufrido daños incalculables: la República ha retrogado espacios inmensos.

Ecsisten en ella elementos fecundos de riqueza. Tenemos en su area tierras fertiles, en sus montañas minerales ricos, en sus climas diversidad de temperaturas. Pero no tenemos los hombres necesarios pa. servir los empleos ge. debe haber en el sistema adoptado. Dónde encontrar 80 y tantos individuos dignos de ser legisladores, 10 capataces de ser senadores, 20 y tantos aptos pa. ser Consejeros, 2 pa. presidente y vice-presidente de la Rep., 10 pa. gefes y vice-gefes de los cinco Estados, y multitud de otros pa. magistrados, juezes, geges de departamentos, cct.?

No se ha pensado hasta ahora en un sistema de educación propios pa. formar los hombres qe. exige el de la Constitución Politica. Se han creado empleos, y no se han hecho sugetos aptos pa. servirlos.

La Educación es la necesidad primera de la República. Yo he escrito sobre ella la Memoria qe. tengo el honor de remitir á V. Celebraré qe. sea digna de sus votos.

Manifesté á V. los míos sobre su benemerito Curso de Economía politica. Se sirvió enviarme el tomo 1º. y su lectura me hace desear el 2º. Podrian venderse aqui algs. exemplares. Lo expresé á V. en mis anteriores; y lo repito en esta.

La República está actualmte. haciendo las elecciones del presidente vice-presidt., cct. Quiera el cielo qe. la Razon triunfe de la intriga, y qe. la nacion no vuelva a verse hundida pr. la ineptitud en el caos de otra revolución . Yo avisaré a V. el resultado.

Sírvase entretanto aceptar las seguridades de mi amistad y consideraciones.

José del Valle

Guatema. 24 de marso de 1830.

Sr. Dn. Alvaro Flores Estrada.

Mi digno amigo y señor:

El mes anterior recibí la de 14 de agosto último, y en el presente llegó al fin á esta ciudad el cajon qe. me remitio V. con 40 ejemplares de su Curso de Economía Politica. Ya están en mi poder; y he hablado á diversos amigos pa. qe. procuren su venta. Uno de ellos es Da. Manl. Jonama, paísano de V. qe. sabe estimar su merito y compadecer sus desgracias.

Yo también soi sensible á ellas. Ni la riqueza, ni el poder, ni los cetros y coronas me hacen ilusion. Los Sabios son pa. mi los primeros Seres de la especie humana. Cada uno tiene su escala, y esta es la mia.

La Asamblea acordó el establecimiento de una Sociedad Economica. Yo fui electo Director, y en este concepto dixe el discurso qe. tengo el honor de dirigir á V. En el verá la justicia ge. hago á la Europa, á los Sabios, y á V. qe. es uno de ellos. Tengo derecho pa. no ser confundido con aquellos qe. pr. ignorancia ó prevencion se manifiestan hostiles contra los hijos de esa parte luminosa de la Tierra. Amo á la Europa y a los qe. son su ornamento mas bello. Escribí el año de 1824 cuando era individuo del Poder executivo pa. qe. se diese proteccion a los Europeos qe. viniesen á esta República.

Volví a tomar la pluma en favor de ellos el de 829 cuando fui electo Director de la Sociedad. Yo celebraria qe. V. oiese la voz de los estrangeros qe. ecsisten en esta capital. Todos conocen qe. no soi enemigo suio, y sé qe. algs. han escrito sbre. esto a sus correspondientes. (sic)?

No es omnipotente mi voluntad. Si lo fuera, permitame V. decir qe. la República se presentaria en distinto aspecto. Tendría en su seno á varios Sabios europeos y sabria premiar a los qe. no pudiesen venir a ser hijos suios y se interezasen pr. su independencia y prosperidad.

Si no se obra así, yo al menos haré lo qe. sea posible. Cultivaré su digna correspondencia, y cuando quieran ocuparme, acreditaré mis servicios.

Yo tomaré en la venta de sus libros todo el interez qe. merecen; y le iré remitiendo su producto luego que haia conductor seguro ó se proporcione giro de letras. No he dicho qe. V. piensa en segunda edicion, pr. qe. esto perjudicaría al expendio de la primera. Salgamos de la una; y Después trabajará V. en la perfeccion de la otra.

Le escribi manifestando el aprecio qe. he hecho del primer tomo. y me anticipo á creer ge. el segundo será tambien digno de el. Siga V. dando luzes á la tierra. El astro mas benefico es el Sol.

Pero envíeme también los papeles publicos qe. merescan leerse. Si en todas partes se desean, en esta remotidad es mas vivo el apetito Quiera V. saciarlo, y ocupar á su afmo. servr. q.b.s.m.

José del Valle

Londres y Mayo 5 de 1830

Sor. Dn. Jose del Valle.

La semana última he recibido su apreciable de 27 de oct. con la que he tenido una verdadera satisfaccion, como me sucede siempre que recibo noticias de V. En ella me dice no recibir cartas mias, sin embargo de qe. aprovecha todas las ocasiones qe. se le presentan para escribirme. Yo puedo decir otro tanto, pues hasta aora no he recibido tal ves contextacion á una de tres que escriba. En prueba de ello, vá a hacer dos años que remiti á V. el primer tomo del Curso de Economía; escribi entonces; escribi varias veces Después, repitiendo lo que en aquella ocasion había dicho; y escribi mui posteriormente acerca de otros asuntos, y hasta por su última, que en la actualidad acuso, no había tenido recibo de haber llegado á sus manos el primer tomo. A principios de Septe. remiti el 2º. tomo y 40 ejemplares completos de la Obra; escribi entonces, volvi á avisar á V. segda. y tercera vez la remision de dicha obra, y aun no he recibido contextacion á ninguna de ellas. V. en su última me habla de una anterior en que me expresaba su dictamen acerca del 1r. tomo, y aun no ha llegado á mis manos, y lo que aun mas sensible no tengo ya esperanza de que llegue.

Hace cuatro, Después de ocho meses de continuado trabajo, acabé de correjir mi Obra pa. una 2a. Edicion, qe. tengo esperanza se publique en España, de donde se me pide por un amigo, que cree lograr permiso para publicarla á pesar de ser yo el autor. Si se consigue me alegraré mucho, por el bien qe. resultara a la Nacion, y porqe. se podra vender mas barata en América que impresa en este país. Yo había escrito la 1a. edición mui apresuradamente, y por lo tanto está mui mal escrita. Es increíble la mejora que le hize, y sobre todo emiendo (sic) dos errores mui sustanciales en que he incurrido siguiendo la opinión de los mas clásicos Economistas de esta Nación, por no haber meditado con bastante detención la materia, que era en la que yo menos había pensado anteriormente, es á saber el uno relativo á la renta de la tierra, y el otro relativo á la doctrina del diezmo. Tratando de este último presento una doctrina original, y en mi sentir demostrada matemáticamente. De todos modos ó impresa ó en manuscrito, verá V. la corrección y se convencerá V. de que me debe ser mui sensible no haberme detenido á publicar la Obra pa. darla a luz lo menos mal qe. me fuese posible. Creo que las de la 2a. Edición valdrá mas que ninguna de cuantas se conocen en la Europa.

He recibido y leído con mucho placer la memoria qe. V. ha escito sobre la Educación. Celebro mucho mucho qe. V. esté tan penetrado de la importancia mas bien de la necesidad de la publica educación pa. qe. un país pueda salir de la barbarie. Hombres y conocimientos son los capitales de donde emanan todas las demás riquezas, y sin educación no puede haver luces; me regocijo qe. V. esté penetrado de que no pueden nunca ser excesivos los sacrificios que hagan los países nuevos como toda la América Española, para establecer una educación arreglada el sistema mas perfecto qe. se conoce en la Europa civilizada y en los Estados Unidos. Si como me prometo, sale V. Presidente, me persuado que dará V. un impulso mui grande en esta parte á la mejora fundamental de su Patria. Todas sus guerras civiles, todas las escaceses que se sufren sobre todo en Mejico, Colombia y Buenos Aires son efecto necesario de la falta de educación; en mi sentir no hai mal publico cuya raíz no sea la ignorancia y las preocupaciones.

Celebro qe. por fin haya cesado la guerra civil, y mucho mas por el bien público qe. por el privado de V. Celebraré qe. le elijan a V. presidente, pues no cuento que abunden en ese país y en toda nuestra América los hombres capaces de serlo.

Días pasados salió pa. esa, y llevo carta mía Ramon Arango, sobrino mío; vuelvo a recordar á V. le atienda pa. qe. pueda ganar su subsistencia á costa de su trabajo en algún destino ó de comercio ó militar en qe. V. pueda contribuir a hacer qe. se coloque.

Dentro de pocos días volveré escribir á V. y mientras esté V. seguro de la verdadera amistad que le profesa.

Álvaro Florez

Paris y Sepe. 25 de 1832.

Sor. Dn. Jose del Valle.

Mi apreciable Amo. y Sor, de todo mi respeto: hace mas de dos años que no tengo noticias de V. directamente, lo que atribuyo á las agitaciones que ha sufrido ese país. Hoi que se halla tranquilo espero que nuestra comunicación será mas frecuente que hasta aquí.

En la actualidad no quiero perder la ocasión que se me presenta con el viage á esa del Coronel Saget á quien he conocido en casa de su primo de V. el Sor. Herrera, y a quien aprecio.

En la próxima semana creo que se dará principio á la impresión en Frances de mi Obra de Economía Política, mui corregida, y con un Tratado enteramente nuevo acerca de la contribución territorial.

Presento un sistema del todo nuevo, aunque no hago mas que la aplicación de la teoría de la renta de la tierra, teoría que ningún economista aplica a esta contribución, y que solamente de este modo puede ser de grande importancia su descubrimiento. Luego que se imprima remitiré á V. un exemplar, y la crítica que los principales papeles de esta capital y de Londres hagan de ella.

La muerte de Fernando VII, suceso que no puede menos de ser interesante para la América, será un motivo nuevo, además de los muchos existentes, para las intrigas de la diplomacia, y las agitaciones de la Europa.

Manténgase V. bueno y tenga V. la bondad de no olvidarse de su verdo. amo. Q.B.S.M.

Álvaro Florez

Herrera con quien pasé dos meses en S. Germain, ocho leguas distante de Paris me ha escrito ayer, y me dice viene mañana. Se halla con buena salud.

Guatema. 26 de julio de 1833.

Sr. Dn. Álvaro Flores Estrada

Mi caro amigo y Señor:

Escrivi a V. dos el año pasado, y una a principios del presente. No he recibido otras letras suyos q. las qe. me entrego Mr. Saget. Ignoro si las mias han llegado á sus manos. Escribo sin embargo, y remito las presentes á Prospero pa. qe. no tengan estrabio.

No lo olvidare jamás. En prueba de mis Memorias dirijo la qe. escribí sobre el abasto de carnes, y la esposicion qe. hize y firmó el Alcd. 2°. de esta ciudad. Parece increíble lo acordado pr. el Gobno. Yo mismo lo he visto y no ceso de admirarme! Decretar sobre un alimento de primera necesidad impuestos tan crecidos! Atacar el derecho de propiedad, sacrificar el Bien del publico pr. el de pocos particulares!

Es triste la marcha de las cosas, y no sé hasta donde nos arrastrará el movimiento qe. tienen.

La América es en lo político, lo mismo que en lo fisico: La Tierra de los temblores. A la revolución de 826, 27, 28 y 29 qe. sufrió esta República, siguió la de 30 y 31; y a la de esos años ha sucedido la qe. empieza en el presente.

Los autores de la Constitución de Centro-América manifestaron mui poca previcion. Crearon una República federal compuesta de 5 Estados: declararon soberanas, en su Administración interior, a los Estados: no dieron, en último análisis, al Gobno. de la federación otras facultades qe. la de cumple las lejes, pedir consejo a los Senadores qe. les enviasen los Estados, y mantenerse con los cupos qe. les enviasen los estados, sino alcanzan, como sucede en efecto, las rentas miserables de la federación. Dieron al Gobno. Nacional un ecsistencia precarea, dependiente de los Estados. Los gbnos. De estos han ocupado las rentas de aql.: lo han obscurecido, no ha quedado mas qe. una sombra; y no se si aun esta sombra desaparecerá.

El Precidente ha dejado el mando, y parece qe. no volvera á tomarlo. El Congreso me nombró Vice-Precidente: yo hize tres renuncias; y al fin se admitió la tercera ¿Como es posible mandar sin rentas, sin fuerza, sin facultades?

Yo no tengo otra ambición qe. la de cultivar mis caras Ciencias. Yo me abrazo con ellas: vivo pa. ellas, y sentire morir pr. ellas ¿Que es la noche al lado del dia? ¿Que es la materia comparada con el Espíritu?

Yo he querido qe. se ilustren estos países: he trabajado alga. cosa con este objeto. No he podido llenar mis deseos.

Lo crerá V.? Todavia no he vendido la mitad de los exemplares de su Curso de Economía Política. He manifestado su mérito: he ecsitado á su compra; y no han sido eficases mis deseos. Mandé á uno de los estados algs. exemplares, y seguiré activando pa. remitir á V. la cuentecita,

De todas maneras yo sere su afmo. amigo y servr. Q.B.S.M.

José del Valle

Paris y Dice. 30 de 1833.

Sor. Dn. Jose del Valle.

Amigo y Sor. de todo mi aprecio: en el dia de ayer recibi su muy estimada de 26 de julio, la unica que he recibido en dos años. Por lo mismo que aprecio á V. muy particularmente me era sensible este silencio, y celebro saber, que V. me ha escrito varias veces, aunque ninguna de V. haya llegado a mis manos.

Aprecio las dos memorias que V. tiene la bondad de remitirme y que leeré muy luego.

Por Herrera remito a V. un exemplar de mi Obra de Economía traducida al francés. Se ha comenzado a hacer la traduccion inglesa, la que mejoro mucho sobre la traduccion francesa. Lea V. con cuidado el capítulo sobre la Contribution Fonciere. En él se resuelve la cuestión mas difícil y mas importante que tiene la Economía, en cava materia nada habían dicho los Economistas que valiese. Una comision de 36 personas encargadas de dar un informe á varias corporaciones han dicho que no puede prosperar la Francia si no se admite mi sistema, y que era necesario trabajar hasta conseguir que se adopte por las Cámaras y el Gobierno.

Sin que V. me dijese el mal Estado en que se halla ese Gobierno, ya yo me lo figuraba por la conducta sumamente irregular que ha tenido con su primo y mi intimo amo. Herrera, teniéndole dos años abandonado sin recurso alguno para subsistir. Increíble parece una conducta semejante, pero es imperdonable el procurar incriminar a Herrera por los pasos que ha dado para salir con honor de los apuros de que tenía toda la culpa el Gobierno.

Siento que V. no haya aceptado la Vicepresidencia, y si he de decir a V. francamente mi opinión, no apruebo esta conducta. Si hai deberes para con la Patria, V. faltó esta vez a uno que puede ser mui trascendental.

La España se halla en una guerra civil espantosa; pero yo la considero como un remedio duro pero el unico capaz de traer el bien de la libertad. Los sacrificios son sin duda terribles, pero cuento de seguro que no seran perdidos.

Deseo a V. todo género de satisfacciones, y que me cuente V. en el número de unos de sus mejores amigos.

B.S.M.

Álvaro Florez
Estrada

Guatema.

Sr. Dn. Alvaro Flores Estrada.

Recibí en el corriente mes el tomo primero de su Curso de Economía política qe. V. se sirvió remitirme. Su lectura me hace desear vivamte. el segundo. Es una obra bien pensada y bien escrito. Su digno autor y mi apreciable amigo supo leer las qe. se habían publicado desde la creación de la ciencia, extraer los mejores pensamientos, añadir los propios, y formar de unos y otros un cuerpo de doctrina qe. celebraría fuese texto en las escuelas o clases qe. convendría establecer en todos los estados del mundo, y especialmte. en los del nuevo. La América, es como dice V., la cosechera del oro y la plata: un depósito inmenso de riquezas escondidas en su vasto y hermoso continente. Si se ignora la ciencia de la riqueza, ¿cómo podrá facilitarse, mejorarse, y adelantarse en producción, y progresos? Y si no se desarrolla la qe. esiste en su seno, ni se da ilustración a sus pueblos, ¿será posible conservar las instituciones liberales qe. detesta la clase qe. en todos tiempos y países ha sido enemiga de ellas? V. ha hecho un bien mui grande á la América dando en la lengua qe. hablamos sus hijos lecciones importantes de Crysologia o ciencia de la riqueza. Yo procuraré qe. se aprovechen cuando cese la guerra civil, y la paz nos haga respirar una admosfera menos turbada y mefitica. Pero puede V. hacer entretanto otro beneficio de igual importancia. Acaba de escribir su Curso de Economía Política: tiene presente toda la ciencia. ¿Quién otro podría con mas facilidad qe? V. escribir un Ensaio sobre la Jurisprudencia en sus relaciones con la Economía Política?

Voi a explicar mi pensamiento. Permítame V. dar a esta carta maior extensión de la acostumbrada en el estilo común. La importancia del asunto, y su zelo pr. la ilustración son mis títulos.

La jurisprudencia qe. manifiesta lo qe. es y debe ser la lei no puede llenar su interezante objeto sino es guiada pr. la luz de la Economía política. Solo esta ciencia puede darle las necesarias pa. distinguir las leies qe. influien en el atraso o progreso de las riquezas.

Las naciones modernas han recibido de Roma su jurisprudencia: Roma recibio de Grecia los principios de la suia; y á la de Grecia envió Egipto los qe. le sirvieron de en Egipto; ni en Grecia, ni en Roma era conocida la Economía Política qe. es obra feliz del siglo 18. No fue la ciencia de la riqueza la qe. presidio ó dirigio la formación de las leies egipcias, griegas y romanas; ni es ella la qe. ha inspirado la de los pueblos modernos, imitadores ciegos de los de Roma. El análisis de las qe. dominan todavía al hombre desde su nacimiento hasta su muerte es la prueba mas inconcusa.

Nace el hombre; y la lei al instante lo declara infame ú honrrado. Califica á unos de incestuosos, á otros de sacrilegos, a otros de adulterinos, a otros de naturales, y á otros de legitimos. Cierra las puertas del honor a los hijos de incesto, sacrilegio, o adulterio: los aleja de todos empleos: prohibe qe. se les pueda dexar herencia alga. paterna o materna ex testamento ó ab intestato y hacer donaciones inter vivos o causa mortis. Permite dar alimentos ó hacer legados a los naturales cuando hai descendientes legítimos; y reserva á estos las herencias, honores, empleos mas elevados y lucrosos. Condenar a oprobio eterno á inocentes qe. no conocen el crimen, ni son responsables de culpa alguna: obligar a los padres á ocultar ó negar este titulo: alejarlos de la educación de sus hijos pa. no ser descubiertos, seran leies indiferentes al atraso ó progreso de la riqueza? Un hombre infamado pr. la lei, sin educación, ni honor, será tan productor como el qe. nace honrado, y es educado con todo el esmero paterno? Los oficios y las artes podran hacer progresos siendo envilecidos por la infamia de los brazos qe. las exercen: La lei qe. tiende á acumular la riqueza es una clase no producirá estancos o monopolios? No alterará los precios o valores qe. deben ser efecto de la libertad dada á todos pa. exercer la industria, elegir el oficio, vender ó comprar como les paresca? Y abandonados de sus padres tantos hijos infelizes, la población será tan progresiva como séria si todos fueran cuidados y educados pr. los qe. les han dado el ser? Y la poblacion que da manos a los campos, talleres y almacenes, ¿no es uno de los elementos grandes de riqueza?

El hombre honrado ó infamado, va creciendo sucesivamte. tiene 20, 22 ó 24 años: es robusto: ha desarrollado sus talentos: puede hacer obras que admiren á sus contemporaneos; y la lei le tiene en menoría hasta los 25. No le permite hacer contratos, ni ser fiador, ni obligarse. Es muerto pa. el comercio

Nota: hasta aquÍ llega esta carta. Está incompleta).

CAPÍTULO VIII: CORRESPONDENCIA CON LA SOCIEDAD DE INSTRUCCIÓN ELEMENTAL

Señores

El mes anterior tube el honor de recibir el diploma de Socio correspondiente qe. VV., señores, se sirvieron dirigirme el 31 de junio de 1826 como presidentes y secretarios de la Sociedad de instruccion elemental.

Un titulo tan honroso es pa. mí superior a los de la vanidad ó del orgullo. Yo lo estimo en todo su valor; y ofresco a la Sociedad mi gratitud y respetos.

Son dignos de ellos las Academias ge. ha creado el Genio pa. hacer marchar las ciencias á pasos rapidos, y acercarlas cada dia mas al objeto sublime de sus inquisiciones. Pero las ciencias qe. trabajan pa. hacer feliz a la especie humana no pueden ecsistir sino en Estados regidos pr. gobiernos justos, protectores de los derechos qe. tiene el hombre pa. pensar y mejorar su ser: los gobiernos justos se establecen y conservan pr. el espiritu publico de los pueblos qe. conocen sus derechos y saben sofocar la tirania opresora de ellos; y los pueblos no pueden reunir estos conocimientos si no hai establecimientos qe. cuiden de su instruccion elemental.

En todas las naciones del mundo las formas despoticas qe. hacen esclavos ignorantes han durado mas siglos qe. las instituciones liberales qe. forman hombres ilustrados y libres. En todos los países de la tierra la supersticion qe. embrutece y sacrifica la especie humana es víctima del minimum; y la ignorancia de los pueblos es la solución de este admirable problema.

Los hombres ignorantes son instrumentos de sus mismas desventuras. De ellos se sirve la tirania pa. destruir la forma de gobierno qe. los protege, y establecer otra qe. los oprima: De ellos se vale el fanatismo pa. proscribir a los Sabios qe. los instruien.

La ilustracion es el origen primero de todo bien. Procurar la de Los pueblos es abrir la fuente de donde fluien todas sus venturas: es trabajar pr. su felizidad y mejorar los destinos del genero humano.

Este es el objeto, tan sublime como basto, de esa importante Sociedad; y unido á ella pr. el nombramiento qe. se ha servido hacer en mí, yo me veo asociado á sus grandes miras.

No soi digno de llenarlas, ni puedo hacerme ilusión en asunto tan claro. Pero haré los esfuerzos de qe. sea capaz pa. corresponder a los votos de esa Sociedad. Desde el Centro de la América llamaré su zelo a la porción de Américanos qe. tienen mas títulos pa. interezar: desde Guatemala imploraré su protección en beneficio de la raza mas digna de ella.

Los indios son, entre los individuos de la especie, los seres mas infelizes Los indios sufren lo mas doloroso de la infelizidad. Yo reuinre mis pensamientos sobre esta clase miserable y desvalida; y los presentaré en una Memoria a la censura ilustrada de esa digna sociedad.

Sirvanse VV., Señores, ofrecerle mi respetoso reconocimiento, y aceptar las consideraciones con ge. tengo el honor de subscribirme su mas ato. servr.

José del Valle

Guatema. 19 de octbre. 1829.

Señores

En agosto de 1827 recibí el diploma de Socio correspondiente qe. VV. se sirvieron remitirme pr. acuerdo de la Sociedad de instrucción elemental; y en septbre. sigte. acusé recibo manifestando mi gratitud pr. el titulo con qe. se me ha honrado, y ofreciendo hacer, pa. llenarlo, cuanto fuese posible á mis alcances.

En los meses anteriores una revolución destructora de hombres y propiedades conmovía la República, y era imposible en circunstancias tan tristes operar cosa alga. Cesó al fin en abril último la guerra intestina qe. producia males tan graves, y una de mis primeras atenciones fue volverla al objeto primero de la Sociedad.

Publiqué en esta capital la Memoria sobre Educación qe. ha sido reimpresa en Megico y tengo el honor de presentar a la Sociedad. Si no son dignos de sus votos los pensamientos qe. da á luz, merecerá acaso su consideracion la voluntad qe. la ha inspirado.

Años ha qe. consco la importancia de la Educación, especialmte. en América. Cada día me convenzo mas de su necesidad en esta República, menos adelantada qe. otras en los ramos precisos de

Instruccion. El sistema adoptado de gobierno ecsige muchos funcionarios ilustrados y morales; y no es posible suponer tantos hombres de luzes en unas provincias qe. acaban de salir del caos de obscuridad donde las tubo tres siglos el genio español.

La Educación es la primera necesidad de estas pueblos. Lo he manifestado en el Congreso en los terminos mas claros: lo digo en la Memoria; y no cesaré de repetirlo en cuanto escriba pa. Bien gral. de la República.

Que gozo tan puro seria el mío si esa digna Sociedad se sirviera auxiliar mis deseos y cooperar a su buen ecsito! La difusion universal de las luzes es el objeto grande de su zelo. Ha pensado en una Biblioteca popular, formada de obras breves, claras, é instructivas: quiere qe. haia conocimientos en todas las clases de las sociedades; y yo me tomo la libertad de suplicarle se sirva extender su zelo a las de esta Rep. Si se dignan remitirme uno ó dos exemplares de los libros elementales qe. se haian publicado, yo me ocuparé en traducirlos pa. instrucción de estos pueblos.

Sirvanse VV., señores presidte. y secrets., hacerlo presente á la Sociedad y aceptar las consideraciones y respetos con qe. tengo el honor de subscribirme su mas ato. servr.

José del Valle

CAPÍTULO IX: CORRESPONDENCIA CON EL CONDE DE PECCHIO

Muy Sr. mío:

El señor Herrera acaba de enviarme la carta del día 3 de marzo que ha tenido la bondad de escribirme. Le agradezco mucho, señor tantas amabilidades como me dice, y no sé más que contestar asegurándole que en el país más civilizado y más instruido del mundo, no tengo un amigo que estime tanto como a Ud. Si las instituciones de su país estuvieran en proporción con su carta, creo que no me quedaría nada más por desear. Pero me inclino a creer que está lejos de ser así y que usted es la única palmera del desierto. Me habla de las escuelas de los pequeños de tres a seis años y parece que tiene alguna duda sobre el método de la instrucción intuitiva para niños de una edad tan tierna. Primeramente, señor, es preciso que sepa que en este país no se emprende nunca una empresa sin haberla examinado, discutido y haber abordado de buena fé todas las dificultades que se presentan. Siguiendo este método, son muy pocas las empresas que en Inglaterra fracasan. Sepa, pues, que estas escuelas en cuestión han tenido un éxito tan grande que se han establecido en todas las ciudades manufactureras (donde hay un gran número de niños de obreros que quedarían abandonados, presa de la ociosidad durante las 12 ó 14 horas de trabajo de sus padres), se les ha adoptado, y en este momento se cuentan ya en Inglaterra un gran número. Los primeros gastos se han hecho por una suscripción caritativa y se sostienen ya por sí mismas a las pequeñas contribuciones semanales de los mismos niños. El método, los cuadros de las letras del alfabeto, las figuras geométricas de proporción, los animales de los cuales se les da la idea justa de sus cualidades y de su proporción, la música de los himnos que cantan, etc. etc., todo está impreso por el medio más económico, el de la litografía. No puedo enviarle un surtido porque el gasto sería un poco elevado para mis medios que son pequeños. Pero su Gobierno podría pedir uno por medio de su ministro; es un gasto de cinco a seis libras esterlinas todo lo más, y todo incluído. Le prevengo sin embargo, que esta clase de escuelas son exclusivamente útiles para estas poblaciones que están ocupadas continuamente y que no tienen tiempo de ocuparse de sus hijos. Incluso en Inglaterra y en el campo, tampoco las hay que yo sepa. La biblioteca popular de los conocimientos útiles (of the useful knowledge) continúa avanzando. Cada quince días se publica un folleto, escrito cada uno de ellos por los primeros hombres de Inglaterra que siendo gigantes se hacen enanos para ponerse al nivel de sus lectores. Siento mucho que al señor Spring Rice, miembro del Parlamento, que me entregó los primeros números que le he mandado, no se encuentra en esta ciudad. Hubiera tenido mucho gusto en enviarle la continuación.

Sin duda habrá Ud. oído hablar de la nueva Universidad de Londres, cuya construcción se está terminando. Pues bien, sepa que los obispos, los torys y los ministros actuales van a construir otra para rivalizar con la primera y ya se han echado los cimientos. Tanto mejor para el público.

Vd. conoce, según parece, la obra del Capitán Clias, sobre la gimnasia. Los ingleses, que no desprecian nada de lo que pueda ser verdaderamente útil, tienen varias escuelas de gimnasia en Londres, va desde hace diez años, así como también en algunas ciudades de provincia.

Tomando todos estos ejercicios con moderación son muy útiles para la salud, además de que dan al cuerpo flexibilidad y agilidad. Pero creo que serían muy útiles, y más útiles que en cualquier otra parte, en vuestro clima, donde la naturaleza hace que uno se incline hacia la pereza y la indolencia. Sería un gran estimulante de energía para la juventud, además de que la juventud toma ésto como una diversión y en las horas de recreo en los colegios públicos no hay quizás ocupación más sana y más inocente.

Permítame que cambie de materia. Ya se habrá enterado a estas fechas del cambio del Ministerio inglés. No se alarme por ello. A pesar del cambio de hombres, creo que no habrá cambios importantes en la política exterior. Como prueba de ello lea Vd. tan solo el informe del Ministro de Finanzas al Parlamento sobre el presupuesto de 1829. Verá usted entre otras cosas, que incluso hasta los nuevos ministros reconocen primeramente: las ventajas de los principios de la libertad de comercio que Inglaterra ha adoptado nuevamente. 2°: la inconveniencia de un fondo de amortización sobre el que tanto se había predicado hace tiempo y del cual últimamente varios escritores demostraron las desventajas y los efectos nocivos. Preste mucha atención a estos dos puntos de gran importancia. El primero le enseñara a evitar el sistema prohibitivo que parece haber sido el sistema favorito de España y de algunos de las nuevas Repúblicas de América meridional. Vosotros sois y sereis, aún por mucho tiempo, solo pueblos agrícolas, y vuestra agricultura prosperará en la medida de la consumición de las manufacturas extranjeras, que serán admitidas con un pequeño derecho de tarifa.

El segundo debe preservarle de repetir el error en el que han caído todos los gobiernos (queriendo imitar ciegamente a Inglaterra), es decir, de no formar fondos de amortización con la ocasión de un nuevo empréstito.

Me tomo la libertad, señor, de enviarle dos libritos que he hecho imprimir en diversas épocas. El uno servirá para mostrarle cómo con orden y estímulos se puede crear en pocos años un Estado independiente floreciente. El otro que habla de la Inglaterra de nuestros días, podrá darle una idea, aunque incompleta de los recursos y de las virtudes de este interesante país. No puedo enviarle todavía una copia de la historia de la Economía pública en Italia por encontrarse aún en prensa en el Continente. Pero recuerde, señor, que son más bien prestados que regalados, es decir, que espero en retorno algunas de sus obras. En mis negocios soy un poco judío, y me gusta colocar mi dinero, mis préstamos, una alta usura.

Escribiría aún más si no estuviera en este torbellino de Londres que no me permite ni pensar ni meditar detenidamente sobre mis asuntos. Si me hubiera hallado en la pequeña y tranquila ciudad de York, donde estoy de profesor de Literatura Italiana desde hace ya dos años (tranquilo puerto que hallé en mi naufragio) le hubiera escrito mas extensamente. Inglaterra es un almacén de mejoras, de descubrimientos, en una palabra, de instrumentos de civilización. ¡Cuánto siento que Ud. no pueda visitar esta mina inagotable de luces!. Volvería Ud. a su patria con el fuego de Prometeo. He agradecido muchísimo, el saludo cordial en mi lengua con que Vd. concluyó su carta. Ya las dos lenguas son hermanas; yo quisiera que los pueblos que las hablas lo fuesen también. En cuanto a mí si no puedo llamarle mi hermano, permítame a lo menos que sea para siempre su más afecto.

Joseph Pecchio

P.S. Mis memorias al Sr. Lavagnino.

Londres 21 de Septiembre 1828.

Mi querido del Valle:

Perdóneme si le escribo con tan poco tiempo como dispongo. Ayer tan solo se me entregó su interesante carta del día 23 de Mayo último y no tengo mas que hoy para contestarle. El señor Herrera no sabia donde estaba, porque desde que tuve el honor de escribirle he estado siempre en movimiento para efectuar la boda que tuvo lugar el martes pasado, y que me dejó feliz e independiente. Acabo de salir por fin de todo apuro, y sin que filósofo me gusta la pobreza, porque impide hacer el bien. Hoy es domingo y en un día tan sagrado en Inglaterra no se hace más que rezar y comer, comer y rezar, de manera que no me es posible enviarle ningún libro nuevo. Lo siento muy de veras el no poder testimoniarle mi agradecimiento con algo más que con palabras, por los detalles interesantes que Vd. Ha tenido la amabilidad de mandarme.

Por la catástrofe de Portugal habrá oído que el Ministerio actual Inglés no es nada favorable a la libertad. Pero para compensación el de Francia lo es más que nunca. Parece que los dos Gobiernos Inglés y Francés juegan a la báscula. Cuando baja el uno sube el otro. Sin embargo es necesario aprovecharse de estos cambios sin fiarse demasiado. La cuestión de la emancipación católica de los seis millones de Irlandeses ocupa por completo (y diría demasiado) la atención del Gobierno inglés. El duque de Wellington (que como hombre de experiencia y de guerra no tiene prejuicios religiosos) está dispuesto a zanjar esta cuestión haciendo concesiones razonables. Tan solo el Rey se opone. Pero será preciso que antes de un año ceda a la fuerza de las circunstancias. Pero el Duque de Wellington se ha dejado paralizar demasiado por los asuntos de Inglaterra, al punto que ha hecho demasiado poco por los asuntos del Este. En España se ha dique que "cunctando vicet rem", en la querella de Rusia y de las Cortes. Se pudiera decir que "cunctando perdidit rem". Ha durado y demasiado durado, cuando hubiera sido preciso o impedir a Rusia hacer una guerra hacer una guerra demasiado ventajosa y gloriosa para ella, o hacerla de acuerdo con ella con el con el fin de substituir a la caida del Imperio Turco otro Imperio que hubiera podido servir de barrera a la ambición de San Petersburgo, actualmente no tiene otro recurso que apoyarse en Austria y poner en juego la vitalidad de ésta contra los proyectos de conquista de su vecina Rusia. Pero es siempre un papel miserable cuando por medio de intrigas diplomáticas se está obligado a emplear la astucia en lugar de la fuerza y cuando se encuentra reducida a depender de las resoluciones y de los caprichos de un aliado. En medio de todo este conflicto Grecia quedará libre, ya no se puede dudar de ello y no he dudado jamás de ello, desde que el Conde de Capo de Istria, (hombre de Estado muy hábil y entre nosotros uno de los primeros Ministros en la Corte de Rusia), ha aceptado el cargo de Presidente del Gobierno. Conoce todos los secretos del Gabinete ruso. Aunque el Ministerio Francés lleva en este momento un sentido completamente liberal. Si yo fuera un patriota Américano no me fiaría demasiado de la continuación. La influencia de los Jesuitas, un capricho, un golpe de estado, las circunstancias políticas, pudieran hacer un cambio de Ministerio. Estáis aún en el borde del precipicio. No me sirvo de esta frasa como de un frase para asustaros. Creo que le decia la verdad cuando le escribia de no fiarse del Señor Villele. Si hubiera continuado en el Ministerio, hubieran tenido un ataque serio de la flota de Laborde.

Méjico será al fín el punto de desembarco de las tropas españolas que Se han reunido en diferentes partes de América y pensad que la República Central de América no sería mas que un apéndice de la conquista de Méjico; no se enfade si le digo esto, pero tres o cuatro mis hombres bien disciplinados bastarían para conquistaros. No puedo decir más pero yo no dudo que la conquista de Méjico tiene como objeto el colocar ahí a Don Francisco como un simulacro de constitución. Este es el proyecto preferido de España y de Francia desde hace tres años. Si el ministerio francés cambiase entonces vería Vd. enseguida como el Almirante Laborde dejando a un lado los falsos ataques que ha simulado hasta ahora, iría a caer directamente sobre su presa. Se os cansa con guerras intestinas para conquistaros más fácilmente un día en nombre de la Independencia y de la Libertad.

Si vuestras discordias civiles os lo permiten, continúe pensando en la cultura del pueblo. Después de las escuelas públicas, los caminos públicos deberían ocupar la atención de vuestros compatriotas. Vuestros productos no tendrán jamás valor mientras no haya facilidad de transporte para venderlos. Si tuvierais carreteras tendríais un gran número de extranjeros entre vosotros; no importa que sean especuladores; dejadlos ganar con tal que pongan en circulación con el resto del mundo vuestros productos territoriales. Produciréis en la medida en que vendáis. Los extranjeros acelerarán también los progresos de vuestra civilización. Los Estados Unidos de América se han poblado, hecho industriosos, y ricos, solo con la inmigración de extranjeros. Pero es preciso para inducirlos a que se establezcan entre vosotros, primero: buenos caminos y la seguridad de los mismos; segundo: la seguridad de las personas y de la propiedad y tercero: la tolerancia de la religión. Los ingleses tienen demasiada población y capitales, los cuales muy a gusto los emplearían en el Nuevo Mundo, pero quisieran ser libres en cuanto a la religión.

En Roma hay dos iglesias protestantes; en Livorno y en Florencia las hay también. En Lisboa hay dos asímismo. ¿Por qué mostraros vosotros menos filósofos que el Papa y los monjes portugueses?

Mañana o pasado mañana, partiré con mi nueva esposa para hacer un viaje de un mes o de dos en Francia. No dejaré de hablar de usted a la Gran Sociedad de Enseñanza Popular. Yo me ocuparé de todas las cosas que puedan merecer su interés y tendré un gran placer en escribirle una larga carta a mi regreso a Inglaterra, contándole todas las cosas que haya visto.

Le ruego salude al Sr. Lavagnino. No he visto a su hermano desde hace dos meses, pero creo que se encuentra bien y que continúa como siempre en Londres.

¿No tendría ánimos para abandonar su patria durante dos años? Piense, señor del Valle, recuerde, que todos los legisladores de los antiguos, viajaron. Persuádase de que Inglaterra es la Creta de los Antiguos. Cuánto placer tendría en gozar de su conversación durante algunos meses.

Quedo de usted con el mayor respeto, suyo afectísimo,

José Pecchio

Guatema. 19 de maio de 1829.

Señor

En mis anteriores escribi tristemte. del Estado de la República.
En esta hablaré idioma mui diverso.

Cesó al fin la guerra, Señor Pechio. Empiesa pr. ultimo la paz. De
la Vigne dixo:

…le tombeau creusé pour elle (la Liberté)
devore tot ou tard le monarque absolu:
Un tiran tombe ou meurt; seulé elle est immortelle.

Esto es lo qe. ha sucedido en Centro-América. El C. Manl. José
Arce qe. no poseia aun los elementos de la ciencia de gobernar, quiso
sin embargo ser primer prisidente de la Rep. Tubo algs. votos
populares: no fue á su fabor la maioria de ellos. La aristocracia qe.
había tenido el hábito de dominar, deseaba un gefe qe. pr. La escacez
de sus conocimientos fuese instrumento fleccible de su voluntad (hay
una frase testada): hizo qe. el congreso eligiese á Arce infringiendo la
lei y sobreponiéndose a la selección nacional. Arce fue lo qe. quiso
qe. fuese la Aristocracia; y esta deseaba la Constitución politica (hay
otra frase testada) y libertad. Empezó á executarse el plan meditado
por ella pa. destruir la Lei fundamental. Los Estados lo conocieron:
comenzó la guerra civil: se derramó la sangre de los pueblos: se fue
generalizando la opinión; se creó la Fuerza moral; y ella fue la
Libertadora. Caió el Despotismo: están presos Arce, Beltranena, y
Ayzinena qe. exercian funciones de presidente, vice-presidente, y gefe
de Estado: Están arrestados otros muchos: se ha restablecido la
Asamblea, consejo, y gefe qe. había el año de 826 antes ge. comenzara
la revolución : se va à restablecer el congreso federal, y sucesivamte.
se mandara proceder á elecciones de presidente, vice-presidente de la
República, cet. De ellas depende la felizidad ó desgracia de la nación.
Que el cielo y la tierra inspiren a los pueblos! Que sean impotentes
los movimientos de la intriga! Que no vuelva à sentarse la ineptitud
en las sillas primeras de los Poderes! Un hombre incapaz de
desempeñar el empleo qe. ambiciona hace su ruina y prepara la de los
pueblos.

Yo he aprovechado los primeros movimientos de Libertad de imprenta publicando el Discurso ge. acompaño. Mi objeto ha sido ecsitar á qe. sé escriba, y consolidar una de las garantías mas grandes. Voi a imprimir otras obritas; y tendrá V. otras remisiones.

Le acompaño desde este nuevo mundo en sus satisfacciones y gosos. El matrimonio no será pa. V. el Sepulcro del amor. Sirvase ofrecer mis respetos á la señora, su digna esposa: poner mi familia á su disposición; y ocuparme en cuanto fuere util.

Espero las Memorias qe. me ha ofrecido de su viage á Paris. Qué dichoso es V. Señor Pechio, y cuanto envidio sus destinos literarios! Ha visto la Metropoli del mundo cientifico! Ha hablado con los Sabios mas eminentes! Ha oído sus acentos! Ha expresado los suios!

Mis ojos no ven mas qe. la Naturaleza: mis oidos casi no oien otra qe. la de las tres creaciones. Centro-América, mi patria querida, habria hecho en el tiempo pasado algs. progresos en la ilustracion y riqueza. Pero cuatro años de gobierno inepto: dos y medio de revolución horrorosa han hecho qe. retrograde espacios inmensos. Escombros y ruinas: sangre y muerte son los monumentos qe. ha dexado el Despotismo. No bastan talentos ordinarios pa reparar un edificio tan estropeado. Aun los extraordinarios seria preciso ge. meditasen y trabajasen mucho.

Yo no olvidaré sus dos consejos: Instruccion popular: Extrangeros utiles: han sido spre. objetos predilectos de mis deseos. He escrito un Discurso ó Memoria sbre. Educación qe. remitiré á V. luego qe. se imprima; y pienso fundar una Sociedad de instruccion elemental, correspondiente de la de Paris. Mis consideraciones á los extrangeros: mis escritos á fabor de ellos son hechos publicos y notorios.

La (hay una palabra tachada) será asunto de mi pluma cuando esté mas preparada la opinion del pueblo, ge. formaron el gobno. español y la (hay otra palabra tachada). E mentre, ratificandogli la mai divota amicizia, mi soscrivo cual sono, e saro sempre.

Affmo ed obblo servitor vero ed amico.

José del Valle

Brighton22 de Septiembre de 1829.

Al Sr. Conde de Pechio.
Muy querido señor:

El señor Próspero de Herrera ha tenido la amabilidad de presentarme la carta del día 19 de Mayo último que usted tuvo la bondad de escribirme. El placer que proporciona una carta está en virtud de la distancia y de la estima que se tiene de la persona que escribe, y asi, juzgue cuan encantado he estado al recibir sus noticias y noticias tan buenas de su patria. Las guerras civiles son las enfermedades casi inevitables de todas las Repúblicas, como el sopor; el embrutecimiento, la apoplejía, son las enfermedades que afectan los estados despóticos, Me alegro de saber que se ha envainado la espada y que los ciudada: nos de la Nueva República de Guatemala se han dado el beso de paz. Espero que la guerra que se ha prolongado durante demasiado tiempo habrá purificado vuestra atmósfera. Se dice que la libertad es como el agua, que es preciso agitar con el fin de impedir que no se vuelva fangosa y se pudra, pero una guerra civil es una tempestad en la cual se naufraga muy a menudo. Ahora que usted es victorioso, vengue la República con firmeza y generosidad. No abuse de la victoria, pero tampoco sea débil. Acuérdese de Machiavelo que dice que si se está obligado a hacer el mal, es preciso hacerlo de un golpe y no poco a poco si se quiere escapar al odio. Pienso enviar al Sr. Vizconde de Chateaubriand la traducción que usted ha hecho de su discurso sobre la libertad de la prensa. Estaré encantado de recibir un eco de usted a la distancia de seis mil millas de París. Permítame que le admire sin que sea para usted un halago; me gusta como usted imita a los antiguos que en medio de los asuntos públicos no olvidaban las letras ni la filosofía. La energía y la actividad es la característica de los hombres libres. Vea los Fox, los Sheridans, los Burke, que a imitación de Dante, Boccacio, Bombo, Machiavelo, servían a su patria y dejaron en sus escritos monumentos para la posteridad. Compare un hombre público de un estado libre con el de una Monarquía absoluta y verá que diferencia hay entre los dos. Cicerón, por ejemplo, con Mecenas. Al Señor Brouganh, con el primer Metternich.

No olvide la Guardia Nacional que es el único verdadero égida de los Estados libres. El ejército regular es siempre peligroso. Es precio que haya uno pero que sea pequeño, bien pagado y bien disciplinado. Los Estados Unidos son en esto, un modelo de prudencia y de economía. Imítelos también en la acogida que ofrecen al talento y a la industria extranjera. Han crecido y prosperado con ayuda de la inmigración europea. A veces se envidia a los extranjeros porque hacen rápidamente fortuna. ¿Y qué importa ésto, si el país también gana con ello? Es como si los discípulos envidiaran al maestro por el dinero que gana. Pedro el Grande aceleró la civilización de su Imperio tan solo por el elementos extranjero industrioso e instruído. Ya sabe usted que Golbert hizo venir del extranjero toda clase de obreros y hasta en Inglaterra, que es el País más instruído del mundo, se acojen me cánicos y mineros alemanes. Los cantores italianos, cocineros franceses. como hace dos siglos se trajeron banqueros de Italia y obreros es Pecializados en seda de Francia. Es preciso que se injerten las naciones como se hace con los árboles frutales. No es a usted, señor, a quien predico en este tono dogmático, sino a esta masa ignorante, que ha hecho y continuará haciendo la guerra a vuestros talentos.

Inglaterra está tranquila y seria más feliz si no hubiera llenado sus mercados con su propia manufactura. Su deuda, el descontento de los obreros en seda y algodón, el estado de Irlanda, ante la emancipacion católica, la han impedido de aportar una parte activa en la queira entre Rusia y Turquía. Las victorias de los rusos han destruído el equilibrio europeo para siempre. Ha desaparecido el imperio Turco, hasta el punto de solo ser como un fantasma. Será preciso que alguna otra potencia o una alianza, haga frente a Rusia en el porvenir.

La señora Pecchio me encarga presentarle sus cumplidos e igualmente una dama inglesa, Lady Anne Marley, a la cual he leído la carta que me escribió y me dice que estaría encantada de verle a usted en Londres, como embajador de Guatemala. Le he dicho que usted sería muy útil a su patria en este puesto, pero que lo sería más aún en su puesto, si se le encargara de la Presidencia que yo le deseo de todo corazón, en interés de la República y de los amigos de la Libertad.

Q.B.LM. su más afectuoso servidor y amigo,

José Pecchio.

Guat. 21 de octbre. 829.

Señor

Siguen constantes mis afectos, y aprovecho desde luego la ocasión qe. se presenta pa. reiterarlos.

Terminó al fin en abril procsimo la guerra intestina qe. nos hizo sufrir tantos horrores; y otra vez cuando la marcha del conductor no sea tan rápida, tendré el honor de darle alga. idea de ella.

Yo aproveché los primeros momentos de libertad de imprenta, y di a luz la obrita ge. remito a V. como memoria tierna de mi amistad. Si no hai en ella pensamientos dignos de sus votos, encontrará al menos zelo pr. el Bien gral. de la especie humana.

Continuaré haciendo esfuerzos pa. corresponder al título de Socio de la Sociedad de instrucción elemental de París. Seguiré escribiendo y amando a V.

Mi primo Herrera dará a V. algs. noticias de este país. Yo cierro pr. falta de tiempo, y me repito amigo y servr.

Al Sr. Conde de Pechio.

José del Valle

La obrita qe. le remití es mi Memoria sobre la Educación.

Guatema. 24 de marso de 1830.

Señor Pechio

V. posee el arte de escribir cartas. Todas las ge. me ha dirigido son á un mismo tiempo instructivas y afectuosas.

En las de 22 de sepbre. ultimo es eminente este caracter. No hai una linea ge. no sea un pensamiento util, ó un sentimiento cordial. Los míos son mas progresivos qe. las lineas de los geometras y los números de los aritmeticos. Cada dia estimo mas á V. No se acabará nunca mi voluntad. Es como el fuego delas Vestales qe. no podia apagarse; y V. no cesa de enviar combustibles ge. aumentan las llamas.

He recibido su Storia della Economía publica in Italia. Es un monumento de su amor al país natal, y de su instruccion en una delas secciones mas bellas del sistema vasto delos conocimientos humanos. ¡Con que gozo tan puro he visto demostrado enla Introduccion esta importante verdad: la scienza velata sotto nomi diversi! ¡Cuantos placeres, variados de distintos modos, me ha dado la biografia de los economistas italianos desde Scaruffi hasta Gioia qe. dai primi anni della sua gioventu si annuzio come un oratore della liberta italiana é uno sertore di Economía pubblica! La Instraduccion es obra de uno qe. Después de haber visto el mapa entero dela ciencia, toma el carbon y señala los puntos á qe. se reduce toda ella. La historia delos economistas es una galeria donde se admira el pincel qe. sabe pintar todas las fisonomías y retratar todos los caracteres.

El mundo debe mucho á esa Italia, teatro grande de grandes acontecimientos en todos generos. Otros han manifestado lo qe. se le debe en las ciencias fisicas, cet. V. tiene la gloria de publicar lo qe. le debemos en las económicas.

Mucho tiempo ha qe. deseo tener en mi biblioteca la Colección de los clasicos italianos de Economía politica, publicada en Milan pr. Custodi; y estimaré qe. V. se sirva decirme si es facil conseguirla y cual es el precio á qe. se vende. Pero entretanto dignese V. comprar desde luego y remitirme pronto el Nuovo prospetto delle scienze eco nomiche di Melchiore Gioia. Mi primo Herrera, á gn. escribo en esta fha., entregará lo qe. valga. No se encuentra en las tiendas de libros de: esisten en esta ciudad; y es obra qe. da en abundancia conocimientos mui provechosos.

Los europeos son los qe. los comunican al mundo entero. Yo he sido spre. su admirador constante, y no cesaré jamas de serlo.

La Asamblea de este Estado decretó el restablecimiento de la Sociedad Económica qe. había en años anteriores. Yo fui electo Di Tector, y pr. serlo dixe el Discurso qe. tengo el honor de remitir a V. Hago á la Europa la justicia qe. merece el país hermoso de las luzes y capitales: la hago alos Sabios qe trabajan pt. la prosperidad delos pueblos en grali la hago alas qe se intereran desde el mundo antiguo pr. la felizidad del nuevo: La Sociedad acordó su impresion, y se fun Pirculado exemplares. Quiera el cielo qe. se oiga la voz de la Razon y desaparescan las prevenciones. dela ignorancia contra los estrange Yos. yo no cesaré de decirlo. Si la América quiere ser ilustrada, es preciso qe. reciba luzes de la Europa, ó qe las crie ella misma. Lo primero es facil, y lo segundo seria mui dificil especialmte. en estos países donde la masa está todavia (como V. dice justamte.) mui ignorante.

El alma se afecta de sentimientos mui triste al considerar tantos ordenes de empleos en esta República, y la falta absoluta de educación necesaria pa. formar hombres capaces de servirlos. La lei ecsige multitud de legisladores, senadores, consejeros, presidente, vice-presidente, gefes de estado, vic-gefes, magistrados, juezes, intendentes, cet.; y no hai una sola aula ni dela ciencia legislativa, ni dela ciencia de los gobiernos, ni de Economía politica. Lo mas olvidado es el sistema de educación. Se cree preciso el arte de los zapateros pa. hacer un par de botas, y no se juzga necesario el de los legisladores pa. dictar una lei, ni el delos gobernadores pa. dirigir una nación ó Estado.

Yo quisiera qe. V. y los hombres mas ilustrados de Europa, volviendo la atención de América, manifestasen con toda la energía dela Razon y las bellezas dela elocuencia, qe. cada orden de empleos ecsige una educación especial qe. da aptitud pa. desempeñarlos; y qe. si los Estados no siguen este indudable principio, se hundirán pr. ultimo en el caos de la anarquia, ó seran al fin gobernados pr. un Poder absoluto. La voz de hombres, dignos de ser oradores dela Razon rectificaría las ideas torcidas y sofocaría el interez sordido de muchos. Los sabios de Europa deben ser los maestros directores de la América.

Yo volaría á Inglaterra á oir su voz venerable, y presentar mis respetos á May Lady Anne Harleg, si lo permitieran las circunstancias. El año de 1825 fui nombrado a propuesta del Senado Enviado Extraordinario y ministro plenipotenciario de esta Rep. cerca del gobierno britanico. Deseaba conocer la patria de Newton, Locke, Milton, cet.; y ver la plasa universal del mundo. No acepte sin embargo el nombramiento qe. podia saciar mis deseos; y continue vegetando aqui solo con la naturaleza y mi pensamiento. Son diversos los obstaculos qe. embarazan mi viage y no seria facil allanarlos. Pero si no es posible presentarme personalmte, lo es sin duda servir desde esta distancia en lo qe. pueda ser util. Yo doi á V. mis plenos poderes. Sirvase ofrecerme & Madama Pechio y á Lady Harleg. Tendré gusto en los servicios á qe. me destinen.

A V. es escusado ofrecerselos. Sabe qe. soi suio, y qe. debe tratarme con absoluta franqueza.

Yo uso de ella enviandole uno delos productos de la industria leonesa. Le remiro renido y labrado en Leon de Nicaragua un coco, fruto de una de las mas hermosas palmeras. Coloquelo en su gabinete y recuerde en la memoria y afectos de su amigo constante.

J. del V.

Sablonière Hotel. Londres. 6 de Mayo de 1830.

Muy Sr. mío:

He recibido con mucho interés el folleto sobre la instrucción pública que tuvo la amabilidad de enviarme. Aunque quizás sea demasiado profunda para sus compatriotas, tengo la seguridad que hará mucho bien. La he enviado a la Sociedad de París que se complacerá sus lectores pues escribe Vd. para los habitantes de los próximos si al ver su celo incansable. Le felicito por ello y no dudo en animarle para que continúe. Intente tan solo estar un poco más al alcance de glos. Les será dificil seguirle. ¡Ojala América pudiera tener media docena de hombres como Vd!=He aquí el único voto que hago por su prosperidad y por su gloria. Esto no es ninguna adulación, señor, pues le diré que la otra noche, estando en casa del señor Gorostiza, el Ministro de Méjico, todos los Americanos que se encontraban allí eran de mi parecer. Nos enorgullecemos de que para estas fechas haya sido Vd. elevado a la dignidad de Presidente de la República que Vd. se merece por sus dotes y por sus servicios. Por fin se encuentra Vd. en el lugar que le corresponde. Ahora podrá poner en práctica todas las medidas legislativas que Vd. tuvo el tiempo de preparar en su gabinete. Le recomiendo el camino de Igualada, (¿me equivoco?) en Guatemala. Especialmente haga todo lo fácil que le sea posible la comunicación con Europa por tierra; ya sabe Vd. que los caminos son las venas de un estado. Me he enterado con sumo placer que ha exiliado del territorio de la República todo el clero regular. Espero pues ahora venderá todos sus bienes. Si esto tiene lugar siga los siguientes principios a condición que se puedan aplicar a su país: 1º, Es preferible que se vendan las tierras en vez de alquilarlas; evite los gastos de administración que son enormes sobre todo bajo un gobierno nuevo. 2°. Vender a ser posible en pequeños lotes con el fin de repartir la propiedad y aumentar el número de los partidarios del gobierno. 3° Mandar como una de las condiciones del contrato que se cambie la forma de los conventos para impedir que los monjes se alojen algunos días en su antigua residencia. 4°. No imponer otras condiciones. Deje libre el uso de la propiedad tanto cuanto pueda. 5°. Fijar las condiciones de pago en el término de dos arios, en seis o cuatro épocas diferentes, aceptando una parte del pago la tercera o cuarta parte en cupones de la deuda capital e intereses que la República tiene con la bolsa de Londres. Es preciso realzar a toda costa su crédito que es de cero y de menos que cero actualmente en la ciudad de Londres 6°. Si el gobierno necesita dinero con urgencia en el momento de la venta de los bienes nacionales podría emitir una suma fija y cierta de bonos que los compradores podrían adquirir en dinero al contado por una tercera o cuarta parte del precio. Todo lo que le digo lo he visto yo mismo puesto en práctica y con éxito en Francia y en Italia. He hablado mucho sobre esto con el señor Herrera, su primo, que trabaja mucho y da prueba de mucha actividad e inteligencia: Yo desearía mucho que frecuentara la sociedad donde se aprende mucho sobre todo en este País. ¿No le gustaría enviar a Inglaterra a su hijo para dos o tres años? A su edad aprendería muy pronto la lengua inglesa que es difícil de aprender, y su primo podría ocuparse de él, aunque yo creo que sería mejor colocarle (si ha terminado los estudios) en casa de su embajador o de una familia inglesa en Londres o en Liverpool.

Continúan publicándose los pequeños folletos de Useful Knowledge. El señor Zebadua debería enviarle la colección completa. Merece que se traduzca a todas las lenguas del mundo. Es una obra muy bien hecha.

Me tomo la libertad de enviarle mi trabajo sobre la historia de la Economía Política en Italia. Reciba este pequeño regalo como señal de la estima y la consideración con la cual tengo el honor de quedar suyo afectísimo,

José Pecchio

P. S. Señora Pecchio me ruega le presente sus respetos.

Guatema. 31 de maio de 1830.

Señor Pechio

El 24 de marso ultimo escribí á V., y hoi 31 de maio vuelvo á hacerlo. Es un placer pa. mí, y soi sybarita en este género. No cesaré de gozar. La vida es breve, y la Tierra se está placiendo en darnos sustos.

El mes procsimo anterior empezamos a sentir temblores de poca consideración; po. repetidos. De las 4 de la mañana del 21 a las 5 de la tarde del 22 hubo 52. El 23 á las 9 largas de la noche hubo uno tan fuerte ge. rompió los tejados de muchas casas, rajó las paredes de algunas, y hendió las bóvedas de varios templos. El 3 del corriente se sintió otro de alguna duración, y succesivamte. siguieron otros menos durables y fuertes. El gobierno del Estado y diversas familias se trasladaron á Jocotenango, pueblecillo de indios inmediato a esta ciudad: otros buscaron ranchos pagisos en los barrios; y yo y otros nos pasamos a Ciudad vieja, qe. se halla a medio legua de esta capital. Se arruinaron varios pueblos y casas de diversas haciendas; y todavía suele haber uno que otro temblor. Hemos vuelto todos à nuestros hogares: po. temo qe. se repitan cuando esté mas avansada la estación de las aguas. La ruina de la Antigua Guatemala fue el 29 de julio de 1773.

"Los hombres han sido poco tímidos o mui ignorantes. Al verlos fabricar sobre volcanes ó en sus inmediaciones, parece qe. les ha agradado el peligro. La banda del sur es en esta República las mas poblada, y esa banda es puntualmte. la más expuesta á temblores. En ella es en donde se ve una serie de volcanes qe. parecen puestos de intento pa. hermosear y atormentar nuestro mediodía. están colocadas sobre las faldas de algún volcán, ó en sus inmediaciones la ciudad de Quezaltenango, la de Guatema. antigua, la de Sn. Salvador, la de Sn. Vicente, la de Sn. Miguel, etc.

Esta triste elección de lugar, en países donde sobran tierras pa. fundar poblaciones grandes y bellas, es una de las mil causas de atraso ó retroceso. Se ocupa en reparar ruinas el tiempo qe. podía emplearse en trabajos mas productivos: se debilitan las fuerzas; y pierden su energía las esperanzas, motores del hombre.

La Sociedad Económica de Amigos del Estado de Guatema. De qe. di noticia á V. en mi anterior suspendió pr. aquella causa sus tareas. Pero ya he regresado, y volverá a continuarlas, si nuevos movimientos de tierra no tornan á interrumpirlas. Propuse, y se acordó qe. se publicara un Mensual pa. difundir conocimientos útiles en un Estado donde no se propagan los qe. mas interezan a los pueblos. Se me encargó la redaccion, y he escrito el Prospecto y Numo. 1 qe. remito á V. haciendo votos pa. qe. merescan los suios. Sigo escribiendo, y no cesaré de enviarle lo qe. escriba. Hai armonía entre sus opiniones y las mías.

Propuso también, y se acordó igualmte. qe. se traduscan del inglés al castellano los opúsculos qe. me remitio V. y se publicaron en Londres pr. la Sociedad instituida pa. la difusión de los conocimientos útiles. Tengo este trabajo. Voi á traducir unos, y corregir los qe. traduscan otros qe. no poseen mui bien los dos idiomas.

La Sociedad de instrucción Elemental establecida en Paris ha acordado un Biblioteca popular, ó colección de libros elementales. Le he escrito pidiendo la remisión de uno o dos exemplares pa. traducitlos y circularlos pr. estos pueblos. Sírvase V. empeñar su recomendación. pa. qe. tengan efecto mis deseos.

Los de la Rep. no están todavía satisfechos. Sigue esto sin consolidarse hasta ahora. No se han concluido aun las elecciones de les Autoridades federales. Son diversos los partidos, y grande la intriga.

Veremos los resultados, y calcularemos las consecuencias. La América es una masa inmensa qe. se ha puesto en movimiento. ¿Cuál será el Poder qe. lo hará cesar?

Yo concluio protestando i sentimenti i piu cordiali. Sono affmo. amico.

José del Valle

Brighton, 6 Setiembre 1830.

Mi querido señor:

El señor Herrera ha tenido la amabilidad de enviarme su paquete. Como podría agradecerle todas las amabilidades que dice Vd. de mí y de mi libro? Me adulan tanto más cuanto que si yo las merezco, puede decir a mi vez "vera laus fit a laudabo vivo". He leído con mucho interés y con sumo placer el discurso que Vd. ha pronunciado en la obertura de su Academia de ciencias. Por fín ha cerrado Vd. las puertas del templo de Janus. "Cedant arma toga" Es el augurio más consolador, es un fruto glorioso de la paz. Que este árbol de la ciencia que Vd. acaba de plantar pueda prosperar y extenderse tan deprisa como lo hacen vuestros árboles frutales. Felicito a sus conciudadanos por haber creado una Institución tan útil, y por habido sabido escoger para su presidente un patriota tan digno y tan capaz de hacerla prosperar. He observado con placer que en su excelente discurso ha hecho Vd. mención de Genovesi. Le agradezco su atención que ha hecho a un sabio de mi páis. Por esto se demuestra que las Americanos saben ser agradecidos hacia aquellos Europeos que se mostraron amigos de ellos, pues nosotros los italianos hemos sido los primeros en visitaros. Ha hecho Vd. también muy bien de encomendar en su discurso las luces y la industria que su República podría recibir del extranjero. Napoleón que hacía avanzar deprisa a los pueblos, pronto vió que el único medio de civilizar los Dálmatas, era el de educar a su juventud en los colegios de Francia, y yo recuerdo haber visto carros en Francia que transportaban niños eslavos de Sebenico, Cattaro, Etc. para ser educados en las escuelas públicas. El Pachá de Egipto hizo lo mismo. Envió un gran número de jóvenes a aprender las ciencias y las artes mecánicas en Toscana, a Milán, en París y a Londres. Los Griegos bajo el jugo Turco fueron a estudiar las ciencias al extranjero, a Padua, Pavía, Bolonia, Pisa a Alemania. Todos aquellos que empezaron la revolución de su país y todos aquellos que componen ahora su gobierno, fueron educados en las diferentes Universidades de Europa. Y ahora casi todos los hijos de esos patriotas que se han distinguido lo más en la gloriosa lucha por su independencia son educados en los colegios de Alemania, de París, de Inglaterra. Por todos estos ejemplos, quiero expresar que su Gobierno adelantaría de un medio siglo en el progreso de las ciencias y de las artes mecánicas de su nación, si enviara, a costa del Estado, un cierto número de jovenes a los talleres y a las escuelas de Francia y de Inglaterra. Si esto no fuere posible o demasiado costosa, porque no se hace venir de Francia o de los Estados Unidos de América, jóvenes instruidos y capaces de ser profesores en vuestra Universidad y en vuestros

Liceos?. Vd. no debiera buscar ingleses porque están acostumbrados a sueldos enormes; los ingleses resultan demasiado caros cuando se trata de expatriarlos. Pero cueste lo que cueste, hay que establecer liceos y arrancar la instrucción Pública de las garras de los sacerdotes.

El señor Pecchio es fiel a su recuerdo y le da las más expresivas gracias por su regalo de coco. Pero no lo hemos recibido todavía, porque hemos tenido la negligencia de llevarlo a correos y la oficina había cargado nueve guineas por esto. Pero yo trataré de retirarlo por menos gastos en la primera ocasión que vaya a Londres.

La señorita Anna Arley a quien yo he enviado su carta y su discurso, tendrá mucho gusto en conocer esa muestra tan magnífica de la elocuencia Americana.

La colección entera de los Economistas Italianos debe costar en Inglaterra al menos 240. francos, es decir el doble de lo que cuesta en Italia. El librero no me ha contestado todavía si se puede encontrar una colección en Londres, pero yo lo dudo mucho. Espero encontrar más fácilmente "Il Prospetto delle Scienze Economiche" de Goia. El precio no deberá subir más de 50 francos. Mientras tanto le ruego acepte como un recuerdo mío les "Tavole Italistiche", del mismo autor que por casualidad he encontrado entre mis libros. No aprobará aparentemente el detalle minucioso del autor y por cierto, no sería por otra parte posible el ponerlo en práctica; pero sin duda admirará Vd. el plan y las divisiones de la obra. Nadie hasta hoy, le ha sobrepasado y seguramente nadie le superará en este género de obras.

Francia comienza una nueva época. Vosotros no tardareis en ser reconocidos. Sin la última catástrofe quizás no lo hubierais sido nunca, y los agentes de los Borbones con los monjes hubieran continuamente minado los fundamentos de vuestra República. Aprovecharos de la circunstancias y que vuestros representantes en Europa sean Ministros inteligentes, activos, observadores, curiosos, ávidos de conocer las Instituciones, las leyes, los establecimientos del país donde residan. Agregad a vuestros Ministros dos o tres jóvenes de buenas familias que harán su carrera y dadles trabajo encargándoles de una correspondencia particular de cualquier rama comercial, agrícola o científica, que pasaría siempre antes bajo el control del Ministro.

El señor de Gorostiza, Ministro de Méjico, que es uno de mi antiguos amigos, es el que se distingue por sus luces y por su actividad entre todo el cuerpo Diplomático de América del Sur. Le ruego acepte los cumplidos de la señora Pecchio, y la seguridad de mi estima y perfecta consideración de vuestro muy efectísimo,

José Pecchio

Brighton, 28 Noviembre 1830.

Mi querido señor del Valle.

He recibido el paquete que contenía tres folletos y una carta de Vd. Le agradezco las amabilidades que me dice, pero sobre todo la mención honorable que de mi ha tenido la atención de hacer en el primer número de su periódico. No la considero tan solo como una alabanza sino también como la más hermosa recompensa que podría obtener por mis trabajos literarios. Me he apresurado a dar conocimiento de su periódico a la Sociedad de Instrucción elemental en París. Al mismo tiempo he rogado al señor Sullien (Editor de la Revista Enciclopédica) que le envié de la dicha Sociedad un ejemplar completo de la Biblioteca Popular, diciéndole que Vd. se ocupaba de su traducción. Haría Vd. bien en escribir una palabrita cuando tenga la primera ocasión. Es un hombre entusiasta, un escritor incansable un viejo muy respetable, aunque un liberal incorregible y siempre del mismo color. Él tiene influencia en la Sociedad que bajo la nueva dinastía va a aumentar su influencia. El señor Spring Rice (uno de los miembros más distinguidos del Parlamento) le enviará de parte de la sociedad para él (Useful Knowledge) todos los números siguiente que Vd. todavía no tiene. No haría mal en escribir también dos líneas para agradecer a la Sociedad su regalo. Ate Vd. su patria con hilos de oro a todo lo que puede serle útil. Los mapas que la misma sociedad de Londres continúa imprimiendo son muy baratos y bien hechos. Lástima que los nombres estén en inglés, pues de otro modo podrían servir para vuestras escuelas, y colegios. Entre los folletos encontrará M. P. y el amigo de Lord Byron; la segunda es del profesor de anatomía de la Universidad de Londres; cuyo nombre he olvidado en este momento. Es una obra maestra y ningún otro anatomista de Europa hubiera podido escribir otra igual.

Vuestro terremoto es seguramente monárquico. Hubiera podido suceder uno o dos años antes; entonces hubiera podido abreviar la guerra civil. Pero actualmente hará decir a los sacerdotes que es la vía, el mensajero de Dios para castigar a los Republicanos. Deje Vd. que hablen y repare sus casas. Algún día, cuando sean más ricos, entonces construiréis en otra parte una capital más hermosa. Mientras tanto continúe trabajando en su colmena. No somos tampoco imprevisores y obstinados como los habitantes de la ciudad de Guatemala; nosotros continuamos edificando nuestros pueblos y nuestras ciudades de donde la guerra cien veces las ha destruido y las destruirá aún. El ejemplo de Herculano y de Pompeya, no ha hecho a los napolitanos por esto, más prudentes.

Le recomiendo siempre el puerto de Omsa y un camino practicable que conduzca a vuestra capital. Canales y caminos son las venas de un estado. Vd. lo dijo en su estadística; no deje de repetirlo hasta que se hagan. Otro prejuicio común a todos los pueblos hasta los más civilizados es que la consumición de artículos extranjeros arruina el país. Es una tontería que hay que dejar decir a los Gobiernos totalitarios. No hay consumición sin una producción correspondiente. Y para dejar cavar la tierra a poblaciones demasiado favorecidas por el clima como el vuestro, es preciso darles el gusto de los zapatos, de las medias y de la limpieza. Para satisfacer a nuevas necesidades (que sean razonables) es preciso trabajar porque el negociante extranjero no da sus artículos por nada. Según estos consejos no me crea un comerciante de Manchester; no, soy tan solo un amigo de la civilización que quisiera ver a todo el mundo bien vestido, bien alojado, bien alimentado y ésto, por medio de su propio trabajo.

No le mando noticias políticas porque el Times le dirá poco más o menos la verdad. Estamos esperando una guerra continental dentro de seis meses. Inglaterra no tomará parte al principio. La señora Pecchio me encarga transmitirle sus cumplidos.

Yo tengo el honor de quedar suyo afectísimo,

José Pecchio

Brighton, 4 Mill's Terrace de 22 de Septiembre.

Querido señor:

Recibí el paquete que me envió. Le agradezco mucho, todas sus molestias y sus amables halagos. Aprovechando su ofrecimiento, le envío una carta con un paquete de libros para su primo D. José del Valle. También recibirá otro libro del Sr. Rolandi, librero, para la misma persona. Dejo abierta la carta de su primo, a fin de que usted pueda leerla. Ha sido para mí una agradable sorpresa al ver cuan correctamente escribe el inglés. Esto me dice cuán bien empleó usted el tiempo en Londres y así veo cuán útil será usted para su país poseyendo ese envidiable talento.

Quedo su más obediente servicial y amigo, José Pecchio.

Cuando tenga muchas cartas o algún paquete que enviarme, hágalo a la dirección del señor Rolandi: num. 20 Berners Street. y por el coche, a fin de gastos de correo.

Londres, 6 Septiembre 1825.

Señor:

Después de lo que el señor Lavagnino me ha dicho de Vd, no quiero retrasar por más tiempo el placer de poder escribirme con Vd. Le ruego, pues, mirar la libertad que me tomo de escribirle como el más vivo deseo que yo tenía de testimoniarle de alguna manera mi aprecio. Tengo a mi vista algunos de sus escritos, que no hacen mas que añadir impaciencia al deseo que tengo de conocer un país que produce hombres tan elocuentes y patriotas tan sinceros como Vd. lo es. Si no estuviera fatigado del viaje que he hecho recientemente a Grecia va me habría decidido ir a ver "esa rosa encerrada en su capullo" que va a extender los más bellos colores bajo sus augurios, bajo sus auspicios. Hubiera sido para mí un halago, el poder ayudarle en sus proyectos para la mejora de su país y para la enseñanza de sus conciudadanos. Yo he contribuido a establecer en Italia las escuelas de enseñanza mutua. Hubiera tenido una gran satisfacción en contribuir a establecerlas también en su República. Era miembro de una sociedad para el impulso de la agricultura y de las Artes en Italia, y con cuánto placer hubiera tratado de impulsar el amor al trabajo en un país donde la tierra recompensa tan generosamente al labrador! Pero no sé si la mala suerte que me ha privado de mi patria y de mi fortuna, me permitirá abandonar Inglaterra, este asilo sagrado de las víctimas del despotismo europeo.

Mientras tanto y para hacer algo útil por su patria, he dado a conocer sus escritos al señor Bentham. Este venerable filósofo aprenderá por mediación de Vd. a querer y apreciar más vuestra patria. Me ha hecho decir (pues él es invisible casi para todo el mundo), que si hubiera tenido en su casa una colección completa de sus obras, se hubiera apresurado para hacerle el mismo un regalo; pero estoy seguro que en vez de hacer esto, estará más encantado de escribirse con Vd. y por ello creo que le va a escribir.

Muchas felicidades deseo al señor Lavagnino, que ha tenido el sumo placer de conocer a Vd. Yo no deseo más que una ocasión para reiterarle de viva voz la estima y la alta consideración con la cual yo tengo el honor de ser su muy humilde servidor,

Joseph Pecchio

Guatema. 3 abril 1827.

Señor

Recibí en marso de 1826 la qe. se sirvió dirigirme datada à 6 de novbre. de 1825. Si V. desea mi correspondencia, yo anelo igualmte. pr. la suia. La delos hombres qe. cultivan fructuosamte. las letras es de valor mui grande pa. mi. Oxala se abrieran relaciones entre los europeos amigos delas ciencias y los Americanos amantes delas mismas. ¡Con qe. gozo vería yo una comunicación de pensamientos, mas importante qe. el cambio de productos rurales ó metálicos, mas útil qe. el tratico de añil, grana y vainilla! La ilustración universal dela especie humana haría progresos inmensos: los qe. aman las ciencias estrecharían sus relaciones y formarían una sola familia; y unidos en armonía venturosa los hijos dela América y los dela Europa podrían cooperar ala felizidad del africano, del asiático, y del australasio.

Yo contesté sus apreciables letras el 18 de abril de 1826: le manifesté mi gratitud a la opinión honrosa qe. le debo; y le ofrecí mi consideración y afectos. Ha corrido un año. V. no me ha dirigido otra carta, ó no ha llegado á mis manos las qe. me haia dirigido; y yo vuel.vo á escribir á V. pr. qe. no ceso de anelar sus relaciones.

Las del hombre de letras ge. hizo ala Grecia un viage penoso pa. interezantes pa. qn. ama la Patria antigua delas ciencias y artes. En el Correo literario y político de Londres he visto el extracto de su Grecia enla primavera de 1825; y su lectura me ha inspirado el deseo de leer la obra integra. Yo me tomo la libertad de pedir á V. un exemplar. Unido con su carta tendrá en mi biblioteca el lugar qe. merece.

También deseo leer el Cuadro de esta República qe. publicó V. en uno delos periódicos de esa capital. El C. Prospero de Herrera, mi primo y amigo, es qn. me ha dado la noticia; po. no me ha remitido el impreso, y siendo relativo á mi patria, no debo estar sin el.

El mismo Herrera me ha escrito qe. V. fue qn. hizo proposición pa. qe. la Sociedad de Instrucción elemental establecida en Paris me nombrase Socio suio correspondiente. Yo he estimado este honor en todo su precio: he recibido el diploma; y penetrado del espíritu dela Sociedad trabajaré del modo posible pa. corresponder á sus confianzas.

No es el momento presente el mas oportuno pa. pensar en establecimientos de esta clase. La República, ge. tiene elementos pa. ser la mas feliz y tranquila dela América, se halla en posición mui triste. Delos cinco Estado qe. la componen, el del Salvador, el de Honduras, el de Nicaragua, y según se dice el de Costarrica en choque con el gobierno federal; y el gefe de el de Guatemala fue arrestado en 6 de sepbre. del año anterior pr. el mismo gobno. Ya se ha llegado a las armas. Ya están encendidas las teas dela guerra civil.

Cuando se apaguen y restablezca la paz y sosiego tendré la satisfacción, dulce pa. mi, de llevar á efecto los pensamientos qe. tengo Da. servir á mi Patria y corresponder á las miras bienhechoras dela Sociedad

Tres son en este asunto mis deseos: 1º. escribir una Memoria manifestando qe. en cada República de América conviene establecer una Sociedad de instrucción elemental, y qe. todas deben tener correspondencia entre si y abridla con la de Paris; 2º. fundar organisar en esta de Centra América la sociedad qe. debe tener. 3º. escribir otra Memoria llamando la atención e interezando especialmte. el Zelo á fabor delos indios, esa porción la mas infeliz de ntra. especie.

Yo enviaré a V. exemplares de ambas y le remitiré una coleccion de mis pequeños escritos cuando haia conductar qe. le ahorre los gastos de porte. Yo le comunicaré el resultado de mis pensamientos sbre. instrucción elemental. Yo le daré noticia del estado sucesivo dela República.

Quiera V. dármelas sobre los descubrimientos mas importantes en las ciencias. No hai enla creación entera cosa alza. qe. me intereze mas. Las ciencias son pa. mi como unas divinidades. Yo soi adorador de ellas.

Se también estimar la amistad de V. y subscribirme su ato. Y afmo. servr.

José del Valle

Londres 25 de Julio de 1827.

Al Sr. Conde de Pecchio
Señor:

Ya pronto hará dos años que no he tenido el honor de escribirle, a causa de mi ausencia de Londres. Muchos acontecimientos sucedieron en Europa durante estos años que merecen toda su atención. Desde la muerte de Alejandro, Rusia ha vuelto a su antigua y verdadera política. Busca pretextos para declarar la guerra a Turquía y ya no está indiferente a la lucha que los Griegos, sus correligionarios sostienen desde hace seis años contra sus opresores. Mientras tanto Turquía, aconsejada por los enemigos de Rusia interesada en que ésta no se apodere un día de Constantinopla, ha reorganizado su ejército, según la disciplina y la táctica europea y ha introducido también reformas en su administración interior. Austria ya no es la "Coriphe" de la Santa Alianza, ya muy debilitada desde que Inglaterra se ha separado de ella. Ahora se limita a retrasar y entorpecer la independencia de los Griegos, a animar ocultamente Turquía, a pesar sobre Italia con mano de hierro, a dirigir los absolutistas de España y a animar y aprobar en secreto todas las cábalas de los rebeldes de Portugal. Francia es la presa de los Jesuitas y sigue un sistema de engaño e hipocresía. ¡Qué América no se fíe nunca de Francia!!! Villele ha sobrepasado en finura al Cardenal Mazarin. El ministerio completamente machiavelico quiere hacer retroceder Francia, y en sus intentos no corre ningún peligro porque él sabe muy bien que la masa del pueblo en Francia está bien y que ella jamás haría una revolución por las ideas y que los que más chillan no son más que un puñado de hombres de letras de abogados, de periodistas, de filósofos que no tendrán jamás tal poder de hacer levantar el pueblo en favor de sus quejas. España esta en un tal estado de desánimo, de desorganización y de anarquía que sin la presencia de las tropas francesas y sin el dinero que en secreto recibe de Francia, ya habría caído en el abismo de una guerra civil. El partido Constitucional es muy débil en número. La tropa está bastante bien organizada y exactamente pagada; fenómeno que no se puede explicar más que por la conjetura de que Francia envía dinero. Portugal es un caos, cuyo fin nadie sabe prever. Inglaterra acaba de cambiar su Ministerio.

La nueva administración se compone de hombres que gozan de una gran popularidad y que tienen grandes luces. Pero toda la gran propiedad y la aristocracia, a excepción de 15 a 20 Lords que están en su favor, se oponen a este nuevo Ministerio. Se duda que pueda sostenerse mucho tiempo, pero si aún se sostiene no es más que por la necesidad de evitar una guerra a causa del miedo que se inspira a los déspotas del continente con los nombres de Canningy de sus colegas liberales y de tranquilizar Irlanda. La penuria en Inglaterra ha desaparecido casi enteramente. El comercio ha vuelto a su normalidad. La principal causa de la penuria de 1826 ha sido el exceso de las especulaciones y de los envíos al extranjero, Usted no se puede hacer una idea de la riqueza y de la prosperidad de este país. A pesar de ésto, la máquina inglesa es tan complicada y algunas partes de ella son tan delicadas que el menor toque causaría una gran sacudida, y es por ésto que hace esfuerzos y sacrificios para evitar una guerra sea contra quien fuere.

Todo el mundo está escandalizado de ver que las nuevas Repúblicas de América en lugar de consolidarse y de establecer un crédito en Europa se dividen y no avanzan ni un paso hacia el orden, la economía y una organización fuerte. Si no pagan el interés de sus deudas, no encontrarán ya ni dinero ni producción en Inglaterra. Vuestro crédito está bastante bajo. Aún podría relevarse si se pagan los dividendos. Pero si no lo haces así seréis abandonados completamente a vosotros mismos. Vuestros diplomáticos deberían ser también personas mejor informadas, más activas, más celosas. Por ello yo no indico a nadie en particular, no es más que una observación general que yo he hecho. Hace muy poco tiempo que los representantes de las Nuevas Repúblicas se encuentran en Inglaterra o en Francia. Cuán lejos están vuestros enviados de ser "Franklins". Deberían viajar, examinar, proponer a sus gobiernos las mejoras, las instituciones que sean aptas para sus patrias, en vez de arrinconarse en sus hoteles, deberían hacerse conocer, lanzarse al gran mundo, hacer hablar de ellos y de sus respectivos países. Ni uno tan solo de los Ministros Américanos se introduce en los grandes círculos de Londres, ni siquiera van a las casas de los primeros banqueros de la ciudad. Perdóneme estas reflexiones, pero no están dictadas mas que por el deseo que tengo de ver esas Repúblicas al nivel de las potencias europeas en la opinión pública y me he permitido hacérselas porque se que usted soporta la verdad, y que si algún día reaparece sobre la escena política, a la cual su talento superior y sus eminentes servicios le llaman, sabría reparar las faltas de sus antecesores. Acepte, señor, la seguridad de mi profundo respeto.

Muy humilde servidor y amigo,

José Pecchio

P.S.
Si usted pudiera reúnir todas las memorias que pudieran ayudarme a escribir un bosquejo de la vida de Bolivar, yo consagraría con mucho placer mi pluma a un tema tan noble y tan interesante.

York. 22 de Septiembre de 1827.

Muy Sr. Mío:

El señor Herrera ha tenido la bondad de enviarme la carta fecha 3 de Abril con la cual Vd. tuvo la atención de honrarme. He encontrado su carta tan interesante que me he abstenido de ella, para someterla a la Sociedad de París. En esto verá Vd. que soy capaz de sacrificarme por el bien general. Esta es la tercera carta que tengo el honor de dirigirle. Si no estuviera tan lejos de Londres le hubiera dado noticias mías más a menudo, pues aunque tan solo recibiera de Vd. una carta sobre diez de las que yo pudiera escribirle, ya me daría por satisfecho.

No teniendo ningún ejemplar italiano de las dos pequeñas obras mías que Vd. desea me tomo la libertad de enviárselas en inglés. A Vd. le da lo mismo, pues ya sé que es Vd. un políglota. Tiene Vd. derecho a poseer en su biblioteca el cuadro histórico que tracé de su república porque pertenece casi más a Vd. que a mí por haberme proporcionado en gran parte el material que encontré en las dos gacetas de las cuales era Vd. redactor, como también en los elocuentes discursos que Vd. ha pronunciado en diversas ocasiones. Puesto que este ensayo histórico pertenece más a Vd. que a mí, debiera enviarme la continuación de los acontecimientos que hayan tenido lugar en estos dos últimos años, de cuya impresión en Londres y en el Continente, me encargaría yo. Lamento también no tener a mano ningún ejemplar que poder regalarle de los dos folletos que acabo de imprimir sobre Inglaterra. Pero espero que podré enviarle dentro de un año una copia de la historia de la Economía Política en Italia que tengo en Prensa. Me he esforzado para poner al alcance de todos los tesoros de esta ciencia que se encuentra ahora enterrada, bajo la influencia de sesenta volúmenes procedentes de diferentes economistas italianos como Senovesi, Palliani, Verri, Beccaria, Mengotti, Filangieri, Pioia, etc.etc. En esta carta le incluyo los diez folletos que fueron publicados hace poco, por la Sociedad que acaba de formarse en Londres para la difusion de los conocimientos útiles, for the diffusion of the useful knowledge. ¡Que país tan admirable es Inglaterra! iQué de actividad, qué de progresos, qué de mejoras en todos los aspectos! Hay pocas personas que sepan recorrerla y estudiarla. la gente viene a Inglaterra para pudrirse y aburrirse en Londres. Inglaterra es una mina de conocimientos que merecería ser explotada por Vd.

He escrito a la Sociedad de París con el fin de ponerle en conocimiento de los últimos descubrimientos que se han hecho en la ciencia. Habría sido una tarea que hubiera ido más allá de mis fuerzas. Es mejor que me limite a mencionarle las "Infant Schools" (Escuelas de niños), que se establecieron hace cuatro años en casi todas las grandes ciudades de Inglaterra. Tienen como fin la instrucción intuitiva de los niños, de las clases pobres, es decir de los obreros que no tienen el tiempo de cuidar sus hijos, desde la edad de dos a seis años. Se les reúne en grandes escuelas de 80, 100, 150 bajo la dirección de un maestro y de su mujer (pues se admite a los niños de ambos sexos) y aprenden siempre de viva voz a pronunciar bien su lengua, a distinguir, a juzgar exactamente, a calcular de memoria, etc. etc. Es el método más hermoso para desarrollar temprano las facultades de estos pequeños rapaces y ocuparlos siempre de un modo sano y agradable. A la edad de seis años salen de estas escuelas para entrar en las escuelas Lamasterianas. En Inglaterra solo, se han establecido ya más de 250 de este estilo. Hasta los más pobres tienen que pagar cinco céntimos ingleses por semana. En varios sitios los fundadores de la escuela pagan solo una tercera parte de los gastos anuales. En Inglaterra no se quiere acostumbrar las clases bajas del pueblo a vivir de limosna. La mendicidad deja al hombre dependiente y le hace de un carácter servil.

Otra institución que merece toda su atención con las bibliotecas para los artesanos que se han establecido en caso todas las ciudades manufactureras. El obrero paga dos francos por trimestre y puede ir a leer todas las tardes algún libro que le instruya o le entretenga.

Yo creo que las escuelas de gimnasia que se han establecido en algunos grandes colegios de Londres, Greenwich, Chelsea, pudieran ser muy útiles para los pueblos que viven bajo un sol demasiado caliente y adquieren disposiciones a la pereza.

Basta ya de instituciones morales. Dos palabras también de política. Nos disgusta mucho el ver que todas vuestras repúblicas se desgarran con guerras intestinas. Guardaros de vuestros antiguos tiranos que no os han olvidado aun por completo y que acechan todavía la ocasión de poneros argollas de hierros al cuello que os ofrecerán bajo la apariencia de una guirnalda de rosas. Acuérdese que Francia Después de 24 arios de frenesí, de gloria y de conquista, se entregó, cansada de si misma, como una tímida paloma, en los brazos de sus antiguos déspotas, y esto, después de haber desplegado sus alas sobre toda Europa como un águila de conquista. Todos los amigos de la libertad han sufrido una gran pérdida: la de un gran aliado en la muerte del señor Canning. Es verdad que la política del Ministerio inglés no ha cambiado y que continuará su marcha; pero es verdad también que el señor Canning era temido personalmente por los gabinetes del Continente por su valor político y por la influencia que ejercía sobre sus colegas. Es un hombre difícil de reemplazar. El partido predominante en Inglaterra en este momento (el de los wighs) rebosa en hombres de talento y es sostenido por el partido de los comerciantes de la nación. Sin embargo si los Toris tomasen de nuevo ascendiente, se verían obligados a seguir la misma línea liberal que sus antecesores, sobre todo con respecto a Portugal, Grecia y los nuevos Estados Americanos. Pero por esto no se duerman Vds; pues Inglaterra no se encuentra en estado de hacer la guerra y se vería obligada a abandonar sus aliados antes que aumentar sus deudas, que son ya inmensas. Sería solamente, la salvación de la patria, lo que la obligaría a coger las armas "pro aris et focis". (Por los altares y los hogares).

La mala administración de vuestras repúblicas ha arruinado vuestro crédito en esta Plaza de Londres. Se debería hacer lo imposible para restablecerlo. Es una empresa digna de Vd. Por qué no se pone Vd. en relación con Bolívar a quien seguramente conoce y con el Gobierno de Méjico para proponer un proyecto que haga renacer la confianza en vuestros gobiernos?. Aquí, hasta la misma reputación de Bolívar es hoy vacilante. No sabemos si es un héroe o un tirano disfrazado de héroe, como Napoleón. ¿No ha escrito nadie en América la vida militar y política de Bolívar?

Perdone esta carta tan larga y tome mi indiscreción como una señal de estima y de amistad que suele ser habladora.

Quedo besándole las manos, su más afecto,

Joseph Pecchio.

PS.

Uno a esta carta una copia de la obra que acabo de publicar y que yo le ruego la acepte como un testimonio de mi estima hacia usted. Le envío también un nuevo método para enseñar a leer a los niños, y a escribir en español, que el mismo autor me rogó enviarle cuando estuve en París.

Le repito la seguridad de mi profundo respeto, quedo suyo,

José Pecchio

Guatema. 3 de marso de 1828.

Al Conde de Pecchio.
Señor

A fines del procsimo anterior recibí la de V. de 22 de sepbre. ultimo. Ella me ha ratificado en mi opinión y avivado el deseo de correspondencia con los hombres de luzes. Cuantas noticias útiles! Cuantos puntos interezantes en las letras de V! Yo no sé por donde comenzar. Todo me parece de importancia.

Empezaré pr. los petits enfans. El establecimiento de escuelas pa. niños de 2 á 6 años de edad es digno de un pueblo qe. conoce todos los valores de la instrucción. Pero como es posible fixar la movilidad de niños de 2 ó 3 años: Cual es el método inventado y adoptado con este objeto? ¿Cuál es el plan ó sistema de enseñanza intuitiva? Quiera V. Señor Pecchio, revelarme este secreto enviándome todas las luzes posibles. Yo las aprovecharé en beneficio de esta República, y V. será desde esa el Bien-hechor de los pueblos.

La Sociedad fundada pa. propagar los conocimientos útiles tiende al mismo fin qe. las escuelas. Ilustración! Si hai gobiernos absolutos: si existen todavía tiranos ó déspotas es pr. qe. los pueblos son ignorantes. Al momento qe. los raios del sol iluminan la tierra, desaparecen los Buhos qe. viven en las tinieblas.

He recibido 12 cuadernos (brochures) delos qe. ha publicado aquella digna Sociedad, y ya los he empezado a leer con gusto. La Europa es pa. el mundo una gran sociedad establecida pa. difundir los conocimientos importantes. De ella nos vienen los libros, los instrumentos, las maquinas, las luzes.

Yo deseo qe. se derramen a torrentes pr. esta grande y hermosa tierra. No renuncio la esperanza de fundar en esta y necesitar a las demás Repúblicas á ge. establescan Sociedades de instruccion elemental pa. procurar la de las clases pobres y especialmte. los indios, tan dignos en todos aspectos de los ojos de la compasión. Yo tengo las obritas qe. ha dado á luz la Sociedad de Londres y se ha servido remitirme V. Cuando reciba las ge. publique la de Paris trabajaré pa. hacer un bien qe. me parece de trascendencia infinitesimal. Teniendo presentes unas y otras formaré Cartillas o Catecismos sbre. los ramos precisos de instrucción: les daré el masimum posible de claridad y sencillez; y las distribuiré pr. las clases mas infelizes del pueblo."

Pero este y otros proiectos qe. miran ala difusión de luzes no pueden plantearse, sino en el seno de la paz y sosiego general. Como sería posible dar la atención a sociedades, escuelas y bibliotecas, siendo llamada á otros objetos pr. el movimiento qe. arrastra a los pueblos?

Ha seguido la revolución en esta República. Son grandes sucesos ocurridos, y serán maiores los qe. ocurran sucesivamte. Creo qe. en el presente mes habrá una acción decisiva; y si no me engaña el aspecto delas cosas, me parece qe. no será esté gobno. sino el de los Estados del Salvador, Honduras, y Nicaragua el qe. cantara victoria.

Goze V. de ella, Sr. Pechio, en esa gran Babilonia. Yo volaría gustosamte. á contemplarla, estudiarla y admirarla en compañia de V. si lo permitiera mi familia. Pero es imposible qe. esta me dé pasaparte. Mi viage seria pa. ella pena capital.

Debo ver á Ynglaterra en mapas, láminas ó libros; y siento no haber recibido el Cuadro ú observaciones de V. Prospero me ha escrito qe. estaba ausente el librero á qn. mandó V. qe. le entregase sus obras.

Espero con ansia la qe. esta imprimiendo actualmte. Ha sabido V. elegir un asunto tan interezante pr. su naturaleza como digno de su pluma y amor patrio. La Ytalia, donde renacieron las ciencias muertas pr. la mano de la barbarie, ha dado economistas qe. le hacen honor; y la historia de sus pensamientos será en alto grado importante. Oxalá se imitira en cada país el exemplo de V. Supóngase qe. los bretones escriben uno la historia de los pensamientos delos moralistas, otro la de los ideo logistas ingleses, cet: qe. los francos publican la de los pensamientos de sus paisanos sobre cada ciencia; y qe. en cada nación se hace respectivamte. lo mismo. La colección de estas obras no sería la mejor historia literaria de cada Estado? No se verían en ella los frutos qe. ha dado el suelo de cada país?

Yo también doi mis respetosas atenciones á tan sublime y provechosa ciencia. Cada año voi en diciembre a una hacienda (Terme) qe. tengo á 16 leguas de esta ciudad. Allí, solo con la naturaleza y mi pensamiento, fixo este en algn. objeto qe. pueda ser útil. Quise en uno de estos viages contemplar toda la importancia de la Economía política en estos países. Ví ala América como un depósito grande de riquezas escondidas en su seno: conocí qe. la ciencia de la producción, distribución, consumo de la riqueza es una delas primeras qe. deben cultivarse en ella: quise inspirar el gusto de su estudio, hacer agradables sus principales verdades, popularisarlas, y darles algn. atractivo; y escribí con este fin una obrita qe. todavía no ha acabado de imprimirse. Yo enviaré á V. el primer exemplar qe. se concluía.

El Presidente de Colombia es un problema qe. la historia no ha resuelto todavía. En unos impresos se le eleva al cielo, y en otros se le hunde en el abismo. Acabo de recibir los periódicos de Megico; y en ellos he visto reimpreso en art. del Telegrafo de Lima, en dice qe. Bolívar aspira a la dominación absoluta de toda la América meridional. Cuan sensible seria pa. mi qe. un hijo dela América qe. ha llamado la atención del mundo llegase á obscurecer sus glorias.

Prometo á V. las noticias qe. desea de ntra revolución . No las remito ahora pr. qe. el conductor de esta partirá pronto; pero irán la semana entrante. Sírvase V. escribirme largo y con frecuencia. Las palabras de una amistad ilustrada parecen pocas aun cuando se multiplican. Amatemi oi sono con pienezza di vera stima vostro sincero amico.

José del Valle

Guatema. 23 de maio de 1828.

Señor

La de 22 de sep. llego a mis manos primero qe. la de 25 de julio último. Conste. aquella el 3 de marso procsimo con el maior gusto, y voi a responder esta con igual placer.

Es mui interezante la Miniatura qe. hace V. de las naciones de esa parte hermosa del mundo. Yo la he contemplado atentamete., y manifestando á diversos amigos. Quisiera qe. los gobiernos de América la tuviesen siempre delante de los ojos. Ellas les darían lecciones importantes pa. no equivocar su marcha.

Pero yo no sé qué genio maligno se place en nuestros extravios. No hai todavía en las nuevas Repúblicas una sola qe. pueda gloriarse de tener ya consolidadas sus nuevas instituciones.

Buenos-ayres qe. desde 810 empezó á gritar Independencia no ha podido en 17 años uniformar la opinión sbre. la forma de su gobierno. y rehúsa del mismo modo y pr. la misma razón qe. el Peru admitir los agentes diplomáticos de Bolivia.

En el Paraguai la política del Dr. Francia es misteriosa. No hai noticia de haberse constituido, ni se ha consolidado la armonía qe. debe guardar con Buenos-ayres.

Bolivia, creado pr. Bolívar, es objeto de diversos cálculos y pronósticos sbre. las miras de su mismo creador. Este le dio la Constitución boliviana, en la cual se ha visto un código monárquico bajo formas Republicanas, y se añade en algs. papeles públicos qe. se sirvió de la fuerza pa. hacerla adoptar.

El Perú ha sido víctima de diversas revolución es. Auxiliada pr. las tropas de Bolívar lansó de su seno a sus enemigos. Pero Bolívar, según se ha publicado, le hizo adoptar la Constitución boliviana: el Perú se volvió contra ella cuando se consideró en aptitud de obrar: ha proclamado el derecho qe. tiene pa. constituirse como le paresca: trata de formar su lei fundamental; y no quiere admitir los agentes diplomáticos de Bolivia mientras aquella República se halle ocupada pr. las tropas de Bolívar y regida pr. Sucre, general del mismo.

En Colombia se ha querido variar la Constitución antes de llegar el año en qe. ella misma lo permite. Se ha publicado qe. Bolívar quiere hacerla adoptar la boliviana: se ha convocado un Congreso Estraordinario: unos creen qe. este sostendrá la libertad de su Patria: otros presumen qe. Bolívar realizará su plan; y todo influye en el atraso de Colombia.

Megico descubrió una conspiración maquinada pr. Españoles, y Americanos seducidos pr. ellos. En diversos Estados de la República se pidio la expulsion de los primeros: el congreso federal la decretó al Fin; y mas de 500, ó 600 españoles han pedido y se les ha dado pasaporte. dn. Nicolas Bravo, megicano y vice-presidente de la República era uno de los conjurados: se le arrestó con los demas; y el Congreso ha decretado qe. el gobno. haga salir del territorio de la República a los lugares qe. estime convenientes pr. un término qe. no pase de 6 años a los qe. estaban presos como complicados á cumplir sus condenas. Se acerca el tiempo de la elección de presidente; y este delicado asunto tendrá influencias mui grandes.

En Centro-América, mi cara patria, continua la guerra civil. La sección qe. no ha querido jamás nuestra Constitución política influio pa. qe. el Congreso eligiera presidente al C. Manl. Arce. Este dirigido pr. ella intentó variar la leí fundamental. Los Estados del Salvador, Honduras y Nicaragua resolvieron sostenerla. Empezó la guerra. Arce quiso tomar el mando del exercito federal sin haber sido nunca verdadero militar. Después de la derrota qe. sufrió en Milingo, el gobno. qe. había quedado en manos del vice-presidente le ordenó qe. entregara el mando del exercito al brigadier Cascara, y viniera á reasumir el de la República. Vino á tomar el de la República; y Después qe. lo tomó, se le privó de él diciendole la asamblea de este Estado qe. la opinión pública le era contraria, y haciendo de este modo qe. volviera á entregar el gobno. al Vice-presidte. Este es qn. lo tiene ahora; y aunqe. Arce lo ha reclamado Después, se le ha negado. Los mismos qe. incluieron en su elección han influido en su deposicion.

El Congreso de América, instalado en Panamá, acordó su traslado á Tacubaia. Pero no ha abierto hasta ahora sus sesiones. Lexos de abrirlas, se ha publicado en el Águila megicana, periódico qe. se cree ministerial, un artículo digno de atención. Se dice en él, qe. el objeto primero del Congreso es acordar la confederacion de las Repúblicas, y qe. el estado político de estas embaraza la execucion de un pensamto. tan grande.

El origen de tan triste posición está en los españoles qe. no aman la independencia del nuevo-mundo, en los eclesiásticos qe. aborrecen las formas Republicanas, y en los aristócratas qe. detestan las instituciones liberales. Yo no olvido las palabras del Baron de Humboldt. Este hombre respetable hizo su viage a la América en los años de 1799 à 1804 cuando estábamos todavía distantes de proclamar Independencia. Y desde entonces dixo: En cada Prova. hai un pequeño número de familias qe. exercen una verdadera aristocracia municipal. Ellos quieren más bien estar pribadas de ciertos derechos qe. partirlos con todos: ellos aborrecen toda Constitución fundada en igualdad de derechos.

Pero la América será libre á pesar de sus enemigos. Yo lo pronostico con dulce satisfacción; y cuando haia paz en esta Rep., yo celebraría ver en ella al Sr. Pecho pa. reiterarle mi amistad. Se la ofresco desde ahora, y le prometo enviar los Fastos qe. desea de ntra.

revolución cuando parta algn. estrangero qe. pueda llevarlos con seguridad.

Quiera entre tanto continuar su grata correspondencia y dirigirme los papeles públicos y libros qe. pueda remitir sin sacrificio suio.

Yo estimo todo lo qe. viene de sus manos, y me repito amico di tutto cuore.

José del Valle

CAPÍTULO X: CARTAS DE Y PARA DON JOSÉ MARÍA DEL BARRIO

Mejico Marzo 4 de 829.

Sr. D. José del Valle

En Nove. fue la última vez q. escribí á V. Ignoro si recibió todas ó alguna de mis cartas pr. q. los correos de Dice. y Enero, o pr. mejor decir desde Sete. en q. el gral. Santa Ana se pronunció, se trastornaron en términos q. hta. el día no es posible atinar con ellos. Havrá savido V. con sus detalles los sucesos desta Repa. y mi hermo. q. havrá llegado á esa le referirá á V. no solame. los hechos escandalosos q. se pasaron, sino las causas q. influyeron pa. el desenlace funesto q. tuvo el pronunciamto. dela Acordada. Después de un sacudimto. tan fuerte á la maquina social, ha quedado esta arruinada, en terminos q. el Gobo. ha perdido su enerjia, y el prestijio tan necesario pa. hacerse obedecer. La revolución ha quedado suspensa, y el dia menos pensado se desarrollará con mas rigor. Son tantos los sucesos q. ocurren q. sería imposible escribir la hista. y unicame. se puede hacer escojiendo entre ellos los q. parezcan mas notables, como lo haré otro dia pr. q. estoy con la caveza mala.

Incluyo á V. la descripcion Botánica del Romerito. Me informe aquí si se servían de el pa. hacer el vidrio y me dijeron q. en el Apartado hacían uno al tequesquite. Pedí una instrucción minuciosa, me la ofrecieron, pero con los trastornos sobrevenidos no ha sido posible hacerla. Mas tarde se la remitiré a V.

Este mes aun es sumame. crítico y quien sabe cómo saldremos de el. Si pa. Abril no huviese ocurrido nueva revolución pa. entonces escribiré á V. largo. Sirva esta de fee de vida y pa. recuerdo de mi afecto.

Escríbame V. el estado de ese infortunado Pays. Me parece q. los males irán en aumto. si no se cortan de un modo u otro. Este gobo. ofrece mediar amistosame. no se q. resultado tendrá la propta. Sin embargo interponga V. su poderoso influjo pa. q. de una vez cesen los desórdenes. Que se haga la elección de Preside. y q. se nombre un sujeto sabio a. restablezca la tranquilidad, y q. de un fuerte impulso á las ciencias y las artes.

No dude V. g. lo aprecio de corazón y q. soy invaral. Amigo

JM del Barrio

Mejico Junio 10 de 1829

S. D. Jose del Valle
Mi estimo. amigo y Señor.

Es regular q. haya recibido varias cartas mías y varios impresos q. en diferentes fhas. le diriji, y q. ó llegaron á su tpo., ó se quedaron demorados en la Estafeta de Ciudad Rl. Me alegraría saber con ecsactitud quales son los impresos q. están en su poder, pa. reponer los q. le faltan, particularme. oficiales como manifiesto del actual Preside. y las Mems. de los Srios. del Despacho.

Se q. los correos están expeditos pr. q. lo he oído decir; desde principios de Febrero no recibo carta alguna de Guata, pero ni aun comunicación oficial. Asi es q. ó pr. otros, ó pr. los periódicos desta corte he sabido los sucesos de Abril, pero como V. debe pensar, todo á medias, y embrollado. Mañana debe llegar la corresponda. de 18 de Mayo, y es muy regular q. se me avise de oficio la cesacion de las hostilidades, la conclusión de la grra., y el gobo. q. se haya creado hta. q. se elijan las Autoridades Federales, estas noticias son de mayor importa. pa. comunicarlas á este Gobo. ypa. q. se sepan en Europa. Lo q. falta es q. los vencedores obren con jenerosidad, y q. echando un olvido sobre lo pasado, se termine el horroroso y funesto sistema de persecución, tan contrario a los principios de humanidad, y de justa. y de libertad. Influya V. pa. q. la (paz) se restablezca solidame. y pa. q. a la opinión publica se le dirija de un modo q. demande con imperio el reinado de la Ley.

Es también muy regular q. el Gefe q. gobierne, ó el Gobo. q. mande me diga si debo retirarme, y á quien debo entregar el archivo de la Legacion. Le estimaría á V. influyera pa. q. se me liberte de la posición en q. me hallo, pues pr. un lado es sumame. comprometida, y pr. otro ridícula, é indecorosa pa. la Repca. y pa. mi, y es bochornoso representar a una nación, sin q. su Gobo. de intruccs. Yo me alegraré q. se acceda á la renuncia q. hice al Gobo. q. acabó, y q. havrá llegado al q. este aora. Nadie quiere creer q. yo no he recibido comunicacion oficial de Abril, ó principios de Mayo, pero el hecho es indudable.

Escribame V. ó directame: ó bajo cubierta del S. D. Tuan de Mier y Teran Contor. de Correos desta Renta. Mi amigo Nieva se fue á Europa con licencia, y con el obieto de viajar.

Reitero á V. q. soy su apasdo. amigo y servor. Q S M B

JM del Barrio

Mejico Junio 13 de 1829.

S. D. Jose del Valle

El 10 escribí a V. el 11 llegó la corresponda. y recibí la grata de V. de 18 de Mayo. Según el recibo q. me acusa de una mía de 4 de Mzo., saco en claro q se han extraviado varias y aun algunos impresos, ignorando quales sean estos, y sabiendo q. V. aprecia las Memas. de los Srios. del Despo. remito á V. la del de Relaciones corresponde. al año pdo. y lo mismo la del de Justa. y las de Hacda. Relacos. Guerra, y Justa. del año q. corre. Debe V. tener colecciones completas de 827, 28 y 29 y si pr. casualidad faltare alguna, indíqueme qual es pa mandarla.

Agradezo á V. el ejemplar del Discurso de Chateaubriand q. ha publicado traducido al Castellano. El actual Mino. de Relaciones me lo pidió, y se lo he regalado. Por mas q. deseo tener una colección completa de sus apreciables escritos, no me ha sido posible, pr. q. deseando q. su nombre sea conocido, pr. honor al Pays, todos los he dado; y aunq. he hecho propósito de guardarlos, en verdad, no lo he podido cumplir; sin embargo desde aora aguardo q. V. se digne reservarme los q. tenga, si es q. hay varios ejemplares.

Acavo de leer otra obra del mismo autor, q. esta muy bien escrita, y q. tiene ideas nuevas, y verdades q. estaban ocultas. Es la hista. de las revolución es antiguas y modernas, comparandolas entre si, y elijiendo particularme. la de Francia de 89 con las de Grecia, entrando en ella un paralelo de los hombres ilustres q. figuraron en ambas. El verdadero título de la obra es "Essai historique, politique, et moral sur les revolutions anciennes et modernes" Impresa en Londres en 820 en casa de Henri Colbrian; Conduit Street, Hanover Square. No tengo un ejemplar q. mandar á V. y aunq. lo he buscado no se encuentra, haré una tentativa pa. quitarle al amigo q. me franqueó la obra, el único q. tiene.

Me ha llegado un obra de D. Jose Mno. Vallejo relativa á facilitar la primera enseñanza, simplificando el método. No sé q. haya mas ejemplares, aunq. seria sumame. útil q. se propagase un escrito tan luminoso. Como V. creo q. está en corresponda. con Vallejo, ó qdo. no, V. es miembro de la Sociedad elemental de enseñanza, de Paris, donde está el, puede suceder q. le haya llegado á V. algun ejemplar, y si no dígamelo pa. solicitarlo aquí y remitírselo pr. el correo, procurando franquearlo. Influya V. pa. q. ai se le de un impulso grandioso á la instrucción pubca. Es vergonzoso q. nada havamos adelantado en un ramo tan importte. y acaso hemos retrogradado.

Comenzé á escribir á V. el 13 pr. q. estando aun malo de resultas de un colico, no puedo hacerlo seguido. A mas de los impresos q. digo a V. mando, he agregado tres q son importantes. 1 un Manifiesto de Zavala, Q. aunq. necesita su comentario, spre. es un documto. histórico. 2. La exposición q. el mismo hizo á su entrada al Ministerio. Quanto dice es positivo, y aun no se extendió á todo lo q. da marjen el esvado de quiebra en q. está la Hacda. pubca. y q. creo difícil, sino imposible remediar. 3. Los tratados celebrados en los Payses Bajos.

aquí ha corrido la voz q el S. Verveer, y el Consul de aquella Nacion havian sido insultados, y aun robados á la entrada del Gral. Morazan, no he podido averiguar el orijen de la especie, pero si fuese verdad, puede atraernos fatales consequencias, á mas del descredito en las cortes cultas de Europa, donde se respetan tanto los Ministros; aquí se respetaron el 4 y 5 de Dice. aun en medio del mas horroroso desenfreno del Pueblo y de la tropa. Como absolutame. nadie mas q. V. me ha escrito, á todas las especies degradantes no les doy ascenso.

Casualme. estuve a visitar al Editor del Espíritu pubco. y me enseño el discurso q. V. ha traducido, y q. supongo le mandó, con este motivo le hablé largame. de V. y le indiqué q. celebraría hiciese mención a su mérito en su diario, luego q. yo este capaz de ocupación escribire unas lineas pa. q. las publique. Al mismo tpo. me enseño varios impresos, y me preguntó quien los mandaba, no pude darle razón, y solo conocí la letra del Dr. Galvez en una Mema. sre Hacda. Pienso pedir estos papeles pa. leerlos. Yo le agradecería á V. q. me mandase algunos, pero q. vengan francos pr. q. cuestan muchísimo, pa. se se franqueen puede V. darlos al Dr. Galvez, en lo q. no se perjudica la renta, pues dejándolos sin franquear aquí es donde se saca el provecho, y ai puede hacerlo como individuo del Gobo. á menos q.

V. no conozca al Admor. de Correos, q. no se quien será. Aquí quiere convertirse la Renta en beneficio de la Hada. gado. en todas partes solame. se procura sacar los gastos pa. sus empleados, y facilitar al público las correspondencias, quiero decir, q. las cartas cuesten lo menos posible; y spre. quasi nada los impresos. El quado. de V. me costó 12 rs. de porte, aunq. los pagué con gusto lo q. no me sucede con otros impresos ó necios, o insultantes.

El Gobo. nada me ha dicho, qdo. era muy regular q. de oficio me huviese anunciado la conclusión de la gira., y lo q. yo debía hacer. V. póngase en mi lugar pa. calcular con ecsactitud lo desagradable q. debe serme la indifera. con q. se ven á los q. estamos fuera, precindo de mi persona, hablo pr. honor de la Repca.

No será extraño q. alguno me ataque. Yo solo suplico a V. q. suspenda el juicio hasta q. yo hable, y luego juzgará como le parezca. Me he encontrado en posición muy difícil, y pa. agravarla mas, sin q. me escribiesen algunos de mis amigos, de suerte q. ignoro, como he dicho á V. repetidas veces, infinidad de noticias de nra. revolución , de la q. solame. tengo una idea muy obscura. Por mas q. he preguntado el paradero de varios sujetos, jamás he logrado saverlo. Aun V. no se extendía en sus cartas, y yo contemplo q. pr. justos temores: aora no hay q. tenerlos, y asi puede escribirme con minuciosidad, diciéndome, si gusta, q. se publique algo pa. hacerlo.

Aguardo con impaciencia la conteston. á la Nota q. puse, renunciando mi empleo, la diriji al S. Sosa, este oigo q. esta preso, y así hágame V. el favor de hablarle á su sucesor pa. q. se sirva admitir mi dimición, y de avisármelo quanto antes sea posible. En la nota indico la causa pral. q. me obliga á pedir mi separación, á mas hay ahora otras, y entre ellas q. muchos desearán el destino, y q. podrán hacer mas bien q. lo q. yo puedo. Tengo la honrosa satisfacción de q. he defendido con enerjia nuestros derechos, y de q. nadie será mas, ni mejor, Centro Americano q. yo. Aunq. no tengo el honor de conocer al S. Morazán, le escribo sre. el particular, suponiendo q. el estará á la caveza del Gobo. Gral., mientras q. se elijen Preside. y Vice, y Dipdos. y Senadores. Celebraría me indicase V. como se manifiesta la opinión, y qual es el estado de Honduras, Costarrica y Nicaragua.

Triunfó Bolívar en el Perú. Los degradados Peruanos han celebrado un tratado de paz ignominioso, faltando solo q. autorizasen a los soldados de Colombia pa. q. los azotaran como á Esclavos. Yo spre. me temí q. seria este el resultado de la guerra, y aunq. no me he equivocado en el, lo siento pr. lo q. sufre, y puede sufrir la causa de la Libertad. Si antes de cerrar esta consiguiera un ejemplar de tan vergonzosa pieza, la tendrá V.

Con la ausencia de mi tio con la prisión de las personas q. daban a mi fama. el dinero q. necesitaba supongo q. estará en el día escasa de recursos. Yo estimaría á V. q. tuviese la bondad de darles lo q. necesiten, en la intelijencia q. á letra vista será pagado pr. mi hermo. Felipe Neri, o pr. mi, la suma q. V. les diere, ó se le pondrá á V. donde guste, pero si fuere en Guata. le estimaría me indicase la persona á quien aquí debe dársele el dinero. Aguardo de la bondad de V. me sirva en este encargo, pues la suerte de infelices Señoras, q. en nada tienen parte me es sensible, y mas qdo. no hay necesidad de q. pasen escaceses. Este servicio se lo agradeceré á V. etername. y mas q. todos. Puede suceder q. en casa no necesiten, el caso es q. carezco de cartas, y me temo q. estén haciendo la infamia de abrirlas, ó pr. mejor decir estoy cierto. Tenga V. la bondad de preguntar pr. medio de alguno de sus dependtes. mis tias ó mi herma. darán la respta. y á ellas es á quien V. puede dar lo q. pidan. Si mi tio huviese llegado, tenga V. pr. no hecho este encargo: igualme. suplico á V. q. si en lo mas leve le fuese gravoso, tampoco lo ejecute.

He escrito a V. mas largo de lo q. me permite mi salud. Concluiré reiterándole á V. q. soy su apasdo. amigo.

JM del Barrio

Mejico Julio 15 de 1829.

S. D. Jose del Valle.
Mi muy apreco. amigo y Señor

Le incluyo á V. original la carta q. he recibido de Mr. Julien, de Paris. Dos son los puntos q. me recomienda. 1. q. me informe si está ai Mr. Corroy, medico, y q. le avise si vive ó muere. Segun hago mema. estaba ai este sujeto, antes de mi salida pa. Mejico; le estimaría a V. q. en obsequio de la recomendación, solicite su paradero, y le haga saber q. su Padre tiene vivos deseos de q. le escriba. El Dr. Gal. vez podrá servir en el desempeño deste encargo.

El 2. punto está reducido a pedirme noticias estadísticas de Guata. y del estado de su marcha política. V. sabe q. Mr. Julien, de Paris, es el redactor de la Revista Enciclopédica, y q. su obra circula pr. toda Europa, con aprecio y concepto: hace tpo. q. hable á Mr. Julien de V. con bastante extensión, y me parece q. sería muy ventajoso q. V. entrase en corresponda. con el. Al intento puede V. decirle q. yo he suplicado á V. lo haga. En el día me sería imposible suministrarle las noticias q. me pide pr. q. absolutame. carezco de ellas; pr. otro lado no se la suerte q. me cavrá, pero spre. jusgo q. será alejarme de los negocios públicos, y q. tendré q. retirarme al campo, donde no podré hacer cosa de provecho en favor de mi Patria. Mr. Julien está relacionado con el Bon. de Humboldt, y con los primeros hombres de Francia, y el resto de Europa, asi contemplo q. le será á V. agradable cultivar su amistad.

Reservado. Aquí estamos amagados de nueva revolución . Parece q. quieren separar al S. Guerrero de la Presida. pr. la ilegalidad de su nombramto. y q. mientras se arregla definitivame. la question, entre el Vice Pe. Bustame. se asegura q. la mayor parte de los Estados están en este proyecto. Además otros quieren centralizar la Repca. y se asegura q. el Gobo. propende á ello, y q. el Gral. Santa Ana debe pronunciarse de un dia a otro. Lo q. pa. mi es indudable es q. muy breve tendremos nuevos enredos. En medio desta ecsaltacion, se amenaza con la Expedicion Espa. Sujetos de la mayor confianza la aseguran, aunq. otros la ponen problemática. Vnos creen q. se verificará dentro de uno ó dos meses, otros q. hta. fines de año. Lo mas temible es q. el Gobo. se encuentra enterame. exhausto de recursos, y q. absolutame. puede hacer frente á los gastos, estos no bajan en sola la capital, de 500.000 ps. mensuales, quando en el día no juntan 100.000; el grande deficit q. resulta, seria pr. si solo bastante pa. trastornar el orden. Los Estados ni tienen con q. subvenir à sus gastos, ni tampoco hacen un esfuerzo pa. auxiliar á la Fedon. Los escritores en lugar de sostener al Gobo. lo atacan con descaro, y no perdonan aun las cosas mas privadas pa. desconcepruar à los Ministros, sobre todo al S. Zavala á quien hacen injustame. una grra. á muerte. Aqui tiene V. muy en globo, el quadro q. presenta actualme. esta opulenta Repca.

Aora Centro Ama. debe tratar de consolidarse pa. resarcir los destrosos q. la grra. civil procuró. He oído q. unicame. se ocupan en perseguir y hacer prisiones, y a mi entender seguirán las tablas funestas de proscripción. El mal q. semejante conducta acarreará es demasiado sabido pa. entrar á explicarlo. Debia V. trabajar pr. conciliar los intereses opuestos, y pr. captarse la voluntad gral. procurando una amnistía; de lo contrario jamás havrá paz. Yo hablo de lejos, y sin datos particulares, limito mi opinión á los principios corrtes.

Según me dicen estoy incluido en el no. de los q. quiere mal la opinión publica. Puede suceder asi, aunq. á la verdad será una injusta. Sin embargo dejo á q. el Gvo. calme la ecsaltacion, pa. q. con calma se pueda calificar mi conducta. La opinión, dicen, q. no me quiere, y yo tampoco quiero continuar empleado; nos encontramos bien, pues separándome se complace á los q. a forman y al mismo tpo. á mi.

Como nadie me escribe quasi me es indiferte. la llegada del correo; yo aguardo mañana el del 18 del pdo. y pr. el conteston. á mi última renuncia. El q. si deseo con impaciencia es el q. traiga la corresponda. de 3 del corre. pues ya tendré respta. de V. a algunas de mis cartas, y también de los impresos q. le mandé. Escribí al Dr. Galvez, y sin motivo personal cortó su corresponda. y me ha sido sensible q. ni una letra me haya puesto después de la ocupación de la capital. Los cortes no quita lo valte. y así espero q. a lo menos me conteste.

He oído q. Mayorga escribe con frega. al Mino. de los E. U. Poinsett, sujeto q. ha causado aquí graves males, como nos los causarán, spre. q. puedan, todos los Anglo Ame.

Sabe V. q. lo aprecio sincerame. y q. spre. tendré sumo gusto en q. me ocupe en quanto quiera. Mande V., pues, con entera franqueza á su apasdo. amigo-

JM del Barrio

Mejico Agosto 19 de 1829.

S. D. José del Valle

Mi muy apreciable amigo y Señor.

Recibí la grata de V. de 18 de pdo. igualme. el escrito de V. sobre Educación y el del Conde de Pechio, á quien conozco personalme. El primero tiene mucho mérito, y haré q. se hable de el en los periódicos; al intento escribiré un artículo y copiaré algunos párrafos. Celebraré indifinito q. se reúna el numo. de subscriptores q. se necesita p. imprimir el Diccionario, desde luego yo seré un de tantos, y si a V. le parece pondré aquí un aviso pa. los q. gusten entrar: me alegraré q. la impresión se haga en Guata. a pesar de lo costoso y moroso q. es, pr. q. spre. es un mérito q. siendo el autor del pays, el libro se da en el al público. El Gobo. de la Unión, y los Gobiernos de los Estados debían subscribirse y así fomentarán la imprenta, al mismo tpo. q. darán una prueba del aprecio q. les debe merecer un ciudadano distinguido.

Aguardo carta de V. de 3 del corre. el correo debe llegar de mañana en ocho, si no me acusa el recibo de todos los impresos q. le mandé, en ese caso haré nueva remisión. En su aprece. del 18 me dice q. no le habían llegado, y la falta puede provenir ó de q. se los copieron, ó de haverlos olvidado, pr. el inmo. quedará aclarada esta duda.

Le agradezco a V. las noticias q. me da. Siempre q. la expulsión del Arzbpo. y de los Frailes no sea causa pa. q. se perturbe la tranquilidad publica, la Repca. ganará mucho. La desgracia es q. no. Pueblo no está en estado de conocer las ventajas de una medida q se ha adoptado en las Naciones cultas.

Me he alegrado del nombramto. de J. Barrundia pa. Presidte. Ya pr. ser el mas conforme a la Constitución, y ya pr. q. teniendo luces y talento podrá enderezar el jiro de los Negocios publicos. La felicidad de ese lindo pays depende de las elecciones q. se hagan, pues si recae la primera Majistratura en sujeto sabio, y amante del bien comunal, las artes y las ciencias tomarán un impulso grandioso, el Gobo. se consolidará sistemando la Hada. pubca. y precaviendo la desmoralización de los empleados; pero si fuere el efecto de otra clase es preciso salir de C. A. Yo aguardo del buen juicio de mis compatriotas q. escuchen la voz de una patria querida.

V. quiere noticias de Mejico, daré hoy algunas desagradables, y con el carácter de reservadas. Desembarcaron los Esps. en Cabo rojo, y sucesivame. han ido ocupando otros puntos, hasta posesionarse de Tampico de Tamaulipas, donde están actualme. La costa estaba abandonada, y así verificaron su desembarque sin oposición. En virtud de el, se convocaron las Cámaras, la de Dipdos. está compuesta de hombres muy vulgares, en su mayoría, comenzaron pr. proponer medidas dignas del siglo 11 y 12. Entre ellas era la grra. a muerte, sin pensar los perjuicios q. se le seguirían, amén de ser una barbaridad: luego q. se diesen facultades extraords. al Gobo. pa. q. cojiese las propiedades de los Mejicanos, sin previa indemnización, sin calcular lo alarmte. de semejante iniquidad, y pr. este estilo mil cosas, siendo de temer q. algunas se adopten. Por de contado está autorizado el Gobo. pa. un préstamo forsoso de dos y medio millones de ps. en época en q. la miseria y pobreza son grandes. Agregue V. el q el Gobo. ha perdido completame. la fuerza moral; q. se ataca con grosería desde el Pte. hta. el último de los Ministros, calificándolos de ladrones &. La confianza pr. de contado no existe, y los partidos no transijen: exto. no hay, ni sé cómo puedan formarlo, de suerte q. pr. todos lados salen cívicos. Santa Ana de motu propio salio a Veracruz pa. Tuxpan, y me temo q. sufra un descalabro q. servirá pa. poner a la Repca. en situación muy crítica. Los gastos en el dia ascienden a un millon de ps. cada mes, solo en el Distrito y Federon. apenas havrá 100.000 y el deficit q. resulta es un mal pr. si muy grave. Afortunadame. sale el Vice Pte. Bustamte. pa. formar en Huamantlasa el Exto. de reserva, y estar desde allí a la mira de Veracruz, al mismo tpo. q. desta capital, pr. si hay alguna conspiración. En medio destos males traídos pr. los tristes sucesos de Dice. hay el bien de q. los Pueblos detestan á los Esps. y de q. el espíritu público se manifiesta en el mejor sentido, á esto creo q. se deberá el exterminio de los enemigos, aunq. el pays se poblará de ladrones, y se destruirá infinito.

Aora intentan los Norte Ams. invadir á Tejas y cojerse el Estado de Coahuila. Esta inesperada ocurrencia (aunq. con tiempo se anunció) pone al Gobo. en mas embarazo; se trata de reunir tropa, y se ha nombrado al Gral. D. Manl. Teran pa. q. inmediatame. vaya. La falta de dinero es el obstáculo q. hay pa. realizar el plan. Yo sospecho si los Américanos se han puesto de acuerdo con los Esps. y q. pr. interés de poseer aquel pays, q. tanto han codiciado, y q. desde ahora años han querido, se presten á auxiliarlos. El hecho es q. desde q. desembarcaron los Expedicionarios no ha llegado buque alguno de los E. U. y q. de ellos eran muchos de los transportes. En caso q. haya alga. liga, es probable q. sea muy secreta, pues los ingleses no permitirán una coadyuvacion tan iniqua y perjudicial. Falta aquí un hombre, y este es otro mal.

En circunstancias tan peligrosas debe V. estar alerta pr. lo q. pudiere suceder; el mal pasará a C. A. y pa. precaverlo es preciso q. oportuname. se ocupe el Gobo. y el cuerpo Legislativo en adoptar las medidas salvadoras de la Patria. V. pr. sus luces. pr. su amor á ese Pays, y aun pr. propio interés debe influir pa. q. seriame. se ocupen desde importte. asunto.

Baste pr. hoy de noticias, otro dia escribiré á V. otras, y procuraré una colección de impresos pa. q. forme idea ecsacta de la crisis peligrosa en q. estamos.

No deje V. de escribirme; y mande qto. guste á su apasdo. amigo.

JM del Barrio

Mejico Sete. 9 de 829.

S. D. Jose del Valle.

Estimo. amigo y Señor: Recibí la grata de V. de 3 del pasado, y agradezco infinito las noticias q. me comunica, ellas me hacen formar una idea clara del estado político de Guata. q es lo q. spre. he deseado. Aguardo de su amistad el q. robe algunos ratos á sus ocupaciones pa. tenerme al corre. de todo, pues me interesa sobremanera, pa. arreglar mis resoluciones ulteriores.

Sin duda expliqué a V. mal el encargo q. me tome la libertad de hacerle, relativo á facilitar a mi fama. el dinero q. pudiera necesitar, lo q. queria era q. si á V. le era convene. poner alguno aqui, librase, á letra vista, contra mi ó contra mi hermo. la cantidad q. fuese; también podía V. haver querido en Europa, y en ese caso haver dado orden á algún sujeto de aquí pa. q. cobrase de mi y obrar en lo demás con arreglo á sus órdenes. Indiqué á V. esto pr. fue inútil buscar libranzas, nadie tiene ai relaciones comerciales y pr. consigte. no es posible conseguir quien gire cien ps. Siento lo mucho q. han molestado á V. con préstamos forzos., aquí es el modo con q. se sostiene el Gobo. á cuyas ordenes están todas las propiedades de los Mejicanos; así q. el Mino. dice pr. la mañana q. necesita 100.000 ps. y estos se reparten, y no hay arbitrio; es imposible q. un sistema tan ruinoso, tan devorador y tan atroz, pueda durar. V. calculará el modo en q. fue recibido, y el estado en q. esta la opinión, agregue V. q. no hay ni seguridad individual, ni asomos de libertad de imprenta, y conocerá el motivo pr. q. no se elevan al cielo penetrantes gritos de indignación, algún día sabrá V. las iniquidades é injusticias q. se están cometiendo El correo está escrito pr. Zavala y sus cortesanos, nadie puede contradecirle, nadie tiene valor pa. hacerlo pr. q. estando facultado el Gobo. pa. cojer y desterrar á quantos quiera cada qual procura vivir oculto. Es imposible q. en Constantinopla ecsista mas opresión, y allí a lo menos la cabeza del Gran Señor esta á merced de los Jenizaros. Este plan, este sistema adoptado pr. los q. se jactan de llamarse Libres, y Padres del Pueblo, es la prueba mas evidte. y sus corazones no se mueven pt. Otros resortes q. los del mas ruin y criminal interés personal. Tiene V. dibujado el cuadro q. presenta Mejico, y algún día me extenderé pr. q. tiemblo con las Estafetas. Reserve V. todo, y aproveche las noticias pa. lo q. en su particular puedan servirle.

En el Correo se ha publicado la Mema. de V. sobre Educación. La he leído y releído cada vez con mas placer; es obra clásica y hará honor eterno á V. Mi ejemplar lo guardo, y no he querido ni aun darlo prestado pr. temor de q. no se pierda.

Estoy bastante ocupado pr. lo q. concluyo hoy reservándome pa. otro día. Reitero á V. mi sincero é invarl. afecto.

JM del Barrio Mejico Nove. 25 de 1829.

S. D. José del Valle
Mi querido amigo y Señor

Hace días q. no tengo el gusto de ver letra suya; su silencio me es tanto mas sensible, quanto q. aora mas q. nunca deseo noticias de Centro Ama. La crisis en q. se halla esa Repca. es pa. mi muy peligrosa, pr. q. la contemplo aun ajitada del impulso q. dió la revolución á la masa gral., y el impulso nuevo q. le darán las elecciones. si estas son acertadas renacerán alhagueñas esperanzas, pero si salen malas, es preciso abandonar ese infortunado suelo. Si Morazán resulta electo Presidente tendrá infinito q. trabajar pa. hacerse de buena reputación, pues aquí no goza mas q. de una muy mala. Los Grales. Bravo y Barragan q. llegaron ya a esta capital, y q. han sido recibidos en triunfo pr. todas partes, han confirmado la perversa idea q. ya corría de su Gefe; ciertame. jusgaria menos perjudicial el q. se le pintase como tirano, y no la primera q. se hace de el, como insigne ladrón, y de hombre muy corrompido. V. q. ama su pays, V. q. se interesa pr. su prosperidad y honor debe hacer todo esfuerzo pa. q. no se ponga á la caveza de la administración un sujeto q. echará á pique la confianza pública, y q. alarmará a todo propietario, pudiéndole asegurar a V. q. pr. más esfuerzos q. se hagan pa. desvanecer el juicio q. ya se ha formado de nro. nuevo Gral. todo será tpo. perdido, y los escritores q. consagren sus plumas á defenderlo, deben hacerlo en la creencia de q. sus producciones solo servirán pa. manchar su crédito. Yo me creo imparcial en este punto, ya pr. q. ninguna parte activa he tenido en la revolución , ya pr. q. no aspiro á empleos, y ya pr. q. pr. mi parte abandono del todo el campo.

La invasión de los godos se verificó do. amenazaba una revolución . La vista del enemigo común acalló todos los resentimtos. y hizo resonar un solo grito, q. fue el de atacarlo: la campaña terminó mas pronto de lo q. generalme. se creía, y su término fue glorioso. Mientras tanto la opinión se rectificó, y se pronunció en favor de reformas utiles, conviniendo en q. se hiciesen de un modo pacífico y Constituciónal, tanto mas preferible go. q. con arreglo al Código fundamental este debía fundirse el próximo año de 30. El Gobo. q. tiene facultades extraordinarias ha usado y aun ha dictado leyes may sabias y benéficas. Todo indicada q. la Repca. se mantendría en quietud, pero mil esperanzas han quedado burladas, con el pronunciamto. de las tropas q. estaban en Campeche. Han levantado los Gefes una acta pidiendo el centralismo, y ya la Península de Yucatan ha levantado el estandarte de una peligrosa innovacion. Dado este paso, y si no se consigue contenerlo, será temible q. pr. otros puntos se repita, y q. como la gangrena contamine todo ei cuerpo social. Zavala ha sido nombrado pr. el S. Presidte. pa. comisionado pacificador, y salió a toda prisa y con toda expedición. El resultado de esta misión será el q. franquee datos pa. calcular si la grra. civil toma cuerpo, ó si el pronunciamto. acaba pr. convenios amistosos. Mientras q. la fuerza armada este llevando la iniciativa en los trastornos, y mientras q. ella se este ocupando en promover el desorden, será imposible fijar un sistema, y una adminon. y poco á poco iremos orillando el despotismo militar, hta. q. un hombre feliz en sus empresas, nos oprima sin poderlo evitar.

He leído dos nums. del "Ave Ma. de Minerva" ellos pruebas q. están aun vivas las causas q. produjeron la grra. civil; ellos son un testimonio irrefragable de q. los Estados tienden á separarse de la Federación, y pr. consigte. q. esta está amenazada de una completa disolución. Es una contradicción vergonzosa el q. S. Salvador q. ha peleado pr. el restablecimto. del pacto fundamental y de las leyes, se ponga a la vanguardia de los q. quieren la inbersion de nro. Código ¿como se explica V. este enigma?

Tiene V. en esta capital a varios de los expulsos. El Gral. Guerrero les hizo un recibimto. distinguido, y les ofrecio sus propios recursos como particular, y todo lo q. pudiera como Pte. ¿Quando se borrarán de nras. Leyes las de proscripcion q. se han dado asi con tan palpable injusta. Y con tanta latitud? V.q. tiene influjo; V. q. profesa principios solidos de Libertad cúbrase de gloria, hacienco q. se destruyan esos horrendos monumentos de tirania.

Reitero á V. q. soy su apasionado amigo Q S M B

JM del Barrio

Mexico Abril 7 de 1830.

S. D. Jose del Valle

Mi respetado amigo y Señor.

íecibi la aprece, memoria de esa "Sociedad" q. V. tuvo la bondad de mandarme, conociéndolo pr. q. el "sobre" venia de su letra. Hacía tiempo q. no la veía, sin saber, ni poder adivinar la causa de su largo silencio, mucho mas haviendole escrito y remitido algunos impresos.

Yo no creo haver dado á V motivo pa. q. corte su corresponda. q. me es tan grata.

Mando á V. pr. el correo de hoy un ejemplar de la Mema. Del Ministro de Relaciones; su lectura es interesante pr. q. pinta con verdad el estado de la Repca. también va otro ejemplar de la Mema. Del Ministro de Guerra. Luego q estén impresas las de Hacienda y Justa. se las remitiré á V.

La primera esta reducida á decir q. los productos de las Aduanas, y todas las demás rentas no alcanzan a cubrir los riqueza publica están cegadas, en fin q. el Erario esta exhausto, y q. la deuda pública es enorme.

En efecto desde tpo. de Esteva todo fue gastos, pues estos ascienden á 16 millones de ps. q. las fuentes de la confusión, desorden, y escandalosas dilapidaciones, haviendose aumentado todos estos males progresivame. hta. llegar el caso de una verdadera bancarrota.

Todo me hace creer q. el sistema Federal vendrá a tierra, y q. se hará ensayo del Central. Cada cambio, cada revolución , no hace mas q. aumentar gastos, desmoralizar los Pueblos, relajar los resortes de la obediencia, y encaminar la causa publica á un abismo, hasta q. asome "un soldado feliz" y enfrene á la anarquía y oprima a la Nacion, ó lo q. es mas temible, q. la Europa nos mande un Rey, como últimame. ha hecho con la Grecia.

Yo deseo vivame. q. si hay paz, y q. haya un Presidte. filosofo q. cure las heridas inferidas á la Repca. y q. hta. aora manan viva sangre. Según todos pintan el Estado de las cosas, y el jiro q. ha tomado la opinión, unicame. puede salvarse la Patria adoptando el mismo regimen q. en Suiza. Yo le encuentro sus ventajas á esta forma de gobierno, y la preferiría á cualquiera otra, en el dia, si es q. la Federación actual no puede absolutame. sostenerse ni costearse.

Aquí comenzó una grra. civil. Temi q. tomase cuerpo, pero la infatigable actividad y vijilancia del gobo. el cansancio de los Pueblos, el descredito justo en q. cayó el partido vencido, y mas q. todo la separación q. tuvo de los hombres mas influientes y de caveza q. se reunieron ál Exto. de reserva, son las causas q. han obrado pa. cortar de raiz todo temor de reaccion, á lo menos, pronto.

Escribiré á V. largo el inmo. y haré pr. mandarle los impresos q. merezcan la pena de leerse. Mi objeto pral. era recordar á V. mi amistad, pero al fin me extendí mas de lo q. era mi intención.

No dude V. de mi afecto sincero y de q. soy su antiguo y apasdo. amigo.

JM del Barrio

Mexico Abril 28 de 830.

S. D. Jose del Valle

Mi digno y apreciable amigo.

Aunq. con atrazo recibí la grata de V. de 3 del pasado. Me alegro q. regresase con salud de sus Haciendas, aunq. si me es sensible q. fuese á ver ruinas y escombros, vestigios de la guerra q. tanto daño ha traído á la Repca. Yo deseo q. días mas risueños y prósperos resarzan los perjuicios q. fueron consigtes. á la discordia.

Por una carta de Barnig (banquero muy rIco y q. tiene cuantiosos intereses en esta Repca. siendo además miembro de la Cama. De los Comunes de Inglata. y amigo del Duque de Welington) fha. 20 de febrero último, se ha sabido q. el Gabinete de St. James havia cambiado de opinión con respecto á las Repcas. de Ama. y q. en consequencia havia entablado una Negociación con España pa. q. se suspendiese la expedición, pidiendo una tregua de 30 años, y protextando una oposición formal spre. q. se quisiera hacer quartel gral. á la Ysla de Cuba, pr. q. esta no havia sido invadida pr. Colombia y Mexico á causa de las jestiones del gobo. Británico. Parece q. esta Negociación havia suspendido en la Península el embarque de las tropas, y esperamos con ansia el resultado final, q. tanto nos interesa à todos.

Las antiguas Provincias de costa firme se ha separado de Colombia, y se han constituido en Federación. Bolívar ha abdicado y en mi concepto el coloso q. se havia formado se dividirá en mil fracciones, quedando aquel Pays en sumo grado de nulidad.

Remito á V. las mems. de los Ministros de Relaciones y Guerra, está pa. imprimirse la de Hacda. luego q. este se la mandaré á V.

Estoy en vísperas de casarme, y ofrezco á V. desde luego mi futura esposa.

Dispénseme V. los borrones q. esta lleva, pero ocupado pr. un lado, y con uno de mis hermanos graveme. enfermo no estoy pa. nada.

Remito á V. una esquela del S.[11] de la Rosa sujeto de concepto, y luces, y q. fue Dipdo. pr. Buenos Ayres al Congreso de Bayona. Deseo servirlo, y V. tendrá un lugar en su obra, pr. lo mismo espero me conteste á las preguntas q. me ha hecho.

Reitero á V. q. soy su apasdo. amigo y servor.

JM del Barrio

Mexico Junio 16 de 830.

S. D. José del Valle
Mi apreciable amigo y Señor.

Por la letra del sobre conocí q. V. tuvo la bondad de mandarme el prospecto y el primer número del Mensual de la Sociedad. Le agradezco à V. como es debido tan interezantes impresos, y le estimaré q. me subscriba pr. todo el tiempo q. dure: pa. reembolzar a V. del precio de la suscripción solo hallo dos arbittios. El uno es subcribir á V. al periódico q guste; el otro q. me diga á quien entrego el dinero, ó como se lo remito.

Yo quisiera ser Socio, pr. q. amo á mi Patria y deseo cooperar en sus progresos y adelantos. Si pa. incorporarme fuere preciso diritir alguna exposicion, la haré, pero si bastare ser presentado pr. alguno de los miembros actuales, aguardo este favor de V. Lo q. me corresponda hacer, lo q. la Sociedad me ordenare, procuraré desempeñarlo lo mejor q. pueda, y spre. con suma complacencia.

Me parece q. el bien positivo q. se pueda hacer a la Repca. consiste en darla á conocer, en procurar q. la agricultura se perfeccione, en q. sus frutos tengan nombre y buena salida, y en influir pa. q. se hagan caminos. Estos son bienes reales, y ya es tpo. de emprenderlos, y de

---

[11] Hay una palabra ilegible.

q. cese la fievre politica q. hasta aora ha ocupado ras. cavezas. Bien conozco q. pa. el logro destos progresos, es absolutame. indispensable la existencia de un gobo. no solame. liberal, sino q. este consolidado. Mientras q. estemos fluctuando de revolución en revolución , solame. iremos dejando ruinas q. sirvan de monumto. pa. ser execrados. Yo deseo q. se haga la eleccion de Pte. y quisiera q. este puesto lo ocupara V. q. tanto empeño ha tenido spre. en dar honor y gloria á esa infortunada Patria. Si Morazan fuese el electo, es preciso huir a un retiro, y llorar alli la suerte infausta de Centro Ama. acreedora á q. la gobiernen filosofos sabios, y no mal hechores.

Aqui ha terminado pr. aora la revolución , Se ignora absolutame. el paradero de Guerrero, q. acabó pa, spre., en el dia esta hasta borrado del quadro del Exto. Se ha conducido como un Quadrillero, y hasta sus paniaguados confiesan su incapacidad. Quedan nada mas q. unas partidas despreciables de ladrones en el Sur, pero hay tropa en su persecucion. Me parece q. la paz durará mientras dure el actual VicePreside. Sobre todo [12] ha reorganisado la Hacda. publica, y Facio el Exercito. Antes ambas cosas eran un espantoso cahos.

Las Camaras seran convocadas pr. el Gobo. pa. fines deste mes á Sesiones extraordinarias. El arreglo definitivo de la Hacda. será lo q las ocupe. Para el año entrante havrá nuevos Dipdos. y las elecciones dicen q. estan saliendo excelentes.

He leido el Mensage de Barrundia. Deseo vivame. q el bello quadro q. pinta resulte real y no imajinario. Las reformas q. propone me parecen fatales, pr. q pa. mi, propone q. no haya lo q. se llama Gobierno. Otro dia me extendere sobre esto.

Remito á V. q. soy su apasdo. amigo y servir. Q S M B

JM del Barrio

---

[12] Hay una palabra ilegible.

S. D. Jose del Valle
Muy apreciable amigo y Señor.

Recibí la grata de V. de 3 de pdo. y también el no 3 del Mensual de la Sociedad, periódico digno de la pluma de V. Tengo el Prospecto y el no. 1. me falta el 2. q. estimaré a V. me remita pa completar mi colección. Agradezco á V. infinito el obsequio q. me hace del referido periódico, y en recompensa mandaré á V. los impresos q. se publiquen aquí, y q. merezcan leerse.

Se trató de establecer en tpo. del Preside. Guerrero y de Zavala una Sociedad de Agricultura. El promotor pral. era un Frances, cuyo nombre, si mal no recuerdo, era Guinot. Se trabajó con empeño, se formaron los Estatutos q. remito á V. pero al fin concluyó el proyecto sin haverse hecho nada, tanto pr. q. los Patronos no inspiraban confianza, quanto pr. q. spre. se desgracian las empresas útiles. El S. Alaman ha promovido una compañía pa. el fomento de las fábricas de algodón en el Estado de Mexico y Pueblo: y en Guanajuato y Zacatecas se ha adoptado igual proyecto; algunos subscriptores se han logrado, pero yo veo muy claro q. nada se hará. En las circunstancias deste Pays me parece q. debían dedicarse principalme. á la agricultura, protegiéndola con quitarle las enormes contribuciones con q. está gravada, rebajando los inmensos dros. q. pagan algunos frutos al tpo. de su exportación, y últimame. haciendo venir de Inglaterra arados y toda clase de herramientas; bueno será Después, fomentar las fábricas pues en el día es preciso crearlas desde sus principios.

Las compañías de Minas comienzan á sacar utilidades. Se ha establecido mas Economía en los gastos, se ha rebajado el crecido número de Directores y Empleados, se echa mano pa. los trabajos de hijos del Pays, q. indudableme. son mas adequados q. los Europeos, se han reducido las minas, pues antes querían trabajar muchas á un tpo., resultando q. unas consumían lo q. las otras daban. La experiencia ha corregido los vicios con q. se emprendieron las Negociaciones, y la minería revive con vigor y buen éxito. Existen varias Casas de Moneda, c. cada día adelantan, sobre todo las de

Zacatecas y Guanajuato. Solo resta el q. haya paz y q. cesen los continuos sacudimos. políticos.

Doy á V. las gracias pr. el favor q. me havrá dispensado proponiendo pa. Socio. Nada me interesa tanto como Centro América y nada trabajaré con mas placer q. en cooperar, lo mas q. pueda, à sus adelantos. Por mas q. quiero no puedo ser cosmopolita, soy y seré spre. Centro Américano.

Si acaso me mandaran hoy las Mems. de Hacienda y Justicia deste año, se irán à V. pr. el correo, y sino pr. el inmo. Mandé, hace tpo., la de Relaciones y la de Grra. Si acaso le faltare a V. alguna sea de las deste año, sea de las de los pasados, indiqueme quales pa. q. le vayan. Segurame. nadie tiene una colección tan completa con la de V. y tanto mas aprece. quanto q. son documtos. q. no se reimprimen.

Se ha concluido la impresión q. hizo D. Carlos M. Bustamante de "la Historia Gral. de las cosas de Nueva España, q. en doce libros escribió el R. P. Fr. Bernardo de Sahagun &. No se si V. tiene esta obra, pero en caso q. no le haya llegado, le regalo desde aora el ejemplar pr. q, me subscribí, y q. en tres tomos tengo en mi poder: como son voluminosos aguardaré un conducto seguro pa. enviárselos, pues las Estafetas de esa Repca. no inspiran la mas leve confianza; aquí se respetan las correspondencias y no se extravían las cartas: algunos otros panfletos ha publicado Bustamante, le pediré una Nota de todos. se la mandaré á V. pa. q. me marque lo q. desea q. se remita.

En efecto la elección de Preside. y Vice pa. esa Repca. salió como era de esperarse. El concepto q. ambos sujetos electos se merecen, es bastante pa. q. quede pr. los suelos el crédito de la Repca. y pa. q. tiemblen los propietarios. Morazán pr. conveniencia suya, y en obsequio de ese infortunado pays debía renunciar la Presidencia; bastava pa. q. lo hiciese su incapacidad y su ignorancia. Los votos q. V. tuvo son prueba clara de lo q. quería la opinión publica, libre, los del llamado Gral. son la expresión del miedo, y de las bajas intrigas. Me consuela la esperanza de q. no durara, pr. q. es imposible mantenerse violento pr. muchos años, un Pueblo en q. ya lucen algunos crepúsculos de Libertad, y de sus derechos. La nulidad, a todas luces, de la elección (q. en realidad no huvo) saltará á la hora menos pensada y el segundo reinado acabará sin honor, ni partido.

El S. Arce q. hace días se halla aquí, ha publicado su Defensa. Es un tomo bastante abultado: luego q. pueda haver á las manos un ejemplar, se lo mandaré á V. por. q. ocupado en hacer apuntes pa. la hista. puede serle útil. La impresión se anunció en Orleans, y esta concluida aqui: Se q. el autor mandó dos ejemplares al Mino. de Relaciones, igual no. al de Guerra, y lo mismo al P. Alcayaga. Yo no he leído integro este escrito, pero sí algunos párrafos, y entre ellos la pintura q. hace del Libertador (segun el Almanak de Machado). Ciertame. esta obra, y otra y otras q. han circulado echarán indefectibleme. pr. tierra, el buen nombre q se merecía Guate. pr. su civilización. aquí, aun los expulsos, deseaban q. V. fuera el Pte. pr. q. veían claro q. la Repca. haría grandes progresos en todos sus ramos. El destino quiere q. sea lo contrario.

El Manifiesto del S. Molina y la contestación de Escobar, son documtos. q. desmienten el quadro lisonjero q. Barrundia dibujo en su Mensage. Lo mas doloroso es q. los q. no hace mucho se prodigaban mutuos elogios, y se ensalzaban reciprocame. hasta querer ponerse al lado de los antiguos Héroes de la Grecia, aora comiensan a revelar sus faltas y defectos, empezando pr. decir q. robaron cachivaches de los Frayles: antes solo disfrutaban aquí del concepto de ladrones, un Morazán, un Cerda, un Espinoza, un Gutiérrez, y otros dignos paniaguados de estos Héroes modernos. No se puede absolutame. hablar de lo q. ha pasado ai. pr. q. se enardece la sangre, y la hista. toda de nra. revolución hta. el dia, solo presenta pr. un lado rasgos de oprecion y tiranía, y pr. otro de desmoralisacion y perfidia.

Aquí se ha logrado sofocar la reacción q. amenazaba pr. el Sur, y q. promovio Guerrero, incitando á los Negros contra los blancos. Quantos han intentado conspiraciones, han sido cojidos, dias pasados se fusilaron tres, é igual suerte correrán otros, entre ellos Reyes Veramendi; Vice Gobor. q. fue en tpo. de Zavala del Estado de México: este individuo estuvo en otro tpo. condenado a pena capital pr. la conspiración q. aquí llaman de la calle de Zelaya, y cuyo objeto era traer á Yturbide. Lo q. es indudable, es q. este Gobo. ha arreglado la Hacienda, reformado el Exto., y conseguido q. se diese una Ley de elecciones q. precaviera los desórdenes pasados, en una palabra, hay tranquilidad y hay confianza. Lo q. yo no apruebo es q. pr. evitar los males q. acarreaba el desenfreno q. havia en la impta. se haya acabado de hecho la libertad de escribir. Quanto papel hay se puede asegurar

q. pertenecen al Ministerio; igual es la queja de Molina en esa Repca. Hasta aora todo ha sido caminar pr. los extremos.

He escrito á V. largo, aguardo q. V. lo haga á mi, reiterandole q. soy su apasdo. y invarl. amigo q. s m b.

JM del Barrio

CAPÍTULO XI: CORRESPONDENCIA CON EL DIRECTOR DEL MUSEO DE LA HAYA

Guatema. 19 octbre. 1829.

Señor

Los establecimientos creados pa. los progresos de las ciencias y artes son los primeros en mi escala. Yo soi admirador del Museo espectable de la Haya. El Sr. Cónsul gral. de esos Países-bajos en Centro-América me ha dado alga. idea; y pr. su conducto tengo el honor de dirigir á V. pa. qe. se sirva colocar en el un caracol del Estado de Costa rica hecho caja de polvos en el de Nicaragua, una piedra imán, un ópalo melado, y otros fósiles de esta República.

Sírvase V., Señor Director, aceptar con ellos las consideraciones y respectos de qn. sabrá hacer otras remisiones cuando haia mas tiempo y se proporcionen conductores.

José del Valle

Al Director del Museo de la Haya

Guat. 28 octbre. 1831.

Señor

Recibí atrasada la qe. V. se sirvió dirigirme el 30 de sepbre. Del año anterior; y la falta de conducto sego. ha dilatado mi contestación.

Es pa. mí de satisfacción mui viva la noticia de ser colocados en ese Museo los objetos qe. remití con este fin. Para aumentarlos mas, encargue al Estado de Honduras una colección de muestras de los minerales qe. abundan en él. Pero no ha llegado todavía, y los portadores de esta tienen ya dispuesta su marcha. Otra vez será posible su remisión, y tendré el placer de realizarla.

Yo me tomo entretanto la libertad de suplicar á V. me dirija (si no fuere molesto) el Índicé de los objetos qe. hai en el Museo, y la Historia de este ó su descripción. Estos documentos serán importantes pa. comenzar á formar en este país un Gavinete de Historia natural, e inspirar alga. inclinación al estudio de esta bella ciencia. Yo sabré estimarlos en todo su valor, y reconocer la mano qe. los dirija.

He logrado qe. se establesca aqui una clase de matematicas, y el dia de su apertura dixe el Discurso qe. tengo el honor de enviar á V. Sirvase recibir los afectos qe. lo dirijen, y aceptar las consideraciones con qe. soi su ato. Servs

José del Valle

Al Director del Museo de La Haya

CAPÍTULO XII: CORRESPONDENCIA CON JEREMÍAS BENTHAM

Guatema. 3 agto. 1831

My ever dear Father

La procsima salida del Consul britanico no me da todo el tpo. qe. deseo pa. escribir á V. con extension. Pero me concede el necesario pa. manifestarle, qe. antier recibí la ge. V. se sirvio dirigirme fechada á 18 de maio ultimo: qe. yo le escribi el mes anterior de julio, y no cesaré de hacerlo spre. q. haia conductor.

Son constantes mis afectos, y mui viva mi gratitud pr. los qe. se ha servido manifestar a mi Patria, á mi, y á Herrera mi primo querido. Con qe. gozo cambiaría mi suerte pr. la de este solo pr. tener el honor de vivir en la misma casa qe. habita el primer Jurisconsulto del mundo!

He recibido 2 exemplares dela parte traducida e impresa hasta ahora de su Codigo Constituciónal. Yo procuraré qe. sean utils. a estos Estados y qe. circulen las luzes qe. desde Westminster está derramando V.

La instruccion universal qe. es el objeto de su alma, lo es también de la mia. Remito a V. 1º. la Exposicion qe. hize a nombre de esta Sociedad economica sosteniendo la libertad de comercio: 2º. el Discurso qe. dixe ala apertura de la clase de Matematicas qe. he logrado establecer: 3º. la Memoria qe. he escrito en beneficio de nuestra agricultura, industria, y comercio.

He hecho mencion de V. en los primeros opusculos. Hai Sabios á quienes es preciso citar spre. qe. se habla de alga. ciencias (sic), y V. es delos primeros. Sus principios circulan pr. todas ellas, y sus plantas se ven estampadas en todos los terrenos.

Ojala hubiera subscriptores bastantes pa. la impresion q. en este país es mui costosa. Yo haría en tal caso la Traduccion de todas sus Obras, y ofreceria ala América este gran presente.

Prospero me ha escrito qe. V. piensa en ntra. Constitución. Yo enviare algs. Apuntamientos necesarios pa. dar idea de esta Rep.; y entonces escribiré largmte. y acreditare mis afectos.

El gobno. nombró a Prospero Enviado estraordo. y Ministro plenipotenciario cerca de el de Francia. Ygnoro si ya se marchó á Paris á servir su destino, y pr. no saberlo incluio enla de V. la qe. le dirijo. Sirvase darle consejos y ocupar á su spre. afmo. y respetoso (sic) servr.

José del Valle

Al Sr. Bentham.

Guat. 28 octbre. 1831.

My ever dear father

Vuelvo à escribir a V. pa. reiterarle mis constantes afectos. Si son muchos los testimonios qe. me han dado delos suios, serán eternas las expresiones delos míos.

Vivo en mi gabinete en medio de mi pequeña Biblioteca, y los libros escritos por V. tienen lugar eminente en ella. No es posible olvidar al Autor inmortal de obras tan importantes.

He publicado en uno de mis opúsculos qe. si hubiera subscriptores, yo traduciría todas las obras de V. Si la América ha empezado á ser legisladora de si misma, los libros qe. más le interezan, son los del Institutor respetable de los Legisladores.

Deseo qe. los principios luminosos de V. circulen pr. el nuevo mundo asi como están circulando pr. el antiguo. Ya empieza á publicarse qe. es necesario reformar la Constitución de esta República. Esta opinion va haciendo progresos, y cuando llegue á discutirse la reforma, no dudo que se tendran presentes las teorias de V. El mundo político está en movimiento: todos los Estados desean mejorar sus leies; y V. ha señalado la linea pr. donde deben marchar pa. no ser devorados pr. la anarquia, ni destruidos pr. el despotismo.

Oficial aptitude de maxized; expense mimized, será en todos los siglos la luz qe. dé á conocer si es bueno ó malo un Gobno. El mas ilustrado y mas barato será spre. el mejor.

Estoi traduciendo el opusculo en qe. V. desarrolló este principio. Es el qe. debe tener mas presente esta República, y uno delos qe. hacen mas honor a V.

Prospero, qe. melo remitio. me ha comunicado los favores distinguidos qe. ha debido á V. en su mas critica posicion. Ya he dado aviso á su casa pa. qe. sepa reconocerlos; y yo sabré también corresponder los qe. me ha hecho á mi.

Sirvase aceptar mis respetosas (sic) consideraciones, y manifestar al Sr. Bowring qe. le escribi y remití el Titulo de Socio-correspondte. de ntra. Sociedad Economica.

J. del Valle

Señor:

El paquete que le acompaño le dirá muchas más cosas que todas las palabras puedan decir en mi carta, sobre mi respeto a sus ordenes, y mi ardiente deseo de otorgarle mis deseos, tales cuales hasta ahora han sido, es decir, todo lo rápidos y seguros que ellos puedan ser para ese nuevo Estado, del cual Vd. ha recibido un voto de confianza, en el que están incluidos todos los demás votos. El lugar ocupado por Guatemala en el hemisferio Americano es el lugar ocupado por el sol en el sistema que lleva su nombre. ¡Que el pueda ser el punto radiante desde el cual parta y se difunda la luz a todos los demás!.

Lo que le envío como manuscritos, aunque es menos de lo que yo hubiera deseado (me enorgullezco), son sin embargo más de los que esperaba. La copia que recibirá ha sido tomada exclusivamente con este objeto: pues en la adición del original no existe ninguna otra. Desde que su carta llegó que fué ya hace 3 ó 4 semanas, no he hecho otra cosa mas que componer y arreglar esas hojas que han quedado como Vd. las ve ahora. Esa muestra le dirá a usted por cuantas manos ha pasado. La lengua, si yo he sido bien informado, no es extraña para usted. Entre los fragmentos traducidos impresos de la misma obra, hay uno que en la forma de titulos de Capítulos y Secciones, contiene una especie de diseño o boceto de todo mi Código Constituciónal. Una comparación de ello con lo que está en el manuscrito le mostrará la cantidad de lagunas que hay por llenar, pero de algunas de ellas, me congratulo con la esperanza de llenarlas por el próximo barco, que yo creo es esperado dentro de quince días.

No permitiéndome el tiempo la revisión de las copias y tomando para ello, las personas que el azar me ofrecía, todas ellas desconocidas para mí, los errores, en más o menos cantidad, sumados ya a los del original, son de poca importancia: "Valeat quantum valere potest! El doctor Puigblanc, que ha hecho las traducciones, con la excepción de Propuesta, Sc. (la cual he sido informado, está llena de errores, y uno de estas materiales, de los cuales, una corrección por él, creo, se podrá encontrar), es un hombre que durante toda su vida ha estudiado el inglés, y ha hecho un perfecto conocimiento del mismo. Es un hombre de mucho mérito, que fué miembro distinguido de las Cortes de España, y secundó con celo mis inútiles trabajos y verdaderamente, poco menos que sin esperanzas, prevalecer sobre esta Asamblea, y dar para beneficio de España misma, la independencia a sus lejanas dependencias. Él está ocupado sin cesar en la traducción de mi Código Constituciónal, tan pronto como una parte de él llega a sus manos. De todo lo que esté ya traducido, además de lo que va esté impreso, le acompañaré las otras partes, que están en el original inglés (he sido asegurado de ello).

Por el próximo buque (con la excepción de una o dos pequeñas partes, que pueden ser enviadas dentro de unos meses), espero mandarle el resto de lo que concierne a los Establecimientos Judiciales. Constituye la materia del primer capítulo. Capítulo XII de la obra completa) y comprende cualquier materia aplicable en común a todas las oficinas que pertenezcan a este departamento, y lleva de acuerdo con su titulo las palabras "Colectivamente Judicial". La extensión de la materia de este simple artículo es la misma que la de los artículos que usted vé ahora.

A ésto serán añadidos los dos capítulos últimos intitulados "Jefe Local" y "Secretario del Jefe Local", en cuyos deberes están comprendidas funciones, algunas de ellas pertenecientes tanto al Dpartamento Administrativo como al Judicial.

Para la naturaleza del caso más íntimamente entrevisto y dependiente el uno del otro, está la materia del Establecimiento Judicial y el del sistema del Procedimiento Judicial. Sobre este último me he lanzado en plena materia, para intentar fijar el mayor número posible de puntos materiales, pero aún no me ha sido posible encontrar el tiempo suficiente para presentarlo al público en un estado satisfactorio. Realizaré lo próximo tan pronto como el Código Constituciónal entero esté en condiciones de ser publicado, para lo cual, si yo vivo, en unos cuantos meses -no digamos semanas-- confío estará acabado. Yo creo que algo de su formato general puede verse en la materia que versa sobre el Establecimiento Judicial. Asímismo se encuentra lo que se relaciona con el Código Penal. Todos los puntos materiales han sido fijados y una gran parte de la materia está ya escrita. Se me ha dicho que usted posee una copia del Código Penal del señor Livingstons' Draught, en la cual el habla de ella, apoyado principalmente en cuanto a lo que pertenece a este sujeto en los Tratados de Legislación Sc., la primera de mis obras que ha sido publicado por el señor Dumont en francés. Si no es por el primer vapor, en el otro, le enviaré una tabla de los capítulos y secciones del Código Penal, con el mismo Plan como el del arriba indicado Código Constituciónal.

Mientras tanto no dudo que una eficaz ayuda se derivará de esta obra del señor Living stons. Cualquier Ley es mejor que ninguna: y yo creo, que lo mejor que usted puede hacer, sería adoptar inmediatamente este Código: sin esperar a ver, si es que algo me resta, lo que es capaz de escribir en los días futuros, un hombre que el día 15 de Febrero de 1826 tenía 78 años. Pero haga lo que quisiere, debiera declararlo más bien expresamente temporal (como nosotros hacemos aquí), que intentar hacerlo perpetuo, como hicieron los pobres españoles con su tristemente inadecuada obra.

A través de todo el texto de mi Código Constituciónal, encontratá Vd. abundante materia raciocinadora e instruccional-materia toda ella, que usted no encontrará en ningún otro cuerpo de ley o ley propuesta. Pero, aunque mucho se ha escrito sobre esta materia, no quisiera retardar la activa y expositiva, a fin de preparar al unísono la obra completa. A este mismo trabajo de supererogación le serán añadidas algunas partes si queda tiempo para ello.

Como estímulo a la perseverancia, usted verá si es adecuado, con referencia a su importante trabajo, hacer al amigo de Guatemala, y cada otra parte de América Española en las Cortes, un pequeño regalo, añadido a lo que tiene de mí, por haber traducido tantas hojas. Los gastos de traducción y de impresión son a mi cargo. Ninguna indemnización espero por ninguna parte. Mis obras mencionan el regalo que me hizo el Emperador Alejandro y mi vuelta al mismo. Así está dispuesto todo lo que yo puedo sobre mis necesidades.

Una ley por la cual se regulaba la manera de proceder del cuerpo gubernativo de Buenos Aires, fué sacada por el Sr. Rivadavia de mi obra intitulada Táctica de las Asambleas Legislativas, editada por el Sr. Dumont. De esta misma ley, tengo una copia que me dió el Sr.

Rivadavia. Nunca pude leerla. Pero la materia es de tal importancia y mi opinión del talento de este hombre de estado es tan grande, que si yo la encuentro (la cual debido a ciertos incidentes no dignos de mención, no sé donde se encuentra) se la enviaré a usted, por el próximo vapor para uso de Guatemala, confiando en su liberalidad me la devolverá pues la pérdida de la misma ocasionaría los inconvenientes que usted ya puede imaginar.

De la misma manera, mi copia de una traducción del Sr. Rivadavia, hecha de una obra conteniendo los Elementos de la Economía Política, considerados generalmente como la mejor obra institucional que haya aparecido de esta ciencia y arte tan importante y que ha nacido hace poco. Su autor es James Mill, discípulo mío, autor además de la más instructiva historia que se haya publicado nunca. La Historia de la India Británica, que le ha procurado gran influencia en el manejo de los negocios de aquel país, que tiene 60 millones de habitantes pertenecientes a Inglaterra, además de 40 millones en un estado de virtual dependencia. Hace ya algunos años el señor Rivadavia me dijo que había traducido una gran parte de los tratados de Legislación que él entonces propuso publicar con comentarios adoptados a la situación de Buenos Aires.

Juan Neal, abogado de alta reputación, y gran comerciante, que vivió conmigo medio año o tres cuartas partes del año, se ocupó de mi Código Penal y se complacía en la seguridad de poder establecerlo en algunos de los Estados Unidos Anglo-Américanos.

¡Imagínese usted un abogado que no tiene otros medios de subsistencia que los inherentes a su profesión, abandonando los negocios sin ningún dinero en perspectiva, y sin otro propósito que el de obtener esta empresa tal como se encuentra establecida hoy en Inglaterra!

Con roda sinceridad y respeto, quedo suyo,

Jeremy Bentham.

Mui Señor mío: El Sor. Bentham me ha pasado la carta de V M de 31 de mayo para que yo tenga el gusto de contestar.

Mi nombre talves no le será enteramente desconocido, como creo que mi amigo Dn. Prospero Herrera le habrá á VM. hablado de mi. Este amigo ha tenido muchos disgustos y algunas desgracias, pero ya se halla en mejor posición. Llegando aqui, en una capital tan estensa, sin entender el idioma, sin conocer á nadie y dirigido por personas de mala conducta, y de mala fe cayó entre malísimas manos -sed experietia docet- y estoy persuadido nin quien (sic) mejor que el puede conducir los negocios de un país en este en adelante. Muchas utilidades podrán VMS. sacar de la civilización de esta parte del mundo. Establézcanse relaciones. Múdense producciones- Vayan libros- vengan noticias- correspondencias- Hay aquí muchas personas mui dispuestas á ayudar en todo cuanto pudiesen y se nos figura pueden VMS. sacar muchas ventajas de los reynos Europeos, los cuales igualmente pueden obtener beneficios iguales de sus relaciones Americanas.

Nuestras Sociedades Filosóficas literarias, científicas, agriculturistas, son muchas y todas verían con mucho agrado una correspondencia con regiones tan poco conocidas como la Guatemaltecas Hay obras infinitas que traducidas al Castellano serian de la mayor utilidad. Convendría mucho el que VMS. tuviesen aquí, quien con luces competentes, se encargaría de pasarles todo cuanto salga de importante y apto para la América Central.

En cuanto a la Sociedad Economica establecida en Guatemala me ofresco como Miembro de muchas Sociedades en este y otros payses para todo cuanto pueda VM. mandar.

Hai aqui Sociedades de Artes, Agricultura, Quimica, Botánica y de todas las Ramas de las Ciencias Publican sus transacciones muchas de las cuales serían mui útiles en Guatemala si hay quien las tradusca. No lo seria menos el que se mandaran a VMS. los Instrumentos y Utensilios nuevos y reconocidos por mejores que aqui se introducen, mayormente para la Agricultura. Para semejantes objetos no se necesitan muchos fondos y creo los fondos dirigidos á tales pagaran un interés cual no se ha probado aun.

Hé leido con muchísimo gusto al Sor. Bentham el discurso de VM. y los Estatutos de la Sociedad Económica. Todas estas reuniones son mui útiles. Un hombre como VM. hace adelantar su siglo mas de una generación. Daré parte a la Sociedad pr. la difusion de Conocimientos Utiles y verán con el mayor gusto el ge. VM. tan honorablemente se ocupe en hacer conocer sus Cartas en el mundo nuevo.

Dígnese VM. acetar (sic) los sentimientos de mi mayor respeto.

L.B.L.M.John Bowring.

www.ingramcontent.com/pod-product-compliance
Lightning Source LLC
Chambersburg PA
CBHW071147130626
46553CB00004B/1560